全国旅游管理专业应用型本科规划教材

旅游企业战略管理

曾国军 主编

旅游教育出版社
·北 京·

前　言

当今中国服务产业高速成长,内部结构也呈现升级趋势。服务企业发展呈现规模化、混业经营等新的特征。旅游业作为现代服务业的重要组成部分,成为国民经济的重要组成部分。次贷危机后的经济萧条给企业经营带来了困难,企业界已经开始审视业务多元化、地域多元化给企业带来的问题,通过规模紧缩、范围紧缩、地理重构调整自身的业务。对于旅游企业而言,目前所面临的机遇和挑战都更胜从前。

在这种背景下,本书的重要目标在于:理解内、外部环境下旅游企业的战略变迁,为旅游企业制定与内部资源和外部环境相匹配的战略,提供实施和评价方面的指导。除主流战略管理理论外,本书还希望能够引导学生探索和思考旅游企业的战略决策行为,并通过相关案例为读者提供旅游企业战略管理决策的模拟环境。

本书第一章,对旅游企业战略管理涉及的重要概念进行阐述。第二章,分析旅游企业的外部环境,并介绍旅游企业外部环境的分析方法。与此相对应,旅游企业的内部资源分析成为本书第三章。在内部资源分析和外部环境分析的基础上,旅游企业需要考察战略方向,制定和调整战略,这是本书第四章。旅游企业确定战略方向后,需要进一步确定和分析其成长战略、扩张方式和国际化经营。因此,本书第五章,讨论旅游企业的业务成长战略。第六章,讨论旅游企业的业务扩张方式。第七章,讨论旅游企业的地域多元化经营问题。从前七章的内容可以初窥旅游企业战略制定的门径,但这些内容并未涉及战略实施和评价的问题,因此,本书单独辟出一章,专门讨论旅游企业战略的实施和评价问题作为第八章。

本书除介绍国内外战略管理重要的、主流的相关理论外,也对旅游行业和旅游企业进行了分析。因此,本书可以作为旅游管理、会展管理、酒店管理等专业本科生、研究生的战略管理教材。需要说明的是,本书收集了近年来作者有关旅游企业战略管理的一些研究成果,作者希望借此提升本书的理论性。因而，本书也可作为相关专业研究生的辅助用书及企业在职管理人员的参考用书。

本书编写过程中，由曾国军提出写作框架，提供讲义，并撰写了第一章、第五章、第六章、第七章。中山大学地理学院博士生刘博（讲师）编写了第三章和第四章。中山大学旅游学院研究生齐闯搜集了许多案例和素材，并编写了第二章。研究生刘小艳补充提供了一些资料，并编写了第八章。在编写过程中，我们参考了国内外诸多战略管理学者的思想和观点，引用了国内外相关教材、专（译）著、新闻报道、企业财务报表等资料，以丰富和完善教材内容。在此，感谢所有引文的作者和出版机构。

我的一位学生曾对我说起，“中山大学旅游学院的教师似乎都属讲义学派的”，我颇有同感。自己从教伊始便编撰讲义并教授此门课程，至今讲义虽然几经修改，但从不敢考虑出版教材。由于2007年中山大学二期“985工程”本科教学“博学工程”建设项目、高校基本科研业务费中山大学青年教师培育项目的推动，加上旅游教育出版社的帮助，此教材方得以出版。一并致谢。

曾国军

2010年2月

目 录

第一章　旅游企业战略管理概述

本章将介绍旅游企业战略管理的基本概念与研究范畴。具体内容包括旅游企业的类型与特点，战略管理的内涵、目标、过程与利益相关者，基于旅游企业的战略管理过程的内容与特点。最后，有关广州亚运会与酒店业供给之关系的案例，为读者提供了一些理解本章内容的专题材料。

第一节　旅游企业概述

旅游行业的规模快速增长，作为现代服务业的重要组成部分，在国民经济中占有举足轻重的作用。因此，从微观企业层面探索旅游企业的发展模式和发展方向，进而对旅游产业的营利方式和战略地位的研究也越来越多。这些均与旅游企业的战略管理过程有关。然而，探讨旅游企业战略管理，首先要了解旅游企业的概念、类型与性质。

一、旅游企业及其类型

（一）旅游企业的概念

旅游，是指离开自己的常住地到异地开展的观光游览和休闲度假活动。人们参与旅游的目的是多样的，如，休闲、娱乐、度假、运动、商务、探亲访友、参加会议、参加展览、医疗与健康、学习与研究、宗教活动等（Mathieson and Wall，1987）。Theobald（1993）的研究提到，旅游绝对是20世纪才开始出现的现象。因为在此之前，人们的出行往往是为了完成其他而非休闲的目的。世界旅游组织将旅游定义为“人员的移动(Movement of People)”。为讨论方便,可将旅游定义为“人们离开常住地的活动(Go and Jenkins,1997)”。从这个意义上来讲,旅游企业,通常是指主要和直接为旅游者的旅游活动提供产品和服务的企业,包括旅行社、旅游酒店、旅游景区和旅游交通四大类企业。旅游企业的定义还可扩展至为人们外出旅行提供产品和服务的企业。除上述四类企业外,还包括餐饮、会展策划和汽车租赁等。

(二)旅游企业的类型

根据企业所提供产品或服务在旅游产业链中的位置,可将旅游企业划分为旅游供应商、旅游运输商和旅游中间商三大类。

旅游供应商,主要是指为旅游消费者提供旅游必需的旅游吸引物的相关旅游企业,包括酒店、餐饮、游轮公司、博彩公司、汽车租赁公司和旅游景区等。供应商是旅游的源头和基础。

旅游运输商,主要是指为消费者提供交通工具,完成旅游过程中空间转移的旅游企业。也就是旅游六大要素“食、住、行、游、娱、购”中的“行”。根据旅游目的地的距离和所需要花费的时间,消费者会选择不同的交通方式。旅游运输商是连接旅游客源地和旅游目的地的纽带。运输商主要包括航空公司、轮渡服务公司、铁路部门、汽车公司等。

旅游中间商,是指酒店、景点、餐饮甚至旅游交通的重要销售渠道。其承担的任务是将旅游产品销售给消费者。旅游中间商是连接供应商和消费者的中间组织,包括旅行社(旅游代理商、旅游批发商和经营商)、旅游策划机构、会议展览策划机构等。

二、旅游服务产品的特点

旅游产品作为服务产品的一种类型,既存在一些服务产品的共同特点,又与一般产品不同。无论是生产过程还是消费方式,服务产品都与一般产品有着不同的性质。

服务产品的具体性质包括:

(一)无形性

在销售之前,消费者无法感受到产品的品质,只有接受了服务才能对产品有所了解。因此,对于无形的服务产品来说,消费者的口碑十分重要。旅游产品也不是有形的实体,而是由“无形”的服务组成的集合体。这个特点为旅游经营部门带来很多不便。为了克服这种不便,旅游企业经营者试图提供“有形”的产品,以便消费者能够感受到他们的产品。如,网络宣传和旅行手册等方式①。

(二)生产与消费的不可分割性

服务产品的生产与消费是同时进行的。也就是说顾客要参与服务生产的过程。因此,在服务过程中,适当地向员工授权,是提高服务产品质量的有效途径。

(三)易逝性、不可储存性

旅游产品(如,飞机座位、酒店客房)如果不在生产后立即使用,就会在一个时间段内失去其使用价值,不能储存和供应下一次消费。在实际生产中,企业经常会使用特价客房、特价机票的营销方式,以应对服务产品的这一特点。这是由于变动的需求量和固定的供给量而引起的。

(四)异质性

服务产品的生产不同于工业生产。它的生产过程相对复杂,需要生产者与消费者共同完成,并且其中包含了个人的情感与体验。同一服务生产者生产出来的产品,对于不同的消费者来说是不同的,甚至同一消费者接受的两次同样的服务产品,也会是不同的。在多数情况下,游客实际上是被旅游业的这种异质性所吸引的。如果旅游目的地缺乏异质性,那么旅游者便会觉得乏味。

(五)所有权不可转移性

在生产者提供服务的过程中,无形的服务产品被消费者获得。这种感受和体验不同于有形产品。它是无法转移给第三方的。在消费者获得产品之后,得不到任何实体产品或者所有权证明。消费者得到的只是无形产品所带来的感受和体验,所有权并没有发生转移。

---

① 埃文斯等编著.马桂顺译.旅游企业战略管理[M].沈阳:辽宁科技出版社,2005.

【相关信息】

全球化背景下中国服务产业发展的特征①

对产业结构的研究已发现，产业结构高级化的重要标志，是国民经济的发展使第一产业比重下降，第二产业比重先升后降，第三产业（服务产业）比重日趋增大。服务产业比重增大的趋势，是在高标准服务需求、收入水平弹性化、闲暇时间增多及生产信息化、社会化、专业化条件下形成的服务需求上升律，与在第一、第二产业高生产率等条件下形成的服务供给上升律共同作用下形成的（李江帆、曾国军，2003；曾国军，2003）。在对相关数据进行统计分析的基础上，本研究提出了中国服务产业发展的七个特征。

1. 服务产业高速成长后保持相对稳定

改革开放以来，我国服务产业经历了大约10年的高速成长期。1979年，中国服务产业增加值占GDP的比重仅为21.4%，至1990年，这一比重上升到31.3%。产业结构高级化过程，已为我国改革开放以来产业结构的演变历史所印证。经历1979~1990年间的高速成长之后，我国服务产业保持相对稳定。但与世界水平相比，我国服务产业增加值占GDP的比重仍然偏低。据世界银行统计，2000年全球服务产业在整个经济中的比重已达63%，即使在中低收入国家，这一比重也达到了44%，而在中国这一比重仅为33.2%（见表1-1）。

表1-1 中国各产业所占GDP比重

单位：%

产业 \ 年份	1979	1984	1990	2000	2001	2002	2003	2004
第一产业	31.2	32.0	27.1	15.9	15.2	15.3	14.6	15.2
第二产业	47.4	43.3	41.6	50.9	51.1	50.4	52.2	52.9
第三产业（服务产业）	21.4	24.7	31.3	33.2	33.6	34.3	33.2	31.9

资料来源：2004年《中国统计年鉴》。

---

① 材料改编于作者已发表的论文。

2. 服务产业内部结构呈现升级趋势

按照国家统计局对中国服务产业四个层次的划分，第一层次，是流通部门：交通运输、仓储业、邮电通信业、商贸业及餐饮业等；第二层次，是为生产和生活服务的部门：金融业、保险业、房地产管理业、居民服务业、公用事业、旅游业、咨询信息服务业、综合技术服务业等；第三层次，是为提高居民素质和科学文化水平服务的部门：科研、教育、广播、电视、文化、卫生、体育、社会福利业等；第四层次，是为社会公共需要服务的部门：国家机关、社会团体、警察、军队（李江帆、曾国军，2003；曾国军，2003）。

表1-2是1991~2003年我国服务产业内部四个层次占服务产业增加值比重的演变情况。从1991~2002年，第一层次比重，呈稳定降低趋势；第二层次比重，则持续升高；第三层次比重，略有上升；第四层次比重，略有下降。第三、四层次比重走势虽不甚明显，但二者占服务产业的比重之和却比较稳定。这意味着，第一、二层次比重之和也是稳定的。由此可以推知：第二层次比重的上升幅度和第一层次比重的下降幅度大致相当，二者存在此消彼长关系。

表1-2 1991~2003年中国服务产业四个层次占服务产业增加值比重

单位：%

年份 / 层次	1991	1992	1993	1994	1995	1996	1997	1998	1999	2000	2001	2002	2003
第一层次	48.4	48.3	46.0	45.1	44.5	44.3	43.2	42.5	42.1	41.3	41.9	41.3	40.6
第二层次	32.2	33.0	35.0	35.7	37.4	37.3	38.7	38.8	38.4	39.0	38.1	38.4	38.9
第三层次	9.3	8.9	9.2	9.4	9.0	9.4	9.5	9.9	10.5	10.7	11.3	11.5	11.7
第四层次	10.1	9.9	9.8	9.7	9.0	8.9	8.7	8.8	9.1	9.0	8.7	8.7	8.8

资料来源：根据2004年《中国统计年鉴》资料整理。

在服务产业内部14个子行业中，为生产和生活服务的部门的增长速度在服务产业中居首位，大大高于服务产业平均增长速度，而流通部门的增长速度则居于末位，引起其比重的大幅度下降。为社会公共需要服务的部门占服务产业的比重值在8%上下波动且趋于下降，与服务产业发展大致同步。为提高科学文化水平和居民素质服务的部门则滞后于服务产业整体水平的发展。劳动密集型营利性服务部门的发展最快；

资金、技术密集型营利性服务部门次之;非营利性部门最慢。房地产、社会服务等部门发展最快;科学研究、教育文化及卫生体育部门增长较慢。若以某服务行业在服务产业中所占比重超10%为标准,目前,构成中国服务产业支柱的三个行业是商贸餐饮业、金融保险业、社会服务业。

3. **生产性服务有待增强**

根据服务产业各子行业的生产目的不同,可以将服务产业各子行业划分为生产性服务业和消费性服务业。生产性服务业主要包括:交通运输、现代物流、金融服务、信息服务、商务服务等行业;而消费性服务业则主要包括:商业贸易和房地产等行业。本书根据这一分类标准,对《中国统计年鉴》中所列12个服务行业按其服务对象的属性进行原则性划分,再对1991~2003年间生产性服务业和消费性服务业的发展态势进行比较(见图1-1):1991年,中国生产性服务占服务产业增加值的49.6%,消费性服务占服务产业增加值的50.4%,生产性服务和消费性服务所占比重大致相当。近年来,中国消费性服务所占比重呈上升趋势,而生产性服务所占比重呈下降趋势。生产性服务的发展相对落后,与我国国民经济和社会发展的要求不符。因此,生产性服务有待进一步发展。

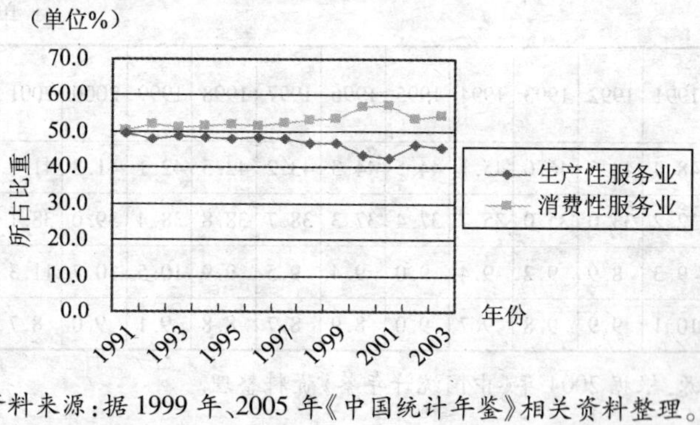

资料来源:据1999年、2005年《中国统计年鉴》相关资料整理。

图1-1 1991~2003年生产性服务业和消费性服务业增加值在服务产业中所占比重

4. **服务业信息化程度提高,现代服务业发展相对滞后**

伴随信息技术的发展,服务业的信息化程度越来越高,且服务业的发展要素资源越来越向技术、知识和人才倾斜。不但像金融等服务行业的信息化程度较高,而且像旅游、教育这种过去典型的劳动密集型服务行业,现在也加速了网络技术的应用。

现代服务业伴随信息技术的应用和信息产业的发展而出现,是信息技术与服务产业结合的产物。现代服务业具有新生产方式、新组织形式和新技术手段的"三新"特征。比如,传统商业通过应用 POS 机和连锁配送等新的技术手段进行改造之后,出现了连锁超市这样新的经营方式。同时,现代服务业也具备高附加值、高素质人才和高技术含量的"三高特征"。传统服务业的服务半径是很有限的,而现代服务业附加值很高,国际化市场服务能力很强。例如,普华永道,不仅能服务局部地区,而且能覆盖到全世界。高素质人才,是指从业人员需要掌握更高端的知识和具备更强的能力。现代服务业以信息等高技术为依托。银行由于采用了一些信息技术,即从传统的生产方式变成了现代服务业。由于呈现这两个方面的特征,现代服务业已经成为支持第一、二产业,尤其是工业制造业调整产业结构、转变增长方式的"软性投入"。现代服务业具体包括两类:一类,是直接因信息技术的发展而产生的新兴服务业形态,如计算机和软件服务、移动通信服务、信息咨询服务等;另一类,是通过应用信息技术,从传统服务业改造和衍生而来的服务业形态,如金融、房地产、电子商务等。从广义来看,现代服务业是一种现代化、信息化意义上的服务业,是指在产业结构中基于新兴服务业成长壮大和传统服务业改造升级而形成的新型服务业体系。

尽管我国服务产业已呈现"传统行业为主体,门类齐全、各业并举"的势头,但仍以批发和零售业、餐饮业、交通运输和仓储业、邮电通信业等传统行业构成服务产业的主体,2003 年所占比重高达 40.6%。从传统服务产业的近年发展速度看,其发展势头良好。然而,新兴的现代服务业虽然发展较迅速(2003 年金融保险业占服务产业增加值比重达 16.5%),但其余行业所占比重仍然很小。这足以说明,服务产业中的传统行业所占比重较大,现代服务业发展仍相对滞后。

5. 服务产业成为吸纳劳动就业的重要渠道

从 2005 年《中国统计年鉴》所载各产业就业人员及比重的数据可以看出:伴随工业化、现代化进程,我国农、林、牧、渔业(第一产业)就业比重下降较快;采矿、制造、电力、燃气及水的生产和供应等行业(第二产业)就业比重呈上升趋势;而服务产业(第三产业)就业比重上升更快(见图1-2)。1994年,服务产业就业比重首次超过第二产业,达24%。2004年,服务产业从业人员达到23 011万人,占全社会从业人员的30.6%,比1978年提高了18.4个百分点,超过第二产业从业人员比重8.1个百分点。这些都足以说明,服务产业已经成为吸纳劳动就业的重要渠道(程大中,2004;杨向阳、徐翔,2006)。

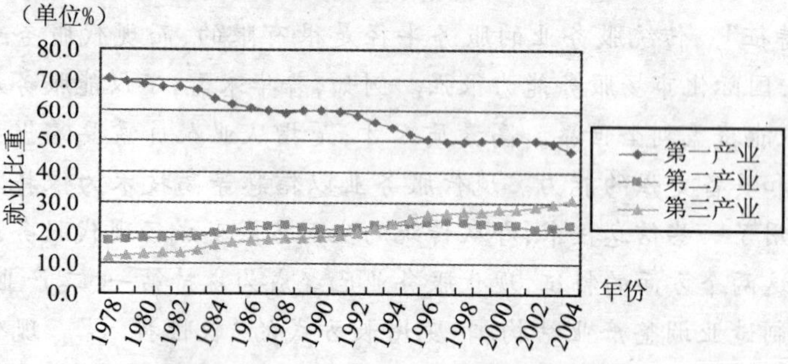

资料来源:2005年《中国统计年鉴》。

图1-2 1978~2004年中国各产业就业比重

6.跨国公司加速在中国服务产业的投资,但行业分布不均衡

服务业国际转移成为重要趋势。近几年,在全球经济不景气的大背景下,跨国公司开始了新一轮的全球产业布局调整(曾国军,2005)。服务产业向新兴市场国家转移的趋势渐趋明显。服务业国际转移表现为三个层面:一是项目外包,即企业把非核心辅助型业务委托给国外其他公司;二是跨国公司业务离岸化,即跨国公司将一部分服务业务转移到低成本国家;三是一些与跨国公司有战略合作关系的服务企业,如物流、咨询、信息服务企业等,为了给跨国公司在新兴市场国家开展业务提供配套服务而将服务业进行国际转移,或者是服务企业为了开拓东道国市场和开展国际服务贸易而进行服务业国际转移。对于东道国而言,第二和第三层面的服务业国际转移都表现为服务业外商直接投资。从表1-3可以看出,2002~2004年间,中国服务产业利用外资项目数,占全国利用外资项目总数的比重呈增长趋势。

表1-3　中国历年外商直接投资的产业结构比重统计(2002~2004)

单位:%

产业＼年份	2002	2003	2004
第一产业	2.85	2.72	2.59
第二产业	73.98	73.63	72.21
第三产业	23.17	23.65	25.2

资料来源:2006年《中国发展报告》。

我国服务产业接受的外商直接投资,在不同时间段具有不同的行业分布特征。长期以来,受服务业各业对外开放程度差别的限制,服务业FDI的行业分布极不均衡,除房地产业、社会服务业、商业、交通运输和邮电通信业等少数行业外,大多数服务行业的FDI流入较少。1999年以来,房地产业和社会服务业的比重一直保持在60%左右,到2002年上升到70%左右(其中,房地产业为46.27%,社会服务业为24.04%);其次,交通运输、仓储和邮电通信业的比重处于第三位,但1999年以来有所下降;接下来是批发和零售业、餐饮业所占比重大体为8%左右。加入WTO之后,我国很多服务业部门对外开放度得到了提高,FDI流入的行业分别朝着均衡化的方向发展。

表1-4　1999~2003年服务业中各部门实际利用外资金额所占的比重

单位:%

行业＼年份	1999	2000	2001	2002	2003
交通运输、仓储及邮电通信业	13.13	9.69	8.14	7.45	6.51
批发和零售贸易餐饮业	8.15	8.21	10.45	7.63	8.40
金融、保险业	0.82	0.74	0.34	0.86	1.73
房地产业	47.26	44.53	45.99	46.27	39.36
社会服务业	21.58	20.90	23.25	24.04	23.76
卫生体育和社会福利业	1.26	1.01	1.05	1.03	0.97
教育、文化艺术和广播电影电视业	0.51	0.51	0.34	0.30	0.44

续表

年份 行业	1999	2000	2001	2002	2003
科学研究和综合技术服务业	0.92	0.54	1.09	1.59	1.93
其他行业	6.38	13.90	9.40	10.77	16.93

资料来源:根据2000~2005年《中国统计年鉴》服务业外资流入数据计算。

注:2004年相关数据的统计口径有较大调整。

7.服务企业发展呈现规模化和混业经营的特征

相对于工业企业,服务企业一般以中小企业为主,但最近这种情况发生了很大变化。许多以往只能以小规模生产的传统服务业,目前正改变生产方式,呈现出大规模扩张的特征。中国的服务产业发展过程也呈现了这种规模化经营的特征。由中国企业联合会、中国企业家协会按照国际通行方式选定的2005年全国服务企业500强,平均规模达到113.74亿元,营业收入总额达56 872亿元。在服务业企业500强中,营业收入超过1000亿元的有13家、100亿~1000亿元的有86家、45亿~100亿元的有59家、20亿~45亿元的有104家、5亿~20亿元的有238家。

另外,服务产业的发展还呈现出混业经营的特征(Roberts,1999)。传统服务行业之间界限不断淡化,不同行业服务企业的业务日益交叉。这为服务企业追求范围经济效益和提高竞争优势创造了条件。混业经营领域主要包括:第一,与金融相关的服务业,包括银行、证券和保险服务;第二,与旅游相关的服务业,包括旅馆、运输、旅游、休闲娱乐服务等;第三,与信息相关的服务业,包括数据处理、软件、电信、信息储存和检索服务;第四,与专业性服务相关的服务业,包括会计、管理咨询、广告、市场调研和公共关系等。

三、旅游产品的服务属性及其特点

旅游产品作为服务产品中的一种,具有无形性、异质性等服务产品的共同特征,但是除这些特征外,旅游产品还有很多独有的性质。

(一)旅游产品的季节性

季节性,主要源于吸引物的季节性质。温泉度假适宜在秋、冬季进行,而高尔夫运动就很难在寒冷的冬季开展。这个性质导致了供应商供应的产品数量和提供的产品价格在不同季节具有很大的反差。例如,在每年4月份广州中国进出口商品交易会期间,广州酒店业门庭若市,房价也在此期间陡增,但是在接下来的5月份,房价便立即出现下跌的趋势。

旅游的淡旺季,是由产品的季节性引起的。季节性对旅游企业产生两个方面的影响:一方面,面对淡旺季的影响,很多旅游目的地采用了反季节业务。例如,海南省利用地理位置的优势,开展海滨游,让游客们在寒冷的冬季依然可以享受夏季的海风;另一方面,季节性也给旅游企业的人力资源管理带来挑战,一些旅游企业部分使用实习生以降低成本、缓解季节性经营对企业造成的影响,与此同时,也有淡旺季互错的企业开始组成联合体,协调人力资源问题。三亚亚龙湾天域酒店甚至计划在长白山脚下新设夏季度假酒店,与亚龙湾冬季度假酒店共享人力资源(见表1-5)。

表1-5　亚龙湾天域度假酒店房价

房　型	门市价	平时价	周末价	备　注
标准房	¥ 1458	¥ 820	¥ 920	房费含双西早
园景房	¥ 1538	¥ 920	¥ 1020	增订早餐105元/位
海景房	¥ 1628	¥ 1040	¥ 1200	加床180元/床
高级海景房	¥ 1928	¥ 1120	¥ 1270	可加床500元/床
二区高级海景房	¥ 2318	¥ 1250	¥ 1400	净价减100元/床
豪华海景房	¥ 2068	¥ 1280	¥ 1450	
二区豪华海景房	¥ 2478	¥ 1450	¥ 1580	
超级海景房	¥ 2728	¥ 1300	¥ 1500	
海景套房	¥ 2398	¥ 1490	¥ 1690	
Jacuzzi 花园房	¥ 2848	¥ 1080	¥ 1280	
家庭房3人间	¥ 2068	¥ 1080	¥ 1280	
家庭房3人间	¥ 2268	¥ 1350	¥ 1450	一大床,二小

资料来源:http://www.sylanhai.com/hotel/price.asp及作者的整理。

（二）旅游生产的环境敏感性

旅游产品会受到很多外部宏观环境（如，政治、经济、文化、社会、技术）的影响。这些环境一旦发生变化，对旅游产品的影响会十分明显，例如，2003 年的 SARS，直接导致中国入境旅游人数下降 6.4%，过夜人数下降 15.2%。[①] 对旅游产品影响明显的因素还包括战争、经济危机、自然灾害等。

全球经济危机冲击日本旅游业，航空公司开始停止或削减乘坐率大幅下降的国际航线和班次，旅游销售额也呈现大幅减少。日本政府推出的观光立国路线面临新的挑战。日本观光厅打算放宽发放中国游客的入境签证限制，加大开拓中国市场的力度。2008 年 10 月，日本政府成立了专门负责推行观光立国路线的观光厅，目的是要在 2010 年实现入境游客 1000 万、出境游客 2000 万、观光旅游消费额 30 万亿日元的宏伟目标。然而，席卷全球的经济危机使日本的观光立国路线面临新的挑战。日本观光厅公布最新数据显示，2009 年 11 月，旅游业销售额大幅减少，出境旅游和国内旅游较 2008 年同期分别减少 15 个和 3 个百分点。来日外国游客销售额更是锐减 17 个百分点，呈现连续 3 个月递减。游客减少迫使航空公司开始停止或削减国际航线与班次。日本两家最大航空公司日本航空公司和全日空公司日前决定削减飞往中国各地的航班。据日本的每日新闻报道，全日空决定从 2010 年 2 月 2 日起，依次停止关西大连和关西沈阳两条国际航线，同时削减成田上海与成田孟买航线的班次。日本航空也决定从 2010 年 2 月上旬至 3 月底，削减成田—上海、成田—北京、成田—曼谷 3 条国际航线的班次。据悉，全日空决定停飞的关西—大连和关西—沈阳航线乘坐率分别降至 22% 和 14%。飞往孟买和曼谷的航线受到恐怖事件及泰国政局混乱的影响，乘坐率也大幅下跌。[②]

【相关信息】

海啸对马尔代夫旅游业的影响

2005 年 10 月 6 日，世界银行正在着手增加为马尔代夫提供的援

① 资料来源：《2008 中国贸易外经统计年鉴》。

② 小玉. 全球经济危机冲击日本旅游业[N]. 时代金融，2009(3).

助。在海啸余波和不断上升的石油价格面前，马尔代夫正努力支付教师和其他公务员的薪水。

世界银行的马尔代夫国家业务局局长 Alastair McKechnie 说，该国目前正面临着严重的预算问题，部分是由于海啸发生后游客人数急剧下降对经济造成的影响所致。McKechnie 说："政府没有足够的资金，因此在资助服务提供方面遇到了严重的问题，如支付教师的薪水等。实际上，马尔代夫目前所需要的是能够资助政府预算并使它们度过这段时期的资金，直到旅游业完全恢复。"

游客数量下降，严重影响了马尔代夫的经济，因为传统上旅游业在该国 GDP 中占很大比重，在政府收入中也占很大比重。

McKechnie 说："海啸破坏了许多旅游胜地，其中大部分已经得到修复。事实上，旅游点、海滩和潜水点的质量至少都达到了海啸前的水平。然而，国外对灾后恢复的理解速度很慢，游客数量还没有恢复到 2004 年的水平，尽管差距正在缩小。"

2006 年上半年，游客数量减少了大约 50%。目前，游客数量减少了大约 30%。因此，全年的游客数量大约将减少 1/3。

McKechnie 说："这使整个经济发生了连锁反应。它影响就业、影响游客旅游的其他岛屿，也影响政府收入。这是海啸给马尔代夫造成的真正影响。因为，在马尔代夫，海啸确实是个全国性灾害，而不是像在其他国家那样是个局部性灾害。"

（资料来源：http://web.worldbank.org）

（三）旅游产品易模仿

除自然吸引物外，其他旅游产品均非独一无二，在实际生产中都可以被模仿甚至是复制。也就是说，旅游产品的同类替代产品很多，对于消费者来说，决策就显得较为困难。例如，截至 2006 年底，中国境内共有国际旅行社 1654 家，国内旅行社 16 303 家，共计 17 957 家[①]。虽然有这么多的旅行社，但选择其中一家满意的旅行社作为自己旅行的策划者并不容易。因此，品牌在营销中的作用就变得极为重要。

① 资料来源：《中国旅游统计年鉴 2007》。

【相关信息】

7 天连锁酒店获最具价值酒店连锁品牌

日前，由世界酒店联盟、世界酒店领袖中国会、世界华商联合总会、美国亚洲协会和旅游卫视联合举办的“世界酒店投资峰会暨世界酒店领袖中国会 2008 年会”在上海落幕，本届峰会以“资本·文化——中国与世界双赢”为主题，是世界酒店业界最高级的财富峰会。作为经济型酒店领导品牌，7 天连锁酒店（以下简称“7 天”）获得“世界酒店·2008 中国最具价值酒店连锁品牌”称号，成为峰会的一大亮点。

此次评奖活动是通过主办方多年对酒店业的观察、了解与分析，并以当代新锐的思索与概念进行深层透视，最终从传媒分析、行业推荐、网站投票、专家建议、调研组调研等多个方面对入选企业从“影响力、责任、力量和远景”四个角度进行综合选评，最终得出“世界酒店·2008 中国最具价值酒店连锁品牌”榜单。该评选极具权威性，获奖单位极具代表性。

据悉，7 天连锁酒店获取大奖的主要原因，在于其多项创新之举对行业带来的巨大影响。一位评委在接受采访时表示，作为后起之秀，“7 天”凭借其领先的“鼠标 + 水泥”经营模式，在短短 3 年里创出行业“高出租率、高网站流量、高网络预订率、规模发展速度快”的“三高一快”佳绩，行业内实属罕见。此外，在当今金融市场低迷的情况下，“7 天”逆市能成功获得国际知名金融机构英联投资和华平基金 6500 万美元的融资，充分说明了 7 天连锁酒店的品牌价值和影响力。

作为行业营销创新的佼佼者，“7 天”成功缔造了中国酒店业第一电子商务平台。“7 天”的快速成长，得益于他们成功地把电子商务应用到酒店经营领域当中。与传统酒店运营模式不同的是，“7 天”以会员制直销模式为主，大力发展电子商务平台；同时，还建立了互联网络、呼叫中心、短信预订、手机 WAP 及店务管理等一体化系统，为消费者提供最便捷的网络预订服务。据统计，“7 天”总交易量中有接近 55% 源于网上和手机 WAP 预订。这样的比例在所有经济型酒店中是最高的。正是基于强大的电子商务平台，“7 天”创立了国内首家品牌经济型酒店跨区域酒店联盟，受到加盟品牌的一致好评。

据了解，7 天连锁酒店目前已建立了覆盖全国的经济型连锁酒店网络,分布在国内近40个城市和地区,分店超过260家。“7天”CEO郑南雁表示,在获得第三轮融资后,“7天”将继续推进在全国的扩张布局,持续扩大在华南、华中、西南等多个区域的领先优势,同时,也会加大对IT体系的投入,继续强化“7天”的“中国酒店业第一电子商业平台”在行业中的绝对优势。

(资料来源:慧聪酒店用品网,2008年11月25日。)

(四)分销渠道的多样性和重要性

旅游产品的分销渠道呈多样性的趋势发展,如,以往客人入住酒店往往是于入住当天直接到酒店前台办理。而现在,消费者可以通过网络中介预订、旅行社预订及酒店预订系统等方式来预订酒店。作为旅游产品的中间商,通过分销渠道将消费者拉近产品,方便了产品的销售和顾客的购买,作用极为重要。

(五)旅游生产低壁垒

旅游行业中,旅游服务的代理商新建或放弃旅游项目服务和产品,都不是什么难事。因为对于这些代理商而言,需要付出的营销成本只不过是宣传方面的费用,在消费者没有支付定金的时候,代理商也不会购买太多的产品。所以说,其进入和退出的壁垒都相对较低。

低壁垒带来的必然是蜂拥而至的进入者,旅游行业的竞争也变得尤为激烈。图1-3、1-4显示了我国经济型酒店数量和客房数量的变化情况,在1999~2009年间,经济型酒店的发展速度十分迅猛,新涌入者不断扩大了市场的容量,竞争逐渐进入白热化。

(六)旅游消费高支出

旅游产品的消费不同于其他产品。其支出远远超过正常的消费品。例如,一次出境游的花费,仅仅往返机票就要几千元,消费者在决策的时候,就会极为慎重。

旅游企业在战略管理过程中必须考虑到旅游产品的服务属性及其特点,针对不同消费者和不同产品的特点,进行产品的设计、生产和营销,以适应消费者的需求。在同行业的竞争中,更需要考虑旅游产品的服务属性及特点,只有把握好产品的属性和特点,才能在竞争中立于不败之地。

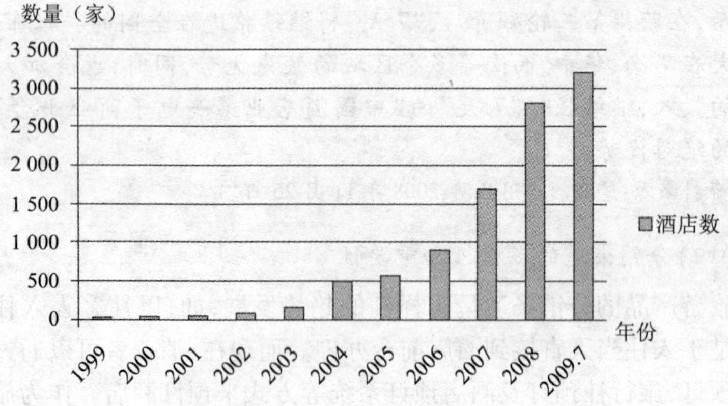

资料来源：盈蝶中国经济型酒店网，http://www.inn.net.cn/index.php。

图 1－3　1999～2009 年全国经济型酒店数量

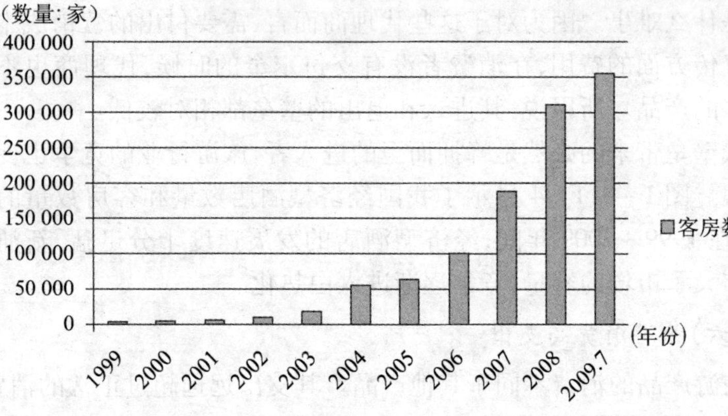

资料来源：盈蝶中国经济型酒店网，http://www.inn.net.cn/index.php

图 1－4　1999～2009 年全国经济型酒店客房数量

四、旅游企业的行业属性与特点

理解旅游的另一个角度，是视旅游为一个行业（Go and Jenkins,

1997）。旅游作为一个行业仍有待商榷。Gee、Chog 和 Makens（1984）曾经对旅游是否可视做一个产业提出过讨论。他指出："第一，产业一词通常用于识别制造和以产品为基础的企业集合体；第二，旅游业是由出售与旅游服务相关的诸多企业所构成，普通人可能对旅游业的子行业（如，航空业、酒店业、娱乐业等）更为熟悉；第三，旅游业中的单个子行业并不必然整体行动，而且经常产生不同的产业观点；第四，除上述子行业外，还有许多国民经济的其他行业也参与到旅游服务之中，难以分离"。从这四项观察结果可以看出，旅游可以被视为国民经济难以分离的一部分，但其子行业间的整合程度却并不高。

为了提升对旅游各子行业间相互依赖关系的认知，Burkart 和 Medlik（1981）将旅游解释为一类经济活动的综合体（Amalgam of Economic Activities）。而 Gunn（1988）则指出，旅游功能系统应该包括四个主要部分：第一，由旅游者构成的旅游市场需求；第二，由旅游吸引物（目的地）构成的旅游市场供应；第三，由电信服务、交通服务、金融服务等构成的连接设施，通过这些设施完成信息、人员在市场与目的地之间的流动；第四，服务于目的地旅游者的基础设施，包括酒店、餐饮和其他服务设施。旅游行业是一个综合性的行业，涉及的企业类型很多。不同企业的生产方式和企业性质不尽相同。旅游企业的行业特点主要有以下几个方面：

（一）中小企业占多数

旅游是一个典型以中、小企业为主要规模的行业。任何一个组织拥有一个简单的旅游吸引物就可以组成一个旅游企业，如，一个小农庄、一个小旅馆等。这些都是旅游行业中的中、小企业。它们在这个行业中占据着大部分的市场份额。

这些中、小企业的规模很小，资金数量不多、雇员数量很少，实力也不强，但是众多的中、小型企业竞争却十分激烈。如同上一节所讲，中国现有的旅行社数量庞大，其中中、小型企业也占很大比例。在这些旅行社日常运行中，最重要的工作就是如何与同行业的其他企业竞争，争夺客源市场。因为，可以提供同样服务的企业数量实在是太多了。

中、小型企业居多的行业，必然要走一条整合的道路，只有整合之后的行业环境才更有利于企业的发展。在这个过程当中,政府必须出台相应的政策,引导企业健康发展。同样,企业也可以通过兼并、合作等方式,促进企业规模的壮大。例如,2007 年 10 月,中国最大的经济型连锁酒店——如家酒店连锁在上海宣布,公司以 3.4 亿元人民币收购居于经济型连锁酒店行业前列的七斗星 100% 股权。收购整合完成后,如家酒店连锁的网络将覆盖全国 80 多个城市,拥有酒店数量超过 330 家。如家对七斗星的收购,揭开了经济型酒店行业整合的大幕。①

（二）企业间关系复杂多样

旅游企业经营,从上游的供应商到中间分销商,再到下游的销售商,须经历三个环节。而在这三个环节中,供应商同时可以扮演分销商和销售商的角色。这就导致了企业之间关系的复杂性。一个酒店的客房,可以通过前台直接销售给客人,可以通过旅行社供客人预订,也可以通过酒店的销售网络预订,此间涉及的企业包括酒店、旅行社、网站等。其中关系错综复杂。

企业间关系的多样性体现在企业的规模、特点等方面。如,世界上以提供住宿为主的企业,包括星级酒店、经济型酒店、主题酒店、青年旅馆等。这些住宿设施设计风格不同、客户群体不同,提供的服务也不尽相同,呈现着多样性的特点。多样性的特点为旅游产品开发者提供了创新的空间。

（三）行业内的企业间相互依赖性

旅游企业可以看做是住宿、旅游吸引物、交通运输物、旅游组织者、旅游目的地组织者的集合。在这个集合里,每个环节都是必不可少的,而且是相互依赖的。但核心是旅游吸引物。这是吸引顾客的主要元素。旅游者通过旅游运输物,完成空间的转移,到达旅游吸引物所在地,并通过旅游运输物再将自己送回初始地。送达的过程往往是由旅游组织者陪伴,在目的地的一切旅游活动又是在旅游目的地组织者的带领下完成的。当旅游者在目的地停留时间超过一天时,就要住宿在目的地。其中任何一个环节出现问题,都可能导致一次旅游体验的失败。只有每个环

① 张骏斓. 如家酒店 3.4 亿元收购七斗星 100% 股权[N]. 每日经济新闻,2007－10－23.

节都协调好，才能让旅游者享受到旅游的乐趣（见图1－5）。

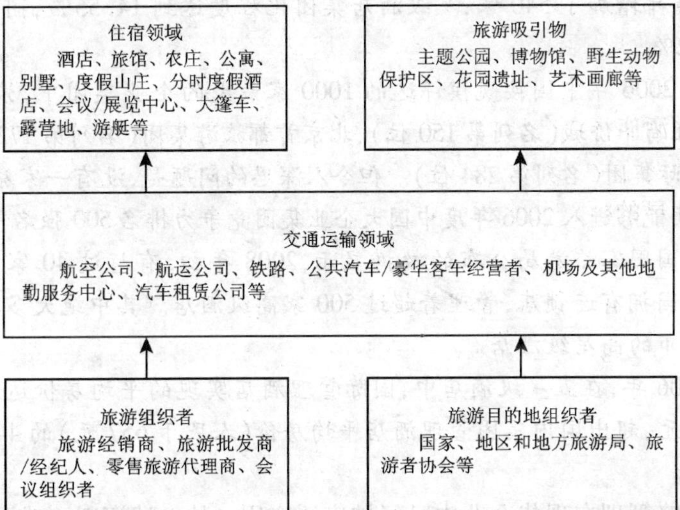

资料来源：埃文斯等编著．马桂顺译．旅游企业战略管理［M］．沈阳：辽宁科技出版社，2005．

图1－5　旅游企业的相互依赖关系示意图

（四）企业间的竞争与冲突并存

由于中、小型企业数量较多，同一产业链中的旅游企业之间竞争十分激烈，客源的竞争、价格的竞争、营销策略的竞争，不同产业链中的企业也会存在一些包括货款纠纷及由于信息不对称带来的纠纷等。这些竞争及沟通过程中产生的冲突和矛盾，是促使旅游企业发展的重要因素。

第二节　战略管理的内涵、目标、过程与利益相关者

【相关信息】

中国酒店业的经营主体

据中国旅游饭店业协会统计，截至2005年，国内共有酒店集团190

余家，比2004年增加了约30家；接受委托管理的酒店总数近1600家，比2004年增加了540家；星级酒店集团化程度达到14.55%，同比增长了4.92%。

在2006年中国按规模评选的1000家最大的企业集团中，旅游（酒店）集团有华侨城（名列第150位）、北京首都旅游集团（名列第172位）和锦江国际集团（名列第284位）。但令人深思的问题是，没有一家旅游（酒店）集团能够进入2006年度中国大企业集团竞争力排名500强名单。

中国国家旅游局公布的数据显示，2008年初，有超过40家国际酒店在中国拥有连锁店，管理着超过500家高级酒店。其中绝大多数是中国大城市的高星级酒店。

2006年，在五星级酒店中，国际管理酒店实现的平均房价达到人民币946元，超出国内集团管理酒店平均房价（人民币657元）的44%。

战略管理在现代企业中已经被广泛应用。从上述资料不难看出，中国的酒店业发展迅速，但是，在其中发挥主要作用的却是国际知名的酒店管理公司。相对国外品牌酒店集团而言，国内酒店集团对战略管理的关注远不够充分。

一、战略管理的产生与发展

"战略"一词，原意为指挥官采用一定的策略来对抗敌军。多数参考书目和词典中都将战略与战争联系在一起，认为战略是一种"战争的艺术"（奈杰尔·埃文斯）①。战略管理日益变得重要，是缘于以下几种趋势共同作用的结果。首先，越来越多的企业进行多元化发展，加上产业边界模糊，企业需要思考自身的业务范围、地理范围、组织规模是否合适等问题。其次，竞争者的增加导致产业内竞争加剧。同行业企业面临更多的竞争者。企业需要思考自身的竞争行为及应对竞争对手的措施。技术变革、交通与通信设施能力的提升，以及文化的冲突与交融，让企业置身的社会、经济、技术、政策环境不断快速变化。为了适应这些变化，企业也需要思考经营环境与自身经营方向的匹配问题。

---

① 埃文斯等编著. 马桂顺译. 旅游企业战略管理[M]. 沈阳：辽宁科技出版社，2005.

20世纪60年代,国外很多商学院把战略管理视为管理专业一门独立完整的基础学科。与此同时,战略管理逐渐成为企业高层在谋求企业长期发展时必须考虑的问题。这种演化无论在学术界抑或企业界,均历经了一个始于20世纪初直至70年代的较长时期(见表1-6)。战略被看成是旅游专业的相关学科,在旅游院校里被传授并受到人们的广泛关注。

表1-6　企业战略管理的演进过程

过程 项目	计划与控制阶段	长期计划阶段	战略计划阶段	战略管理阶段
开始时间	20世纪初	20世纪50年代初	20世纪60年代中期	20世纪70年代中期
管理重点	财务预算及对偏差的控制	对成长的预测和制订长期计划	适应经济环境变化。制定长远发展战略	因应和预应战略突变及迅速出现的机会与威胁,制定和实施战略并重
依据假定	认为过去的情况必将重现	认为过去的情况必将持续到未来	认为环境发展趋势和变化均需要预测和了解	认为单纯周期性计划工作不能完全满足应对变革的需要
管理程序	周期性程序	周期性程序	周期性程序	因地制宜与周期性程序并存

资料来源:刘庆元,刘宝宏.战略管理:分析、制定与实施[M].大连:东北财经大学出版社,2001.

二、战略管理的内涵及边界

不同历史时期的企业管理学家对于战略管理的理解有所不同、分析的角度多样。下面介绍几位战略管理专家对于战略管理内涵的理解。

(一)安索夫的定义

美国著名战略学家安索夫,在《企业战略论》中把战略定义为:企业为了适应外部环境,对目前与将来要从事的经营活动所进行的战略决策。他在书中指出:企业在制定战略时,有必要先确定自己的经营性质。

企业无论怎样确定自己的经营性质,目前的产品和市场与未来的产品和市场之间都存在着一种内在的联系。安索夫称这种现象为“共同的经营主线”。通过分析企业“共同的经营主线”可把握企业的方向,同时企业也可以正确地运用这条主线,恰当地指导自己的内部管理。企业如果将自己的经营性质定义得过宽,则会推动共同的经营主线,也就无法制定合适的战略。

(二)钱德勒的定义

钱德勒在《战略与结构》一书中指出:企业战略是企业的长远性经营策略。钱德勒认为,企业经营战略是决定企业的基本长期目标和目的,选择企业达到这些目的所遵循的途径,并为实现这些目标与方针,将企业重要资源进行分配。

(三)安德鲁斯的定义

美国哈佛大学商学院教授安德鲁斯认为:战略是指目标、意图或目的,以及为达到这些目的而制订的主要方针和计划的一种模式。这种模式界定企业正在从事的,或者应该从事的经营业务,以及界定企业所属的或应该属于的经营类型。这个观点主要包括三个方面,首先,在制定战略过程中要分析企业的优势、劣势和机会威胁。因为它涉及企业的竞争环境和企业发展的外部极限。其次,高层经理人员应是战略制定的设计师,且必须督导战略的实施。最后,战略构造的模式应是简单而又非正式的,而且最好的战略应该具有创造性和灵活性。

(四)明茨伯格的定义

战略管理学家明茨伯格将战略总结为:计划、计策、模式、定位和观念五个要素,这就是著名的战略5p理论。

战略是一种计划,是一种有意识、有预测、有组织的行动过程,是解决一个企业如何从现在的状态达到将来位置的问题。组织利用这种计划来处理组织内部面临的问题和形势。例如,某企业要进行员工薪酬制度的改革,就要拿出一份计划书,阐明改革的原因、途径和改革所要达到的目标。

战略是一种计策。计策与计划不同,计划只是一种愿望,而计策,则是实现愿望的方法。计策相对比较具体,是企业为应对不同环境带来的压力而作出的一种战术性的反应。例如,肯德基跟随麦当劳就是一种计策;百胜集团想发展新品牌“东方既白”,没有商铺的时候,通过将原有的肯德基餐厅一分为二,将其中一半的场地留给“东方既白”,也是一种计策。

战略是一种模式。战略可以体现为企业一系列的具体行动和现实结果,而不仅仅是行动前的计划或手段。即,无论企业是否事先制定了战略,只要有具体的经营行为,就有事实上的战略。明茨伯格认为:战略作为计划或模式的两种定义是相互独立的。实践中,计划往往没有实施,而模式却可能在事先并未计划的情况下形成。因此,战略可能是人类行为的结果,而不是设计的结果。因此,定义为“计划”的战略是设计的战略;而定义为“模式”的战略,则是已实现的战略。战略实际上是一种从计划向实现流动的结果。那些不能实现的战略在战略设计结束之后,通过一个单独的渠道消失,脱离准备实施战略的渠道。而准备实施的战略与自发的战略则通过各自的渠道,流向已实现的战略。这是一种动态的战略观点,它将整个战略看成是一种“行为流”的运动过程。

战略是一种定位。战略是一个组织在其所处环境中的位置。对企业而言,就是确定自己在市场中的位置。企业战略涉及的领域很广,可以包括产品生产过程、顾客与市场、企业的社会责任与自我利益等任何经营活动及行为。但最重要的是,制定战略时应充分考虑到外部环境,尤其是行业竞争结构对企业行为和效益的影响,确定自己在行业中的地位和达到该地位所应采取的各种措施。把战略看成一种定位就是要通过正确地配置企业资源,形成有力的竞争优势。

战略是一种观念。战略表达了企业对客观世界固有的认知方式,体现了企业对环境的价值取向和组织中人们对客观世界固有的看法,进而反映了企业战略决策者的价值观念。企业战略决策者在对企业外部环境及企业内部条件进行分析后作出的主观判断就是战略。因此,战略是主观而不是客观的产物。当企业战略决策者的主观判断符合企业内外部环境的实际情况时,所制定的战略就是正确的;反之,当其主观判断不符合环境现实时,企业战略就是错误的。战略是一种观念的定义,强调了战略的抽象性。其实质是与价值观、文化和理想等精神内容为组织成员所共有一样,战略观念要通过组织成员的期望和行为而形成共享。个人的期望和行为是通过集体的期望和行为反映出来的。因此,研究一个组织的战略,要了解和掌握该组织的期望如何在成员间分享,以及如何在共同一致的基础上采取行动。

【相关信息】

企业战略管理理论的学派

企业战略管理理论的形成是企业管理历史发展的必然结果,是管理学随社会经济、文化发展变化演进而来的。西方战略管理理论研究,到现在形成设计学派等十大理论学派,对这些学派进行评析,对我国战略管理理论的研究及实践具有积极的借鉴意义。

1. 设计学派

该学派由阿尔弗雷德·D. 钱德勒及安德鲁斯提出,将战略形成视为一个概念作用的过程。该学派前提是:战略形成应该是一个有意识的思维过程;首席执行官就是战略家;战略形成一个完整观念时,设计过程才结束;战略是明确的。设计学派认为:评估企业的优势与劣势是战略设计的基本步骤,而现实中的评估是很难准确的。一般说来,优势比企业想象小,而劣势大。该学派认为:战略与结构互相决定。但该学派没考虑何时制定、如何制定及何时停止战略,将战略制定与执行分离。该学派的"报信观点"和著名的"SWOT"分析法作出了巨大贡献,意义深远。

2. 计划学派

该学派将战略形成看做一个正式的过程,由H. 伊洛尔·安索夫在《公司战略》中提出,战略包括四方面的内容:产品与市场定位;企业经营方向和趋势;协同效果大于局部效果;竞争优势。该学派的前提:战略产生于有意识的正式规划过程,过程被分解为清楚的步骤;首席执行官负责整个战略过程,战略实施由全体计划人员负责;战略应当明确制定出来,以利于贯彻。

3. 定位学派

该学派将战略形成视为一个分析过程,由迈克尔·波特提出。其前提与计划学派前提没有重大分歧,但有一个至关重要的例外。定位学派认为:只有很少数的关键战略在某一既定的行业中合乎要求。这些战略可用来对付现在的竞争对手。定位学派的缺陷:战略制定与贯彻分离;破坏战略学习;过分依靠硬数据;制定过程过分正式化等。

4. 企业家学派

该学派将战略形成过程绝对地集中在个别领导者身上,最核心的概念就是远见。该学派提出了"企业家精神"与"内部企业家精神"(Pinchot,1985)。这一学派的前提:战略是企业领导人心中的一种观念,是对组织未来的远见;战略的形成最好不是一个完全有意识的过程;企业领导人一心一意发展远见;战略是可以变化的;组织同样是可以变化的。企业家式的战略具有某种特殊的位置。这个位置不受市场竞争的冲击。不少学者认为,企业家学派使用的研究方法是很危险的。它是以企业家个人的健康和幻想为赌注。企业家的个人能力被过分夸大了。

5. 认识学派

该学派把战略形成看做一个心理过程,最早起源于 Simon 等的研究,形成于20 世纪80 年代中后期。该学派认为:认识是无序的;认识是信息处理的过程;认知是制图过程;认识是概念形成的过程;认识是构建过程。认识学派认为:了解战略形成过程,最好了解人的心理和大脑,从这个意义上讲,该学派研究内容对认识心理学有很好的借鉴作用,但对战略管理研究的贡献却是有限的。

6. 学习学派

该学派认为战略形成是一个应急的过程。查理·林德罗姆《"蒙混过关"的科学》是这一流派的开始。詹姆斯·布雷恩·奎因于1980 年出版的《应变战略:逻辑渐进主义》是该学派的新起点。该学派认为:战略的形成是不断学习的过程,战略规划和执行界限变得不可辨别;学习以应急的方式进行;在管理战略学习过程可能出现新战略。但是,学习的过分强调可能会使一个连续的和完美的可行性战略遭到破坏。这一学派的主要贡献,是在学习的过程中理解战略。

7. 权力学派

该学派把战略视为一个协商的过程。见之 Allison(微观权力学派),Macmillan《论战略的形成:政治概念》等论著。这一学派认为:权力和政治使战略形成具体化;微观权力把战略决策视为利益集团和联盟之间通过说服、讨价还价以政治对策形式表现的相互作用,在任何具有重要意义的时刻都不具有支配地位;组织通过战略操纵和各种网络联盟中的集体战略,促进自身的利益。该学派过分集中在联盟分裂和局部问题上,权力学派可能忽视正在形成的战略模型。

8. 文化学派

该学派认为:战略是一个集体思维的过程。英国安德鲁·佩蒂格鲁等揭示了文化因素在战略中的重要性。美国学者巴内(1986)提出文化是企业对付对手最有效、最坚固的壁垒。文化学派认为:战略形成是社会交互的过程;个人通过文化潜移默化的适应过程;组织成员只能部分描述巩固着的组织文化信念;战略采取观念而非立场的形式;组织观念体系不鼓励战略改变。文化学派的缺点,是其概念的模糊性。此学派的一个危害,是可能阻止组织的必要改变。

9. 环境学派

该学派认为战略的形成是一个反应过程。最早进行相关研究的有Hannan、Freeman(1977)和Danny Miller(1979)等。环境学派认为:环境是战略形成过程中的中心角色;组织必须适应环境;领导负责观察环境并保证组织完全与之适应;组织群集在原来所处的环境之中,直到环境资源不断减少,最终组织灭亡。环境学派的可能性弱点,是环境的范围常常太抽象。

10. 结构学派

该学派认为:战略是一个转变的过程。结构学派研究起始于Chandler(1962),其后从事该领域研究的有McGill研究组及Mintzberg,Miller等人。结构学派认为:组织可被描述为某种稳定结构。这种结构可被偶然因素影响向另一结构飞跃;结构转变有某种周期;战略最后采取的模式都是依自己的时间和情形而出现。结构学派给战略形成带来了秩序,尤其是有众多的文献和实践活动。

(资料来源:张向前.西方企业战略管理学派评析[J].商业时代,2007,<05>:53-56.)

三、战略管理的目标

战略管理,是组织通过对内、外部环境的分析,对组织的资源进行合理分配,进而推动组织发展的过程。简言之,战略管理的核心意义,就是为组织获得可持续性的竞争优势。因此,战略管理对组织运作具有重大的意义。

(一)有利于组织明确使命与目标

每个组织都有自己的使命与目标。使命与目标的确立,往往在组织建立之初或者面临重大调整的时候,确定使命与目标的过程,实际上就是战略管理中的一部分。运用战略管理的方法,可以促使组织用长远的、发展的眼光,确立适合组织发展的使命与目标。

(二)有利于加深组织对内、外部环境的了解

很多企业在发展过程中只顾及内部增长,而不考虑环境对其发展的影响。虽然在企业发展壮大中,自我实力的增长是主要原因,但是环境也在一定程度上影响企业的成败。忽略环境的影响,可能会使企业的发展受到阻碍。分析内、外部环境是战略管理过程的前提。所以,战略管理可以加深组织对内、外部环境的了解,使组织更好地走向健康发展的道路。

(三)有利于企业组织结构的完善

组织结构是战略管理过程的支撑,恰当的组织结构可以促进战略的实施,反之不恰当的组织结构则会阻碍战略的实施。战略管理的过程在不断寻求适合企业战略方案的同时,也是不断完善企业组织结构的过程。

(四)有利于资源优化配置

任何一个企业的资源,不论是人力还是物力,都是有限的。如何将有限的资源最优化利用,是每个企业都在思考的问题。分析新的战略所需要的资源与现有资源的差距,进而调整现有资源的配置是战略管理过程的关键步骤。资源是战略管理过程的基础,只有资源得到了有效配置,战略才能得以实施。因此,战略管理过程对于企业资源优化配置具有促进作用。

(五)有利于决策科学化、合理化

盲目的决策和对环境的分析不透彻,往往使企业的战略实施失败。战略管理从战略分析到战略选择,再到战略实施与控制,对战略环境进行系统的分析,对战略方案进行具体、有效的可行性分析,在大量的分析

过后进行决策,可大大提高决策的可信度和可行性。

(六)有利于推动组织变革

新战略的实施意味着组织的变革。这种变革包括组织目标的变革,确定新的目标并为之奋斗;组织结构变革,通过调整组织结构以适应战略需要;以及为适应组织生产需要的技术变革等。组织变革是组织发展壮大的必经之路,战略管理是推动组织变革的重要因素。

四、战略管理的要素

钱德勒将战略定义为:“战略是一种确定地设定企业长期目标(Goals)和短期目标(Objectives),制订达到这些目标所需要的主要行动计划,并部署必要资源的一种方法。”由此可见,他认为战略主要由目标明确、行动计划和资源支持三个部分组成。

(一)目标明确

制定目标,是企业战略管理的第一步,也是企业实施战略的指导方向。因此,在确定目标时就要考虑到企业的资源和能力,制定适合于企业的目标。为了更好地达到目标,企业必须将目标明确化。这样才能让下属和员工知道,企业要做什么,进而确定如何来做。

目标又可以分为长期目标和短期目标。长期目标,主要是关注企业的长远发展;短期目标,则是企业现阶段要完成的任务。一个长期目标可能是由多个短期目标所组成,每一个短期目标的实现,又关系到长期目标的完成。

(二)行动计划

制定了目标,接下来就是实施,实施的过程一定要有行动的计划来支持。例如,企业想扩大市场份额,就必须通过营销手段推销自己的产品,提高营业额,并不断扩大自己的目标客户群体。

(三)资源支持

不论是制定目标还是行动计划,都必须以企业的资源为前提,只有企业资源可以支持的目标,才是合适的目标,只有企业资源可以支持的计划,才是可行的计划。资源是战略管理中必不可少的因素。企业在战略管理过程中一定要重点考虑自己的资源和能力,分析自己的资源和实力,制订力所能及的方案才能有利于企业的发展。

五、战略管理的层次

企业战略管理不仅要制定战略的目标,而且要对战略的内容进行分层,并分配到企业的每一个部门予以实施。战略管理一般分为战略决策、战术决策和业务决策三个层次。战略决策,主要是高层领导对于企业战略的规划;战术决策,是各个职能部门根据上级指示进行具体计划的制订;业务决策,则是将计划分配到各个业务层面予以实施和控制的过程。对企业战略管理进行层次上的划分,既能保证战略管理过程的统一性,又能适应战略管理的条理性,最大限度地利用企业的资源,有效提高战略管理的效率(见表1-7)。

表1-7　战略管理的层次比较

	战略层次	战术层次	业务层次
决策重点	获得可持续的竞争优势	战略的实施	日常管理
决策层	高层管理人员、董事会成员	企业或部门的经理	主管等
决策范围	整个组织	企业或职能部门(如营销部门)	部门
时间期限	长期(年度)	中期(月到年)	短期(日、周、月)
风险程度	高度不确定	有些不确定	高度确定
复杂程度	高	一般	相对简单
举例	开发新产品或进入新市场的决策,投资决策	广告决策、价格决策	存货决策、工作计划决策等

资料来源:埃文斯等编著. 马桂顺译. 旅游企业战略管理[M]. 沈阳:辽宁科技出版社,2005.

(一)战略决策(Strategic Decision)

战略决策,须由企业高层通过董事会发布。这些决策涉及整个组织的全局利益,为企业获得可持续的竞争优势奠定基础。战略决策是企业制定的长期计划,是在高度不确定的环境下进行的决策,具有很高的风险性,但是对企业的长远发展具有关键性的作用。

战略决策主要包括企业开发新的市场,进行新的投资、兼并或购买其他企业等。

(二)战术决策(Tactical Decision)

战术决策是企业实施战略的过程,涉及企业的各个部门。一般的战术决策以月或者年为一个周期,复杂程度没有战略决策那么高,但是也具有一定的风险性。

(三)业务决策(Operational Decision)

业务决策,主要是由企业的部门主管制定的与本部门日常管理相关的决策。业务决策的周期一般较短,计划也比较简单可行,风险很低。

三个层次的决策具有相辅相成的关系。战略决策指导战术决策和业务决策,而战术决策和业务决策对于战略决策来说,起到了支持的作用。三者的本质是统一的,只有上下一致的决策才能顺利实施,实施之后才会有好的效果。反之如果决策出现分歧,就可能会对企业的运作造成不利。三者的主要区别在于决策重点、决策人员在组织中的地位、决策范围、时间期限、风险程度、复杂程度不同。

六、战略管理的过程

战略管理的过程,主要包括战略分析、战略选择和战略实施三个步骤。所谓三个步骤并不是指三者有时间上的先后顺序,恰恰相反,三者在时间上具有重叠和循环关系。也就是说,并不是先进行战略分析,然后进行战略选择,最后再进行战略实施的。有时候,战略分析的同时已经开始了战略选择,战略实施过程中还会继续进行战略分析。

(一)战略分析

战略分析,是指一个组织通过对其所处的内、外部环境进行全面、系统的综合分析和评估,以识别该组织对于其竞争对手所具有的优势、劣势及其所面对的外部机会和威胁的过程①。简而言之,战略分析就是分析企业外部环境和内部实力,确定企业的使命与目标。分析内、外部环境的过程又被称作战略态势分析。

外部环境主要包括政治、经济、文化、社会和技术等宏观环境,还包括企业的产业环境,如市场状况、产业性质等。另外还有企业的竞争环境,如买卖双方的谈判能力、市场价格、市场供应情况等。本书将在第二章对相关概念进行详细的讲解。

内部实力,主要是指组织所拥有的资源(如财力、人力资源等)、组织的文化及组织的核心能力等。

战略分析过程中涉及的关键性影响因素可总结为以下四点:

(1)环境。这里是指企业所处的外部环境。了解这些环境对企业的影响对战略分析是至关重要的。它可以使战略管理人员识别企业所面临的机会和威胁,从而确定企业所处的战略地位。

(2)组织资源和战略能力。一般来说,它是指企业的内部资源。通过对它们的分析,可以识别组织相对于其竞争对手所具有的优势和劣势。

(3)不同利益相关者的期望。组织会面对许多不同的利益相关者,组织资源的分配和能力的运用,在一定程度上取决于这些利益相关者所拥有的权力。因此,组织需要平衡这些利益相关者的期望。

(4)组织文化。在每个组织中都存在着各种信仰和假设条件。它们会干扰组织环境和资源的变化,从而影响战略管理过程②。

战略分析的目的,在于确定企业所处的环境和组织的能力,从而制定适合企业的使命与目标。通过战略分析过程抓住对于企业有利的环境优势,利用企业的资源和能力优势去达到企业所制定的目标。这就是战略分析的作用之所在。

(二) 战略选择

战略选择,是指利用战略分析的结果,设计适合企业的战略选择方案,并对这些方案进行可行性的分析,最终确定最佳的企业战略。

---

① 杨东龙.最新组织战略精要词典[M].北京:中国经济出版社,2003.

② 杨东龙.最新组织战略精要词典[M].北京:中国经济出版社,2003.

在方案设计过程中,“头脑风暴”的方法是值得提倡的。因为,企业的经营者往往会设计显而易见的对企业有利的方案,而忽略那些可能更加有利的方案。头脑风暴可以让企业经营者尽可能多地吸纳设计方案,从中挑选出最好的方案。

组织要通过对方案的适用性、可行性、可接受性、有效性、风险程度、合理性,及对利益相关者所具有的吸引力等方面的分析,对战略方案进行评估。战略方案的评估即是从设计方案中选择的过程,评估的标准主要有:

(1)是否符合企业的外部环境要求;

(2)是否符合企业现有资源能力;

(3)是否具有相应的组织结构支持;

(4)是否符合企业价值观和企业文化;

(5)是否符合利益相关者的利益;

(6)是否符合管理者对待风险的态度;

(7)是否与企业过去的战略相适应。评估出最佳的方案,就是企业确定的可以选择的战略方案。例如,酒店业巨头香格里拉集团于2009年,将自己的酒店项目开始投向了中国的二、三线城市,如秦皇岛、唐山、扬州、曲阜、三亚等城市。这样的战略选择,就是在考虑到了以上几条标准之后才作出的。

(三)战略实施

战略实施,是企业将选择的战略具体化并付诸行动的过程。在实施战略过程中,要将总体规划的战略分成具体的部分,并考虑如何分配企业的资源,因为企业的资源并不是无尽的,而是有限的。所以,合理分配资源对于战略实施至关重要。我们知道,人力资源是酒店运营和管理中重要的资源之一,因为酒店行业在旅游业中属于资金和人力资源密集型企业。酒店集团的扩张常常会遇到人力资源不充足的问题,导致人力资源的缺口成为限制其扩张的瓶颈。这样就会影响其扩张战略的实施。因此,国内外的酒店管理公司越来越重视对人力资源梯队的培养,以储备充足的人力资源适应集团的扩张战略实施。例如,喜达屋(Starwood)酒店管理集团每年都会在包括上海、广州等全国各大城市的高校招聘集团管理培训生,培养酒店管理方面的高水平管理人才。针对战略的需要,进行组织结构的设计,组织结构是战略实施的支持,只有组织类型恰当,组织结构合理,才能有效地控制实施的过程,确保实施方向的正确。新的战略的实施,必然意味着组织管理的变革,管理人员不仅仅要掌握变革后的管理技术和方法,更需要思考的是如何重新审视企业的管理,如何克服因为变革所带来的阻力。

战略管理还包括战略控制部分,而战略控制贯穿于整个管理过程之中,针对战略实施部分的控制更加重要,只有在控制中发现问题,才能不断地重新进行战略分析、选择和实施,形成战略管理的循环(见图1-6)。

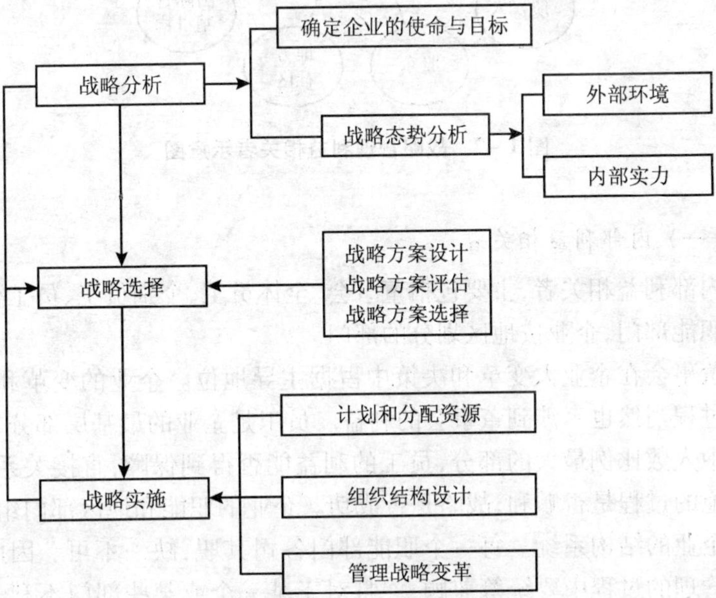

资料来源:陈继祥,王家宝.旅游企业战略管理[M].北京:旅游教育出版社,2006.

图1-6 战略管理的过程

七、战略管理的利益相关者

战略管理的过程,意味着组织的变革。组织的变革,又意味着利益的变化,也就牵涉到组织的利益相关者。战略管理涉及的利益相关者主要包括两类:内部利益相关者和外部利益相关者(见图1-7)。

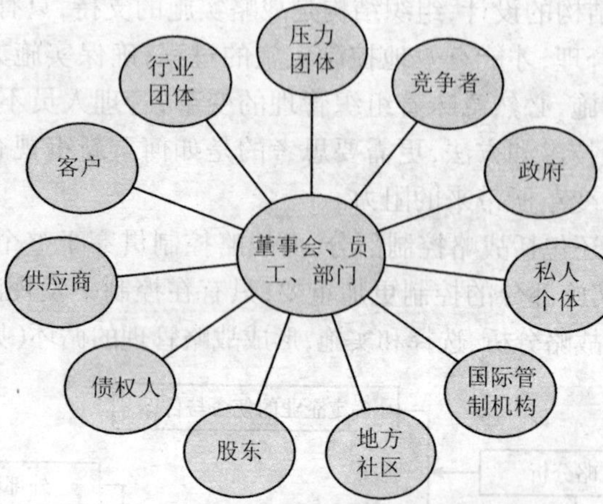

图 1-7　战略管理利益相关者示意图

（一）内部利益相关者

内部利益相关者，主要包括董事会、全体员工、个别员工、员工代表、企业职能部门、企业按地区划分的部门。

董事会在企业大变革和决策中占据主导地位。企业的变革和战略管理过程当然也牵涉到董事会的利益。员工是企业的最基层部分，也是企业中人数比例最大的部分，员工的利益能否得到保障，直接关系到战略实施的过程是否顺利，战略是否成功。企业的职能和地区部门组成了整个企业的结构系统。每一个职能部门各司其职，缺一不可。因此，在战略管理的过程中要统筹兼顾，一旦对于某一个或某些部门不利，就会影响到整个战略实施的进程。

（二）外部利益相关者

外部利益相关者，主要包括股东、债权人、供应商、客户、行业团体、压力团体、竞争者、政府、私人个体、国际管制机构、地方社区等。

股东和债权人与企业战略管理的关联度不大，但是股东的利益却是企业经营者需要考虑的最重要的因素之一。战略的制定一定要符合股东和债权人的利益。供应商是企业的上游企业，为企业提供生产必需的资源，如果战略的制定触及或者影响到了供应商的利益，必然会导致供应商供应情况的变化，进而影响到企业产品的产出。最明显的就是企业购买价格的变动，必然引起供应商的讨价还价。同样，企业的客户是购买者，他们对价格的敏感度很高。政府和社区等机构对于企业的战略管理过程也有牵制作用，尤其是政府政策的制定，在宏观环境上对企业的发展具有很大的影响。相反，企业战略管理的过程，也会涉及政府和社区的利益，如，企业对形象塑造和公益事业的投入等。

第三节　旅游企业战略管理的含义、内容及过程

一、旅游企业战略管理的含义

此前对战略一词的理解进行了介绍，归纳各个流派对企业战略的理解不难看出，企业战略主要包括战略分析、战略选择和战略实施等几个关键环节。与一般的企业一致，旅游企业为响应快速变化的外部环境，并使之与不断更新的内部资源相匹配，需要动态调整自身的组织结构和行动路径。应该注意到，就战略管理过程而言，旅游企业与其他类型企业之间的差异性远小于共通性。

旅游企业战略管理基于一般企业战略管理的基本原理。然而，旅游服务产品的属性和旅游业的行业特征，却决定着旅游企业战略管理与一般企业管理的差异性。例如，酒店和餐饮经营可能属于世界上竞争最激烈的商业活动。这种竞争直接导致该行业的企业朝着更为统一的国际化运营模式演进和转变。管理者的思维方式也转向对本行业问题的思考，进而关注产业结构、企业行为及其绩效。旅游企业战略，是指旅游企业通过对现有环境和企业内部实力的分析，制订出适合企业使命、符合企业长期发展目标的前瞻性计划并进行有效实施。具体地说，旅游企业战略是在企业使命的指导下，对企业所处的外部环境和内部环境进行分析，制定出适合企业发展的目标并付诸于行动。在这个过程中，企业的发展是目的、对环境的分析是前提、组织结构是支撑、资源优化配

置是手段。

事实上,一般企业的战略管理过程无须调整便可直接用于旅游企业。分析经营环境、确定战略方向和组织目标、制订可实施的行动计划,同样构成旅游企业战略计划实施的基础。与一般战略管理的教科书相比,本书的独特之处在于:通过融入大量旅游企业的案例,在旅游产业环境中对战略管理的观点和过程进行阐释。这些案例既有利于读者学习战略管理的过程,同时也有利于读者更好地认识旅游企业。与此同时,本书将尽力介绍战略管理的最前沿理论并辅以相应的案例说明。

二、旅游企业战略管理的内容

本章第二节对战略管理的含义与过程进行了介绍。旅游企业战略管理亦以此为基础。也就是说,旅游企业战略管理遵循企业战略管理的一般原则,将战略管理原理运用至旅游企业和旅游行业,即旅游企业战略管理的内容,具体包括以下内容:

外部环境分析和内部资源分析是旅游企业战略管理最重要的内容。其他内容分别是:旅游企业的内部资源分析、旅游企业的战略方向、旅游企业的成长战略、旅游企业的扩张方式、国际化经营及战略实施与评价的问题等(见图1-8)。

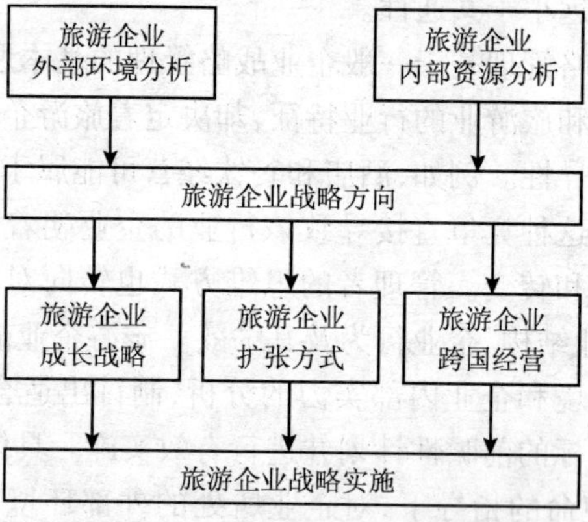

图1-8 本书的主要内容及其相互关系

三、旅游企业战略管理的过程

随着旅游业的蓬勃发展，旅游企业越来越重视战略管理在企业中的地位。旅游企业的战略管理与一般企业的战略管理比较，显现出不同的特点和方式。

首先，在战略分析上，旅游企业面临的内外部环境相对比较复杂，旅游企业本身的敏感性和脆弱性，使它在面对环境变化的时候可能会有很强烈的反应。例如，旅游企业在2003年"非典"期间，几乎全部亏损，造成整个行业的发展都面临很大的危机。又如，2009年甲型H1N1流感对世界旅游产业造成了重大影响。特别是中小型旅游企业，实力相对较弱，因此，在战略分析过程中，须认清本企业的实力，并识别外部环境可能出现的机会和威胁，制订相应的应对方案。这样才能在出现问题时，迅速采取有效的控制手段，以减少企业的损失。

其次，战略选择对于旅游企业极其重要。战略选择是提出各种战略计划，并进行评估，最终确定方案的过程。旅游企业面临的环境和竞争对手是复杂多变的。因此，在选择战略时，必然会面临很多种选择。例如，1997年，在香港即将回归之际，很多投资商和经营者都选择了观望态度，普遍对企业进行大规模投资持谨慎态度。但是永安旅行社却利用了这个机会，选择了继续投资，拓展企业业务。抢先一步，占据了很大部分的市场份额，对于企业的长远发展作出了关键性的决策。因此，面对环境的变化，如何在多种方案中选择合适的方案，是旅游企业经营者需要考虑的重要问题。

最后，战略的实施与控制，旅游企业将所选战略进行具体化的操作并不难，但在实施过程中还是会出现很多问题，如，怎样利用企业有限的资源，是将大部分资源都投入一项业务上，还是采取多点投放资源；在组织变革过程中，怎样应对来自股东、员工和部门的阻力等。这些都是在实施过程中可能困扰企业的问题。

【阅读与理解】

亚运蛋糕难解广州酒店业饥渴

随着国际经济持续低迷，2009年秋季广交会深受影响，而非常倚重广交会的广州酒店业,也备受牵连。两年前对于中国巨大消费市场及广交会良好预期的估计,使国际高端酒店巨头相继进入广州,掀起一阵高星级酒店热,而2008~2009年,正是酒店集中投入使用期,却不幸正逢"冰河期"。

1. 广州酒店形成了五个集聚区域

珠江将广州市分为南北两个区域,江北地带是传统意义上的老城区,包括荔湾、越秀、天河三个城区。从地图上看,现有的5个酒店集聚区域都分布于上述城区。

区域A,沿江西路—沙面岛集群。位于珠江流经市区的上游地段,沿珠江北岸分布着近代史上广州的租界区。这里曾经是领事馆最为集中的区域,也是广州最早的酒店聚集点。在20世纪20年代就已有蜚声东南亚的爱群大酒店和新亚酒店。改革开放之后,该地区建起了第一家五星级酒店白天鹅宾馆。目前这一区域分布有五星级酒店1家、四星级酒店3家、三星级酒店4家。值得注意的是,50年代的广交会场馆定位于这一区域,一方面,也正是由于酒店集聚成为最早的广交会选址依据之一;另一方面,广交会馆落成,在一定程度上强化了酒店新的集聚。

区域B:火车站集群。这一区域的核心建筑,即为广州火车站和广交会展馆。该地区的酒店集聚于20世纪60年代,以东方宾馆和流花宾馆的建成为标志开始起步。改革开放以来,广交会展馆的落成延续了酒店聚集的势头。如,马里奥特管理的中国大酒店的开业。目前,这一区域火车站集群上分布有五星级酒店2家、四星级酒店1家、三星级酒店4家。

区域C:环市东路集群。环市东路于20世纪80年代以来因交通的便利和写字楼的大量涌现而逐渐成长为广州的第一个CBD。目前,环市东路上分布有五星级酒店3家、四星级酒店3家、三星级酒店1家。相对于其他集群而言,环市东路集群聚集的高星级酒店数量最多,四、五星级酒店的客房总量超过了3600间。

区域D:天河集群。天河原本是广州的近郊区。1996年利用承办中国第九届全国运动会的机会,广州市启动了天河的城市化进程,围绕天河体育中心建成了一批写字楼和中、高档酒店。这一举措由于广州火车东站的建设而得到加强,大量的外国公司都选择了这一新城区作为自己的办公地点。实际上,天河近年来有取代环市东路成为新CBD的趋势。虽然这一区域很多高星级酒店并未正式评定星级,但是Westin等国际酒店集团品牌的出现已经证明了它的潜力。

区域E:珠江新城集群。珠江新城,是在天河之后广州市力图开发的新城区,一开始便定位为广州新商务中心,总部经济是其主要的发展目标。近3年来,区域E已经或即将开业的五星级国际品牌酒店包括:君悦、里兹·卡尔顿、四季等,客房总量将达到2761间,另有4家四星级酒店客房量近1300多间。

上述回顾初步勾勒了广州市酒店业在不同时期、不同空间的集聚特征。可以看到区域历史背景(如曾经作为租界)、交通枢纽、办公与商贸活动(包括了展览)是主要的推动力量,而支配着城市土地使用权的政府,其特定时期的城市发展空间战略,也对酒店布局产生了重要的引导作用(见图1-9)。

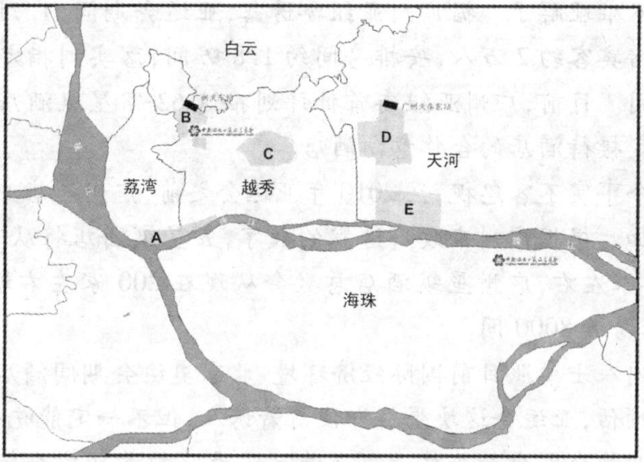

图1-9　广州市酒店集群空间分布图

2. 广交会催变酒店业消费格局

受国际经济环境低迷的影响,本届广交会的欧美客商较上届明显下降,入境客商人数比去年同期下降10%~20%。

广州酒店业的特点,在于其对广交会的客流太过倚重。据业内人士透露,仅每年两届的广交会收入,即占到酒店业全年总营业额的近30%。例如花园酒店在广交会期间的营业额约占全年的1/3,而海珠区一家四星级酒店广交会期间的营业额也约占全年的1/4。

更大的打击是,受需求减少的影响,酒店房价随之跌落。据上述海珠区四星级酒店负责人介绍,以商务房为例,平时报价为600元,一年前秋交会报价为2200元,而今年广交会二期报价仅为1100元,且预订率锐减了3成,预计3期客房出租率更低。

同时,受企业利润缩水影响,更多国内客商选择了物美价廉的经济型酒店。据"7天连锁酒店"副总裁周淮生介绍,广交会一期数据统计显示,"7天"广州分店的出租率达到95%以上。据广州市社科院科研处处长彭澎分析,种种迹象表明,伴随经济环境的变化,以往由广交会带来的酒店业暴利时代已经改变。广州酒店业的消费格局也在悄然变化。

3. 广州酒店业押宝亚运会不现实

在整个行业的艰难时期,2010年第十六届亚运会被广州酒店业尤为看重就不难理解了。据广州亚组委透露,亚运会期间,广州预计需安排酒店住宿宾客约2万人,安排房间约1.8万间,落实到指定接待酒店约1.6万间。目前,广州亚组委首批计划推选62家星级酒店作为官方酒店和指定接待酒店的合作意向酒店。

但一个事实不容忽视,至2010年亚运会之前,广州酒店业的供给也将大幅增加。根据广州市政府透露的数字,五星级酒店将从目前16家增加到21家左右,广州星级酒店总数会从现在200家左右增加到300家,新增客房近8000间。

有业内人士参照目前国际经济环境、北京奥运会期间酒店的整体表现等因素预估,亚运会这块蛋糕即便看着诱人,但不一定能吃得下去,广东酒店行业协会副会长兼总干事李进茂认为:"把希望完全押在亚运会上是不现实的。"

而彭澎则认为:"其决定因素在于2010年的经济走向,如果经济更加低迷,则亚运会的提升空间不大。如果未来经济复苏,需求增加,即便现在被认为是严重饱和的广州酒店业,也将被充分利用。"

4. 广州酒店业"备冬"是上策

亚运会难解酒店业饥渴,广州酒店业该何去何从?专家建议,从目前酒店业的整体情况来看,及时调整经营思路,准备"过冬"是最现实的做法。

番禺区一酒店负责人表示:"从目前广州酒店业赢利水平来看,今年并不是最困难的一年,明年才更值得警惕。该人士预估,随着更多的酒店现金流减少，可能有30%的星级酒店面临倒闭的威胁。”

前述海珠区四星级酒店负责人认为：受影响最大的还是三星级或四星级酒店，“低星酒店或经济型酒店可以压低价格，走物美价廉策略，五星级酒店定位高端，自然有需要的人群，唯独三、四星级的酒店，价钱降不下来，客源提不上去，高不成低不就，大范围亏损在所难免。”

据李进茂预测，未来酒店易主的现象可能增加，而类似于减员、控制成本支出、加大酒店业内的餐饮力度等，将是企业的常规做法。

一个不愿透露姓名的三星级酒店老板称：“如果公司明年的赢利情况进一步恶化，将适当缩小客房量，把部分客房改造为写字楼出租，以降低经营成本，同时，将非核心的业务外包，如卫生、绿化、宴会等。这也是不得已的收缩战略。“每个企业都将根据自己的经营情况适时调整经营思路。现在讲‘冬眠’早了些，但‘备冬’是必须的。”

广东商学院流通经济研究所所长王先庆认为：亚运会之后，至少在相当长的时期内，中国再也没有大规模兴建酒店业的理由和动力，而且供给规模也达到了极限。“北京、上海、广州酒店业都会出现一个相对过剩的市场不平衡期，会有一批酒店出现倒闭和并购，从而推动中国酒店业走向集约化、精细化、现代化的新阶段。”

（资料来源：安卓. 中国经营报，2008年11月10日；本章参考彭青、曾国军编制的《至2010年广州酒店业发展规划》进行改编。）

思考与练习

（1）广州酒店业为何在不同时期形成了多个酒店群落？

（2）你认为广州酒店进入冰河期有哪些原因？

（3）面对即将来临的亚运会，酒店企业应该实施哪些有效的措施来抓住这个机遇？

（4）亚运会难解广州酒店业饥渴，你觉得解决这一问题的根本原因是什么？

（5）如果你是广州一个五星级酒店的总经理，请利用旅游企业战略管理理论，为企业谋划发展方向并制定具体措施。

第二章 旅游企业的外部环境

战略管理的首要任务,就是对企业的战略环境进行分析。这也是战略管理过程的第一步。战略环境,包括外部环境和内部环境。本章介绍旅游企业外部环境分析的相关问题,包括:旅游企业的外部宏观环境、旅游企业的外部运营环境、旅游企业外部环境分析的过程,以及运营环境管理的策略。在本章的最后,分析了经济型连锁酒店的机遇、挑战和对策,希望借此增进读者对旅游企业外部环境分析的理解。外部环境可分为宏观环境和运营环境(图2-1)。

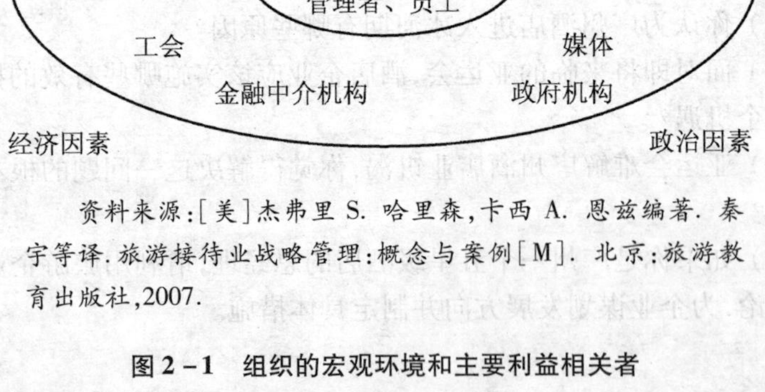

资料来源:[美]杰弗里S. 哈里森,卡西A. 恩兹编著. 秦宇等译.旅游接待业战略管理:概念与案例[M]. 北京:旅游教育出版社,2007.

图2-1 组织的宏观环境和主要利益相关者

第一节　旅游企业的外部宏观环境分析

受到外部宏观环境影响的并不是某一个具体的产业或具体的企业。也就是说，在宏观环境中出现的主要发展趋势和因素，会影响许多的企业和产业，只是在不同的产业中，影响的类型和程度略有不同。例如，尽管汶川地震对四川的旅游业影响最大，但是，几乎国民经济的所有行业都受到地震的影响。

战略分析的第一步，就是要进行外部宏观环境的分析。外部宏观环境主要包括：政治与政策环境（P）、经济环境（E）、社会环境（S）和技术环境（T）。这也是战略分析经常沿用的PEST分析框架。

一、旅游企业的政治与政策环境

政策因素，无论是国内的还是国际的，对于旅游企业的成功都是最重要的决定性因素。政策环境主要涉及国家及政府颁布的各种法律、法规及国际形势的变化影响。政府对企业的发展过程所发挥的是监督作用。

政府会颁布一些法律、法规、条例等，促进或限制企业的发展方向、发展模式。例如，博彩业在澳门属于合法经营范畴之内。博彩业还是澳门地区的支柱产业。但是，在大陆博彩业就被禁止，因为政府不允许经营。世界环境相关组织出台过很多关于减少温室气体排放的法规和协议，在一定程度上限制了企业中有害气体的排放量。另外，《税法》和《消费者权益保护法》也是旅游企业需要重视的相关法律。

国家政策对企业战略的制定，也起到很大的积极作用。例如，改革开放政策减少了外商投资的限制，促进了国内企业的招商引资，当然，也给国内企业的生存提出了挑战。西部大开发政策，是我国政府的创举，在西部大开发政策的指引下，很多企业纷纷到西部进行旅游资源的开发，对于西部经济的改善也起到了关键性的作用。

国际政局的变动和国际关系，也是政策环境分析中的一个组成部分，尤其对于跨国企业来说，这个因素就更加重要。国际关系的改变，可能对本国的政策产生很大影响，也就会相应地影响到本国企业的发展。

泰国政局的动荡,令本已深受国际金融危机和世界经济下滑影响的泰国经济雪上加霜,作为国民经济重要支柱之一的旅游业遭受到严重冲击,经济大幅下滑。作为泰国国民经济的支柱产业,旅游业每年可为泰国创收5400亿泰铢(1美元约合35泰铢),约占国内生产总值的6%。泰国旅游部门先前预计今年泰国能接待游客大约1400万人次。如今,动荡不定的政局可能使这一预期难以实现。泰国商会大学经济和商业预测中心主任塔纳瓦预计:“2009年泰国旅游业可能下滑30%~40%,远超先前预期下滑的10%。2010年旅游业收入将降至4000亿泰铢以下,还会损失20万个工作岗位。”泰国的政局变动不仅影响了本国旅游企业的正常运营,同时也影响了外商投资的信心,导致投资者数量的减少及现有投资者的撤资。①

国有旅游企业是受政策环境影响最大的企业类型。这些企业的发展很大程度上依赖着政府的扶持和领导。例如,国家政策曾先后推动北京首旅集团、上海锦江集团和广州岭南集团的建立和重组,如果没有政策力量,这些重组活动不可能完成。与此同时,国家和政府的政策颁布,国有企业必须是执行的先驱。中国国有企业的经营状态和营利能力也是国家颁布政策的重要参考依据。

【相关信息】

中法双边经贸关系

法国是中国在欧洲乃至全球范围内重要的经贸合作伙伴。中国政府一贯高度重视发展中法经贸关系。近年来,中法两国经贸往来日益密切,双边经贸合作水平不断提高、合作领域不断扩大。法国是我在欧盟第四大贸易伙伴、第三大直接投资来源国和第二大技术引进国。

双边贸易:近年来中法贸易额持续增长。据中国海关统计,2006年中法贸易额251.9亿美元,同比增长22%。其中,我国出口139.1亿美元,增长19.5%,进口112.8亿美元,增长25.2%。法国仍是我国在欧盟第四大贸易伙伴、第五大出口国和第二大进口国。2007年1~5月,中法贸易额119.4亿美元,同比增长25.4%,其中,我国出口73.5亿美

① 改编自《济南时报》,2009年4月15日。

元，同比增长50.1%；进口45.9亿美元，同比下降了0.7%。

对华投资：截至2007年3月底，法国对华投资项目3335个，合同外资金额117.8亿美元，实际使用外资78.8亿美元。法国是我国在欧盟第三大累计直接投资来源国。2007年1~3月，法对华投资项目64个，合同外资金额1.9亿美元，实际使用7983万美元。

技术引进：截至2007年3月底，我国从法国引进技术3082项，合同金额达161.3亿美元。法国是我国在欧盟第二大、全球第四大技术引进国。2006年，我国从法国引进技术364项，合同金额22.1亿美元。2007年1~3月，我国从法国引进技术69项，合同金额3.5亿美元。

对法投资：近年来随着我国经济快速发展，对法投资有明显增长。截至2006年底，经商务部核准或备案在法国投资设立中资企业共计68家，中方协议投资额1.2亿美元。2006年，我在法直接投资497万美元。2007年一季度，我国在法直接投资28万美元。中国对法投资主要分布在贸易、旅游、化工等领域。

（资料来源：国际商报，2007年8月17日。）

二、旅游企业的经济环境

经济因素对于企业环境分析而言，是最基础的一部分。经济因素对企业组织行为和绩效产生深远的影响。经济繁荣阶段的企业组织能在内部管理欠佳时仍然保持满意的利润水平，然而，当经济环境不利时，管理者将面临巨大的压力。此时，他们不得不平衡利益相关者之间的利益关系。

影响旅游企业发展的经济因素主要包括以下几点：

经济体制、经济增长速度、利息率、汇率、货款的可得性、通货膨胀率、失业率、可支配收入、原料来源及成本、投资环境、贸易差额、购买力水平等，都是最值得关注的经济因素。例如，经济增长速度，会对旅游企业的市场需求产生重要影响。因此，旅游企业需要考虑对经济增长速度的预测，以决定何时采取投资建设新的接待设施的关键性资源配置决策。又如，利率水平过高，旅游企业贷款的开支过大，将不利于旅游企业的年终报表利润净额。因此，在低利率时期使用或追加贷款、在高利率时期加速还贷可以成为旅游企业的合理用贷策略。

上述因素中也有一些对于旅游企业的影响不明显，但是有的因素，如,可支配收入和原料来源及成本对于旅游企业的影响是关键性的,甚至有些因素的大幅度变化对旅游企业的生存发展是致命的。与此同时,诸如金融危机一类的经济因素,也会对旅游企业的经营产生重要影响。这类因素往往难以预测。由于不可预测的经济因素在不断增加,可能会使旅游企业在财务和人力资源规划方面变得更为保守。

三、旅游企业的社会环境因素

社会是由某一特定地理区域中的个体和组织所构成。某些社会文化趋势会影响整个区域内的居民,与此同时,某些社会文化趋势也会跨区域存在。社会环境因素的影响是旅游企业尤其要关注的。旅游企业提供给消费者的产品和服务,正如第一章所介绍的,具有很多不同的特点。这些特点影响着社会消费群体的行为,想要把自己的产品和服务推销给消费者,就必须了解企业所面临的社会环境。

对宏观社会环境的分析,可为组织提供新的机会。例如,社会对健康的日趋重视使得餐饮业开始注意材料采购和烹饪过程健康的重要性。其次,理解和尊重社会的态度可以给消费者、供应商等利益相关者留下良好的组织声誉,可以让旅游企业成为社会可接受、被认同的公司。与此同时,正确地评估社会发展的未来趋势,可使旅游企业的战略方向与社会发展的未来趋势趋同。

社会环境因素主要包含以下几个方面的内容:

价值观。价值观的不同主要体现在国别和地区的差异上,不同国家的人的价值观有很大差异。旅游企业把握不同的价值观,为不同的消费者提供异质的产品和服务,才能更好地吸引消费者。这一点对于跨国旅游企业极为重要。在高档次酒店举办婚宴在中国越来越流行。现今的婚宴市场上,高档次酒店占据了非常高的份额,越来越多的人倾向于选择高档次、高水平的酒店作为婚宴的举办地。他们普遍认为,在高档次的酒店举办婚礼有面子、够气派,甚至在很多所谓的"好日子",一家酒店在同一天要举办三四场婚礼。"好面子、讲排场"的价值观,驱使人们追求婚宴举办场所的档次,而对于价格的敏感度逐渐降低。酒店也越来越重视婚宴市场的营销,用最气派、最排场的产品设计和优惠的价格吸引这部分客人。

态度。这里所说的态度,主要是指人们对工作和休闲的态度,因为这一点是关系到人们是否有旅游需求的关键。分析人们对工作和休闲的态度,有利于旅游企业抓住消费者的心理,针对消费者的态度,选择恰当的营销方式和产品组合。很多香港居民对于休闲和旅游的态度十分积极,虽然只是公司的普通职员,但他们都时常会在周末或假期带着全家人到大陆或周边的其他地区旅游,一家人其乐融融。这种平和的心态和对待旅游的积极态度,让他们在努力工作的同时,也轻松地享受到了旅游带来的喜悦,体会到了生活的乐趣。

文化传统。文化传统是一个国家或者地区一段时期内形成的长久的持续性的社会习惯。文化传统对于旅游企业也有一定的影响。例如,中国传统的节日端午节,很多旅游企业组织赛龙舟,借此机会弘扬传统文化,进而宣传本企业的产品。文化传统的一个很主要的属性就是持续性。这对于旅游企业来说是一个很好的契机,只要可以把活动做强、做大,每一个周期都可以延续自己的活动。这对于企业的长远发展是很有好处的。

消费者心理。现代企业对消费者心理的研究越来越重视,尤其是销售商,在营销过程中,对于消费者心理的分析已经成为很重要的一个组成部分。消费者行为学原理中也阐明了消费行为与消费者心理作用的关系。因此,把握好消费者心理就可以促成消费行为。旅游企业产品和服务的高支出性,导致消费者对于自己的决策十分慎重,所以消费者心理的分析对于旅游企业来说就更加重要。在过去的广交会,大部分外商都会选择高星级的酒店作为入住首选,但是随着近年来经济型酒店的快速发展,越来越多的外商对于住宿地的选择开始倾向于更加实惠的经济型酒店。虽然在舒适度和服务质量上,经济型酒店和高星级酒店还有一定差距,但是合理的价格还是得到了很多外商的青睐。

人口因素。人口因素是社会环境因素的基本组成部分,主要包括人口年龄构成及民族、性别、婚姻状况、流动情况等。这些因素也在一定程度上影响旅游企业的行为决策。例如,中国实施计划生育政策后的第一代独生子女已经成家立业,开始成为整个社会的主流消费群体之一。这一消费群体特定的旅游需求有待旅游企业通过进一步的市场细分予以满足。又如,随着社会的不断发展,现代女性已经逐渐从繁重的家务劳动中解脱出来,拥有更多的时间和资金来安排自己的业余生活。女性社会地位不断提高，旅游消费观念日趋成熟。女性已经成为现代旅游中最为重要的消费群体之一，存在着巨大的开发潜力。①

四、旅游企业的技术环境因素

生产效率的提高，是企业永恒的主题，技术环境因素的分析，对企业来说至关重要。提高生产效率是企业的核心任务，生产效率也是体现企业实力的重要指标之一。技术变革可能会创造新产品、新工艺、新服务，甚至是新产业。与此同时，影响深远的技术变革还能改变社会运行的方式和社会期望的结果。

技术环境因素主要包含以下几个方面：

社会生产力发展状况。对社会生产力发展状况的分析很重要，企业之所以能够获利，在于其生产力水平高于社会平均生产力水平，如果企业的生产力水平还达不到社会平均水平，可能企业的生存都存在问题。分析社会生产力发展水平，找到企业在行业中的位置，可以有效地帮助企业制定战略，调整生产效率。

新技术、新材料和新设备。在线预订是在互联网兴起之后产生的新的旅游企业销售方式，包括酒店、航空公司、景区等都已经开始实施。最初，这种预订方式被视为对传统旅游代理商的一种替代，但现在，诸如携程网、芒果网这样的站点已经发展成为在线批发商，给定价带来了压力。对于旅游企业来说，材料和设备的更新有利于企业更好地吸引消费者。这一点对于酒店尤其重要。现在酒店的设备更新速度越来越快，新的酒店层出不穷。这对一些老酒店形成了很大的压力，更新设备还是利用现有设备提高其他方面的服务水平，是老酒店需要考虑的问题。

【相关信息】

携程旅行网的经营理念

携程旅行网品牌创立于1999年，总部设在中国上海，目前已在北京、广州、深圳、成都、杭州、厦门、青岛、南京、武汉、沈阳10个城市设立分公司，员工近9000人。作为中国领先的在线旅行服务公司，携程旅行网

① 郑岩.女性旅游消费行为特点与营销对策研究[J].学理论，2009(10)：117－118.

成功整合了高科技产业与传统旅行业,向超过2000万会员提供集酒店预订、机票预订、度假预订、商旅管理、特约商户及旅游资讯在内的全方位旅行服务,被誉为互联网和传统旅游无缝结合的典范。凭借稳定的业务发展和优异的营利能力,CTRIP于2003年12月,在美国纳斯达克成功上市。

服务规模化和资源规模化是携程旅行网的核心优势之一。携程拥有亚洲旅行业首屈一指的呼叫中心,其坐席数已近4000个。携程同全球134个国家和地区的28 000余家酒店建立了长期稳定的合作关系,其机票预订网络已覆盖国际、国内绝大多数航线,送票网络覆盖国内54个主要城市。规模化的运营不仅可以为会员提供更多优质的旅行选择,还保障了服务的标准化,进而确保服务质量,并降低运营成本。

携程一直将技术视为企业活力的源泉,在提升研发能力方面不遗余力。携程建立了一整套现代化服务系统,包括:客户管理系统、房量管理系统、呼叫排队系统、订单处理系统、E－Booking机票预订系统、服务质量监控系统等。依靠这些先进的服务和管理系统,携程可为会员提供更加便捷和高效的服务。

体系规范。先进的管理和控制体系是携程的又一核心优势。携程将服务过程分割成多个环节,以细化的指标控制不同环节,并建立起一套测评体系。同时,携程还将制造业的质量管理方法——六西格玛体系成功运用于旅行业。目前,携程各项服务指标均已接近国际领先水平,服务质量和客户满意度也随之大幅提升。

经营理念。秉持"以客户为中心"的原则,以团队间紧密无间的合作机制、一丝不苟的敬业精神、真诚守信的合作理念,创造"多赢"伙伴式合作体系,从而共同创造最大价值。

【关键词】

客户(Customer)——以客户为中心;

团队(Teamwork)——紧密无间的合作机制;

敬业(Respect)——一丝不苟的执业精神;

诚信(Integrity)——诚实守信的合作理念;

伙伴(Partner)——紧密的"多赢"合作体系。

【服务理念】

便捷(Convenient)——不让客户做重复的事;

周全(Thorough)——为客户做一切可能做到的事；

可靠(Reliable)——一点儿不让客户担心；

亲切(Intimate)——让客户听到我们的微笑；

专业(Professional)——让客户感觉我们个个是专家；

真诚(Sincere)——全心全意地为客户着想。

携程管理团队,在资源合作、管理技能、业务经验上的完美组合和紧密无缝的合作机制,保证了公司的迅速稳健发展。高层管理团队集合了美国、瑞士、香港、中国的IT业、旅游业及金融业多年业务运作与管理的经验;中层管理团队汇集了中国IT业、酒店业、航空代理业及旅游业的精华。

市场合作是携程蓬勃发展的重要方面。携程已在航空、金融、通信、企业四大板块全面出击。目前,与国内外众多知名企业建立了战略合作伙伴关系,与星级酒店及著名酒店管理集团、海内外知名旅行社成功合作,并与国航、东航、南航、上航、深航、厦航、川航、山航、海航等全国各大航空公司,中银、工行、建行、交行、招行、广发行、深发行、恒生行、兴业行等全国各大银行及各地移动、联通、电信、外服、中智和中国平安保险公司等知名企业建立了战略合作伙伴关系。品牌合作,强强联手,竞争实力不容置疑。和招商银行联手推出的国内首张双币旅行信用卡——携程旅行信用卡,发卡总量位居全国联名信用卡之冠。携程的合作模式成为跨行业合作的典范。

(资料来源:携程官方网站:www.ctrip.com)

政府对新技术开发的支出和态度。技术的发展和升级有赖于企业的研发水平,但是政府在其中的作用也是不容忽视的。政府创造良好的环境,支持新技术的开发并为新技术的开发提供财力、物力支持,企业就有了研发的动力。如果政府对某一领域的新技术开发持保守态度,那么,企业就必须放慢研发的脚步。例如,美国政府在克隆技术的使用和研发上对各个企业和研发组织实行限制政策,很多学校和公司不得不听命于政府的命令,在克隆技术的研发上,持保守和观望态度。

新管理思想。管理思想的不断创新推动企业的发展。每一种新的管理思想的出现,都会带动一次企业的变革。管理思想是企业的灵魂,指导着企业的生产和发展。不断探索新的管理思想,促进企业的变革,提高企业的劳动生产率,已经成为很多企业发展的必经之路。很多国内企业将先进的管理思想引入企业内部，改变企业现有的管理思想，对企业的长远发展起到了关键性的作用。但是在利用先进管理思想的同时还应注意到，先进的管理思想必须适应本企业的资源和组织结构，如果新的管理思想适应不了企业资源和组织结构，那么，思想的革新便可能面临破产。

【相关信息】

里兹·卡尔顿成为旅游业全面质量管理的典范

里兹·卡尔顿酒店管理公司，是一家闻名世界的酒店管理公司。其主要业务是在全世界开发与经营豪华酒店。总部设在美国亚特兰大。

里兹·卡尔顿公司的创始人恺撒·里兹被称为世界豪华酒店之父。他于1898年6月与具有“厨师之王，王之厨师”美誉的奥斯格菲尔（August Ausgofier）一起，创立了巴黎里兹酒店，开创了豪华酒店经营之先河。其豪华的设施、精致而正宗的法餐，及优雅的上流社会服务方式，将整个欧洲带入了一个新的酒店发展时期。随后于1902年在法国创立了里兹·卡尔顿发展公司，由它负责里兹酒店特许经营权的销售业务，后被美国人购买。

与其他国际性酒店管理公司相比，里兹·卡尔顿酒店管理公司虽然规模不大，但是它管理的酒店却以最完美的服务、最奢华的设施、最精美的饮食与最高档的价格成为酒店中的精品。

1. 全面质量管理的精髓

里兹·卡尔顿酒店的成功与其服务理念和全面质量管理系统密不可分。里兹·卡尔顿酒店的服务理念，都来源于这个品牌的创始人恺撒·里兹先生。他的服务理念为美国豪华酒店的发展提供了一整套新的观念。

今天，“里兹”已经成为“豪华”和“完美”的代名词。在《新英汉词典》中，它的中文注释是：极其时髦的、非常豪华的。

里兹·卡尔顿酒店在其服务理念的指导下，于1992年，作为酒店业中的第一个也是唯一一个获得了“梅尔考姆·鲍尔特里奇国家质量奖”。这一奖项是在美国国会授权下，以美国前商业部长的名字命名，由美国国家技术与标准学会设立的最有权威的企业质量奖。

全面质量管理，是指一个组织以质量为中心，以全员参与为基础，通过对涉及产品质量的对象、过程、人员的全面管理和全面应用各种管理方法，达到让顾客满意，让本组织所有成员及社会受益的目的，且长期有效并能保证成功的管理途径或管理活动。

2. 全面质量管理的指导方针

质量管理始于公司总裁、首席经营执行官与其他13位高级经理。无论总经理还是普通员工，都要积极参与服务质量的改进。高层管理者要确保每个员工都投身于这一过程，要把服务质量放在酒店经营的第一位。高层管理人员组成了公司的指导委员会和高级质量管理小组。他们每周会晤一次，审核产品和服务的质量措施、宾客满意情况、市场增长率和发展趋势、组织指示、利润和竞争情况等，要将其1/4的时间用于与质量管理有关的事务，并制定两项策略来保证其在市场上质量领先者的地位。其第一项质量策略是"新成员酒店质量保证项目"。高层管理者确保每一个新成员酒店的产品和服务，都必须满足集团的顾客的期望。这一项目始于一个叫"7天倒计时"的活动。高层经理亲自教授新员工，所有的新员工都必须参加这项活动。公司总裁向员工们解释公司的宗旨与原则，并强调100%满足顾客的需求。"100%满足顾客"是里兹·卡尔顿高层管理人员对质量的承诺。具体来说，公司遵循下列指导方针：

(1)对质量承担责任；

(2)关注顾客满意度；

(3)评估组织的文化；

(4)授权给员工和小组；

(5)衡量质量管理的成就。

3. 全面质量管理的黄金标准

(1)信条。对里兹·卡尔顿酒店的全体员工来说，使宾客得到真实的关怀和舒适是其最高的使命。

(2)格言。"我们是为女士和绅士提供服务的女士和绅士"。这一座右铭表达了两种含义：一是员工与顾客是平等的，不是主人与仆人或上帝与凡人的关系，而是主人与客人的关系。二是酒店提供的是人对人的服务，而不是机器对人的服务，强调服务的个性化与人情味。

(3)服务程序三步骤:

①热情和真诚地问候宾客,如果可能的话,做到使用宾客的名字问候。

②对客人的需求作出预期并积极满足宾客的需要。

③亲切送别,热情地说再见,如果可能的话,做到使用宾客的名字向宾客道别。

(4)基本准则。"注重经历,创造价值"是里兹·卡尔顿全面质量管理的基本准则,也是具有里兹特色的服务战略。

全面质量管理使里兹·卡尔顿在竞争中处于有利位置,同时在营销方面它也不甘落后,采取了一些有效的营销战略,使其经营管理更加面向顾客。它强调顾客的特殊活动并通过其富有创造性的营销活动为顾客创造价值。

里兹·卡尔顿公司通过对质量的严格管理取得了成功。它那枚由恺撒·里兹先生亲手设计的徽章走向了世界,由象征着财源的狮子头与英国皇家标记皇冠组合而成的图案代表着里兹·卡尔顿的胜利越来越多地出现在我们的生活之中。

网络技术。随着21世纪的到来,网络技术已经在世界范围内广泛应用。利用网络技术已经成为很多企业提高生产效率的重要手段。例如,酒店建立网络预订系统,方便了世界各地的游客进行客房预订。

五、从PEST(或STEP)到STEEP

对企业所处的政策环境、经济环境、社会文化环境和技术环境的分析,是企业对外部宏观环境的把握。这种分析方法被称为PEST分析或者STEP分析。随着战略管理理论的发展,有的学者对STEP分析进行了进一步的改进,形成了STEEP分析方法。

STEEP分析同STEP分析方法的不同之处在于:增加了对于自然环境的分析。自然环境影响对于企业来说越来越突出,例如全球温室效应的增强,让很多企业不得不放弃原始的生产方式,对有害气体的排放采取限制措施。旅游行业同样受到环境的影响,而且十分明显。例如,高尔夫球场的建设就是要大规模地使用草地,对环境保护极为不利,很多地方甚至因此限制高尔夫球场的建设。针对这一现象,很多现有的高尔夫球场也采取了不少措施,尽可能地减少对环境的破坏。

【相关信息】

美国高尔夫球场对环境的影响（一）

21世纪,或许没有什么问题能比高尔夫球场本身及其养护对环境造成破坏的问题,对高尔夫运动产生的冲击和影响更强大了。从好的方面看,为了遵守许多环境法规而需要投入更多的球场建设和养护费用,使得高尔夫运动成为一项更大的产业,更昂贵的运动。从坏的方面看,极端严格的限制或高成本会迫使养护水准大大下降,从而使人们远离高尔夫运动。依照环境法规,高尔夫球场的建设成本已被大大增加,并迫使新的高尔夫建设工程转向已退化的土地,包括农田、工业场所和填埋场。

这并不是说不应该关心高尔夫球场对环境的影响,也不是说没有必要考虑如何更好地管理和利用土地。美国有1.5万家高尔夫球场,占用近150万英亩的土地。因此,应关心高尔夫球场对环境的潜在影响。问题是,我们应该了解高尔夫球场对环境的影响到底是什么。20世纪80年代,当美国高尔夫球协会(USGA)思考不同的团体和个人提出的见解时,也在为这个问题苦苦地寻找答案。有的团体和个人认为,这种影响是一种灾难性的,而其他的团体和个人则认为只有好处没有坏处。

20世纪70年代末、80年代初,发生了连续的、大范围的旱灾。其中,尤为突出的是加州和其他西部州的严重干旱。干旱导致的结果,是严格限制了居民和数百家企业的饮用水的使用。在许多地区,高尔夫球场是最先,也是限制用水最严格的单位之一。高尔夫球场遭受这种待遇,一是某种程度上由于他们的用水量在当地团体中显而易见;二是由于他们被认为是用水的非必需者。

在20世纪八九十年代,高尔夫球场建设的繁荣时期,由于高尔夫球场建设对原始自然地区的影响和已建球场使用农药问题,高尔夫球场再度遭到猛烈批评。人们已提出的问题是出于对环境问题的关切,值得高尔夫球行业调查研究和采取行动。现把这些问题概括如下:

如何利用稀少的水资源灌溉高尔夫球场;

水资源因使用杀虫剂、肥料和其他制剂而造成污染的可能性;

由于高尔夫球场修建和其相关产业的发展,造成了自然景观的消失;

高尔夫球场的活动可能对人类和野生动物所产生的影响等。

1983~1995年,USGA为33所拥有政府赠与土地的综合性大学的

98 个研究项目提供了 1250 万美元的资助。每个项目都与上述的一个或多个环境问题有关。1983 年确立，直到现在仍在执行的草坪草研究计划，旨在培育出新的草坪草和通过栽培措施减少对水分、农药的需求及对高尔夫球场养护的投入。1991～1993 年和 1995～1997 年两次进行的环境研究计划，则旨在确定高尔夫球场对人类、野生生物和环境的影响。

为对这些内容提供总的评述，将对上文提到的每一条内容所采取的研究和教育策略进行讨论，对某些研究结果加以叙述。

1. 利用有限的水资源对高尔夫球场进行灌溉

研究内容包括以下方面：培育需水较少的改良草种、制订节水养护管理措施、研究高尔夫球场利用废水进行灌溉、研究并鼓励应用新的浇灌技术。

研究策略的出发点，是为最终获得显著节水的新型草坪草种的育种项目资金。在 80 年代早期，当这些计划制订的时候，我们对许多暖季型和冷季型草种及栽培品种的需水量和抗旱特性的了解相对很少。后来决定研究这些特性，开发出筛选技术以帮助草坪草育种专家筛选具有抗热、抗寒、抗干旱、抗盐渍和抗其他逆境的草种。对这些植物抗逆机制研究的一项重要成果，是证明了许多草坪草种内，对逆境的忍受力具有很大的变化。这表明通过传统的育种可以有较多机会显著改良品种。

草坪草改良项目的一个重要目标，就是显著减少用水量和养护费用。要达到这个目标的一个育种策略，就是要提高每一草种的特殊性状。如，水分需求和耐热性。然而，这是一个长期性的目标，估计在许多年内只能一点一点地取得进展。比如说匍匐剪股颖，该草种已经得到了很大的改良，但是这种进展经历了数十年的时间。

2. 采用已改良好的耐逆境草坪草代替对逆境敏感的草坪草（这一策略可能在较短的时间内获得较大的回报）

野牛草就是很好的例子。野牛草现在正用来取代高尔夫球场障碍区和其他地方的多年生黑麦草及早熟禾。种植野牛草之后，节约了 50% 或更多的用水，并大大减少了养护费用。不久，在球道上种植野牛草，也会获得相应的节约效果。其他的正在得到改良的非传统型草坪草，有碱茅、格兰马草、球道扁穗冰草和 curly mesquitegrass。

育种，作为另一个策略，是扩展目前已有的耐逆境型草坪草的适应区或种植范围,借此代替抗性较差的草种。例如,如果暖季型草坪草狗牙根在耐寒性上得到改良,就可以被用来取代美国过渡地带的剪股颖和多年生黑麦草。狗牙根的推广,最终会极大地减少那些地区水分和农药的使用量。

高尔夫运动尽管在我国内地开展时间不长,但发展速度极快。目前,高尔夫球场及其养护对环境的影响问题已经开始引起人们的重视,对此也颇有争议。

(资料来源:美国高尔夫球场对环境的影响<一>[N].中国花卉报,2002-11-14.)

埃文斯等人在《旅游战略管理》一书中,将STEEP分析过程分为四个阶段:第一阶段,审视和监测宏观环境,看是否有社会、技术、经济和政治上的、现实的和潜在的变化。第二阶段,评价变化与市场、行业和企业的相关性及重要性。第三阶段,仔细分析每一相关变化和这些变化间可能存在的相互关系。第四阶段,评价变化对市场、行业和企业可能造成的影响。

总结埃文斯的STEEP分析过程,可以分为监测、评价、分析和评估四个步骤。四个步骤围绕的一个主题就是“变化”。企业是在环境发生变化,或者发出可能变化的信号后作出反应的。这种反应包括接下来对环境相关性和重要性的评估,以及可能对企业造成影响的分析。对相关性和重要性的评价十分重要,相关性越高,重要性越大,对企业造成影响的可能性就大,企业就必须重视这些因素;相反,对相关性和重要性都不大的因素,企业可以作出简单的判断和分析,甚至可以忽略。STEEP分析法中提到,各个因素之间不是独立存在,而是相互依存,相互关联的。因此在使用STEEP分析法时,要仔细分析这些因素之间的相互联系,可以更好地规避其对企业造成的不利影响。

第二节 旅游企业的外部运营环境

旅游企业的外部环境包括外部宏观环境和外部微观环境。上一节我们对旅游企业的外部宏观环境作了分析和研究,本节将对外部微观环境进行探讨。旅游企业的外部微观环境主要包括三个方面:市场竞争分析、产业生命周期、产业组织结构和战略群体。

一、市场竞争与产业组织结构——"五力模型"

对企业市场竞争和产业组织结构的分析,是企业外部微观环境分析的一个组成部分。市场竞争分析,我们主要介绍波特的"五力模型"。波特认为:企业竞争中主要存在5种力量,影响着企业战略的制定和实施。这5种力量分别是:潜在进入者的威胁、替代品的威胁、买方的谈判能力、供应商的谈判能力及行业内企业的竞争力(见图2-2)。

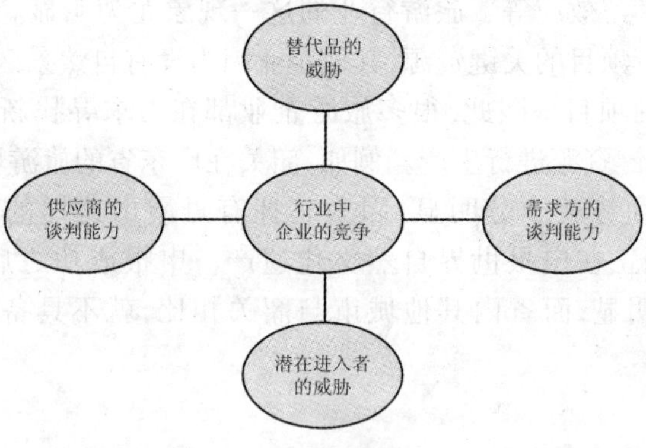

图2-2　波特提出的五力模型

(一)潜在进入者的威胁

行业内企业携捷足先登之利,可以对入侵者形成一定的进入屏障,但究竟能否阻止潜在进入者的入侵,还要取决于进入与退出壁垒的高低。进入壁垒高,进入者进入的难度就大,相反进入壁垒低,进入者进入的难度就小。进入壁垒主要包括两种,结构性壁垒和行为性壁垒。

1. 结构性壁垒

结构性壁垒,包括规模经济性、关键资源的控制、资金限制、现有企业的市场优势及政策与制度。

(1)规模经济性。根据经济学的定义,规模经济,是指生产单位产品的成本随生产规模的增加而降低。那么潜在进入者就面临着两种选择:一种,是以大的生产规模进入。这样必然会受到现有企业的强烈抵制,竞争压力变大;另一种,就是以小的生产规模进入。这样,对于新进入的企业来说,成本会比其他现有企业高,也限制了企业的进入。无论企业选择哪一种进入方式,规模经济性都对潜在进入企业的进入设置了壁垒。

(2)关键资源的控制。这种壁垒,主要是指现有企业掌握了与生产相关的关键资源,导致进入企业无法获得资源进行生产。这些优势与企业的规模大小没有关系。它包括:行业内企业拥有专有(或专利)技术;已占据最佳的地理位置;已控制了最佳或主要的原材料来源;已形成了较为丰富的学习效应等。旅游行业的这一现象尤为明显。景区就是很多观光型旅游项目的关键资源,其他企业因为没有自然景区的资源而很难组织相似的项目。因此,很多旅游企业都在力求寻找新的旅游吸引物,以获取关键资源进行生产。例如,韶关在广东省的旅游城市中,发展观光旅游的优势就十分明显,因为它拥有丹霞山这样的关键旅游资源,且丹霞山正在申报世界自然文化遗产。申报成功之后,其资源优势就会更加明显,而省内其他城市与韶关相比,就不具备这样的旅游资源优势。

【相关信息】

丹霞山景观价值与地貌的地球科学意义

①中国丹霞地貌的景观价值。中国的丹霞地貌,被定义为"以赤壁丹崖为特征的红色陆相碎屑岩地貌",即丹霞地貌以红色陡崖坡为特色。这种陡崖坡的任意组合,构成不同的丹霞地貌单体形态,如梁状、堡状、墙状、柱状、锥状等,更有复杂多变次级地貌形态和群体地貌形态。加上红层不同的岩性和外动力环境,更使得丹霞地貌形态各异,富有特色,具有极高的美学价值。此外,红色的山块往往与盆地的河流组合,形成丹山碧水景观,红色的山石与植被的组合,形成绿树丹崖景观等,使得丹霞地貌景观更加丰富多彩。

②中国丹霞地貌的地球科学意义。与世界其他地区的陆相红层相比,南方的冈瓦纳古陆最早的大规模红层出现在元古代末,北美—俄罗斯地台的红层出现在早古生代,而中国的红层主要形成于中生代。反映

了红层是地壳发育到一定阶段的产物，也就是有足够厚度的大陆性地壳，有足够大的陆地面积，有强烈的地壳运动造就山间盆地，在合适的气候条件下才能发育红层；而这些红层必须在后期处于抬升地区，才能被侵蚀成为丹霞地貌。因此，中国红层层积和丹霞地貌的形成，反映了中国区域地壳特定的演化过程，是中国内地大陆地壳走向成熟的标志。

丹霞地貌(Danxia Landform)，是由红色陆相碎屑岩发育的以赤壁丹崖为特征的地貌类型的总称，是在中国命名并逐渐深入研究的地貌类型之一。中国丹霞地貌的主要特征：受红层盆地要素影响、构造断裂控制，中国丹霞地貌空间格局表现为“条带展布、斑块镶嵌、集中出现”的态势。主要沿仙霞岭—武夷山—南岭弧状地带（东南区）、四川盆地东部—南部—西部马蹄形盆地边缘（西南区），以及陇山周围—河西走廊T形（西北区）分布。对比三大集中分布区气候、植被、地壳抬升速度及人类活动等造成丹霞地貌景观分异的因素，划分为三个中国丹霞地貌区：

- “丹山碧水”——浙闽赣粤桂湘丹霞地貌区；
- “丹霞盆景，大佛之乡”——四川盆地边缘丹霞地貌区；
- “丝绸之路”——甘肃、宁夏、表海、西藏丹霞地貌区。

丹霞地貌是中国科学家确认的一种独立的地貌类型，随着全球地质地貌科学研究的不断深入和中国旅游业的发展，丹霞地貌的科学、美学价值日益引起国人的关注和重视。但是由于其形成原因和所处气候带的不同，地貌景观呈现明显的南北差异。以秦岭—淮河为界，中国南方丹霞地貌露头不仅规模大、数量多、色彩鲜明，而且形态多样、奇特；中国北方丹霞地貌露头规模和数量均较小，而且色彩形态呆板。但是由于岩性和形态的原因，不论在中国南方还是北方，丹霞地貌均与人类历史活动关系密切，只是由于中国南北方的历史文化差异，南北方丹霞地貌文化积淀差异也较为明显。北方的干旱气候铸就了北方丹霞地貌的石窟艺术和宗教文化积淀；而南方湿润季风气候则决定了丹霞地貌与古寨文化和墓穴文化的渊源关系。

（资料来源：丹霞山官方网站：http://www.danxiashan.org.cn.）

(3)资金限制。资金限制对于进入企业来说，也是一个很关键的限制因素。没有足够的资金,企业无法获得生产所需要的原材料,也会限制企业的生产规模,进而影响企业在竞争中的地位和市场份额。资金限制的壁垒,一般产生于资金指向型的行业,如汽车制造、冶金等。

(4)现有企业的市场优势。这里的市场优势,主要是指企业在长期生产销售过程中积累下来的与业务相关的产品质量、广告宣传、售后服务等优势。这些优势对于企业来说是十分重要的,也是新进入企业无法匹敌的。因此,很多人认为,市场优势是进入壁垒中最重要的,也是新进入企业最需要考虑的。例如,百胜餐饮集团旗下的中国品牌"东方既白"在进入华南区市场的时候,就必须考虑现有市场上其他企业的状况。在华南地区,同样是从事中式快餐行业的"真功夫"已经占据了很大一部分市场,"东方既白"的进入,不得不考虑竞争方面的影响。截至2009年10月,"真功夫"在全国的分店数量已达到了335家,仅华南地区的分店数量也有257家(见表2-1)[①]。

表2-1 "真功夫"华南地区分店一览表

城市	广州	深圳	佛山	南宁	阳江	清远	肇庆	惠州	东莞	江门	中山	珠海	合计
分店数量	71	73	8	1	1	1	2	10	66	7	8	9	257

(5)政策与制度。政府对企业的规制,是企业需要在进入某个领域时须事先考虑的问题。虽然政府的政策和制度只是从一个侧面对企业的行为有影响,但绝对不能忽视这样的影响。有时候因企业的行为不当,触犯到某些法律和制度,这种影响就会变成主导,对企业的发展起到严重的制约甚至是致命的打击。这一点最明显的行业就是旅游房地产行业。在旅游房地产行业中,国家的政策和制度对其影响是非常重要的,如果不遵循国家的政策和制度,必然会导致企业的运营和管理出现障碍。

① 根据真功夫官方网站资料整理。

2. 行为性壁垒

行为性壁垒,主要是指在位企业对新进入企业的打击,包括限制性进入定价和进入对方领域。结构性壁垒往往是企业自然形成的优势壁垒,属于客观形成的,而行为性壁垒则是企业对新进入企业的主动打击,具有很高的主观性。

(1)限制性定价。限制性定价,是现有企业对新进入企业发出的警示信号,以高的价格来抵制新的进入者,对新进入的企业明确表示,如果不能提供这样低的价格,就不要进入,否则一定会出现亏损。定价不是一家企业可以完成的,因此限制性定价往往不是一家或者几家企业的行为,而是行业内大部分企业联合应对新进入者的行为。

(2)进入对方领域。这是寡头垄断市场上经常出现的一种报复行为。其目的,在于避免对方的行为给自己带来的风险,抵消进入者首先采取行动可能带来的优势。①

3. 退出壁垒

退出壁垒与进入壁垒一样,是企业在进入时需要考虑的因素。因为,退出壁垒的高低,决定了企业如果在本行业内无法继续进行生产,销售活动而进行的下一步规划。

退出壁垒主要包括:资产专用性、政策法律限制、违约成本和信誉损失。

(1)资产专用性。主要是指适用于本产业的资产,无法进行转移投入其他产业当中。酒店行业就是一个最好的例子。酒店资产具有很强的专用性,如果将酒店进行资产转移,投入其他产业当中是非常困难的,只能继续进行酒店经营,只是改变酒店的类型或者档次。

(2)政策法律限制。政府在企业退出前往往要进行干预,因为企业的退出会影响到整个地区的经济发展。其中包括区域企业类型、就业和土地使用等问题。因此,在企业的决策中,政策法律限制也是退出壁垒需要考虑的重要因素。

(3)违约成本和信誉损失。企业决定退出某个行业,那么,它之前与其他客户的沟通及达成的很多协议,都会在退出后失效,对其他企业

---

① 陈继祥,王家宝.旅游企业战略管理[M].北京:旅游教育出版社,2006.

的经营会起到消极的作用,顾客也会受到损失。因此,违约带来的企业在本行业,甚至是本地区的信誉损失,势必会影响到转型后的新企业。信誉是企业的无形资产。它在企业经营中具有非常重要的作用。所以,在企业决定退出的时候,一定要考虑,这种无形资产的损失往往要比实际资产的损失更为严重。

虽然这是一种普遍分析潜在进入者的因素清单,但在不同行业,阻碍潜在进入者的因素也不同。在啤酒行业,产品差异是最大的进入障碍;在重工业行业,大量的资金需求是最大的进入障碍。由于不能建立广泛的销售渠道,美国的农产品很难在日本及其邻近国家拓展市场。在商业软件行业,虽然可以从潜在进入者那里得到更好的产品,但转换成本(包括习惯等)会迫使顾客继续使用原先的产品。

(二)潜在替代品的威胁

替代品,主要是指行业中可以满足顾客同样需求的产品。在旅游行业中替代品的实例很多,例如,在旅游交通领域,顾客可以选择不同的交通工具到达目的地。不同的交通工具之间就是一种替代关系。替代品的威胁对于企业的竞争来说是很重要的。因为,顾客在选择替代品的时候,需求已经得到满足,也就是不再需要原来的产品。例如,零售商店不仅同其他零售商店竞争,而且还同邮购商店竞争。因此,管理者必须密切关注那些质量有所改进或价格有所下降的替代品。放松管制和科技进步为一大批替代品从传统产品那里抢夺市场份额提供了可乘之机。

新产品替代老产品是一种替代品威胁的方式。企业通过生产出同样功能甚至是具有更多功能的产品,或者同样功能,价格更便宜的产品,对现有的产品进行威胁。这种替代关系直接导致旧产品从市场中消失,新产品占据这一部分市场。在餐饮行业中,低档次的大排档式餐馆开始流行使用一种"卫生型"餐具。这种餐具将碗碟等进行清洗和消毒后,装进一个密封的塑料包装袋内,用餐者在使用时只需将外面的塑料包装除去即可放心使用,避免了人们担心大排档餐具不够卫生的问题。使用之后的餐具,商家会回收清洗和消毒,并进行第二次包装和重复使用。这种"卫生型"餐具的出现,几乎将传统餐具的一大半挤出了市场。这就是典型的新产品替代了旧产品。当然有时候也会有共生的情况,即新产品没有完全替代旧产品，市场中同时有两种甚至几种同类产品存在。例如，刚刚提到的旅游交通，会同时有汽车、火车、飞机和轮船等产品存在，它们互为替代关系，但是在市场上同时存在。

了解了替代品的替代形式，接下来我们来探讨一下替代品替代能力的决定因素。替代品的替代能力越强，给原来产品的竞争压力就越大，对企业的威胁就越大。决定替代品替代能力的因素主要有以下几种：

1. 替代品与现有产品功能的匹配程度

使用产品的消费者主要注重的是产品的功能。如果替代品具有完全的原产品功能，甚至多于原产品功能，那么替代品的替代能力就比较强；如果替代品不能完全发挥原产品的功能，那么替代能力就弱。以旅游交通为例，从产品功能的角度上来说，飞机可以替代火车，功能的匹配程度很高，但是如果想用火车来替代船舶，可能就很难实现，因为火车不能发挥船舶的功能，这样的替代能力是很弱的，甚至是没有替代能力的。

2. 替代品与现有产品价格的匹配程度

价格匹配主要体现在，如果新产品的价格低于或者等于原产品的价格，那么消费者可能会接受；如果高于原产品，消费者接受的可能性就大大降低。当然，也不排除功能多样，价格升高的情况。价格的高低体现着企业的营利能力，营利能力强，替代能力就强，营利能力弱，相对的替代能力就弱。

3. 替代品生产企业的经营策略

如果生产新产品的企业采取的是迅速增长的扩张战略，那么给现有产品生产企业造成的压力就大；反之亦然。

4. 购买者的转换成本

购买替代品需要一定的转换成本，仍然以上述的旅游交通为例，假设旅途很长，那么从飞机转换成火车，就要付出更多的时间成本。购买者需要的转换成本越高，产品的替代能力就越低；相反，如果购买者需要的转换成本越低，产品的替代能力就越高。

5. 购买者的意愿

购买者的意愿，同样是影响替代能力的关键因素。虽然可能新产品的功能比原产品多，价格也便宜，转换成本很低，但是消费者还是会因为使用习惯，或者是品牌忠诚等原因，不去选择新产品。因此，品牌的忠诚度越来越受到企业的关注。在酒店行业中,很多知名的酒店管理集团,如雅高(Accor)、洲际(InterContinental Hotel Group)、马里奥特(Marriott International)等酒店管理集团,都拥有自己的常住客奖励计划(FGP),通过这样一种方式来培养顾客的忠诚度(见表2-2)。

表2-2 香格里拉常住客奖励计划基本优惠项目

基本优惠	标准级	行政级	豪华级
优先办理登记入住手续	√	√	√
优先在特定地点办理入住手续		√	√
优先在豪华阁/商贸阁办理入住手续或直接送到客房(如酒店条件允许)			√
优先在特定地点办理退房手续		√	√
优先在豪华阁/商贸阁办理退房手续(如酒店条件允许)			√
同伴同住免费及享用会员等级早餐	√	√	√
每日在咖啡厅或指定餐厅半价享用自助早餐	√		
每日在咖啡厅或指定餐厅免费享用自助早餐		√	
每日免费享用自助早餐(根据酒店情况,可在咖啡厅、豪华阁/商贸阁贵宾廊享用自助早餐,或于客房/别墅内享用欧陆式早餐)			√
入住时如住房条件允许,可升级至行政套房,每间/夜仅需由39美金加收起(每次入住以3晚为上限)	√	√	
入住时如房间条件允许,可免费升级至行政套房(每次入住以3晚为上限)			√
如入住时未能分配到预订的客房类型,可获升级至高一级之客房		√	√
免费使用豪华阁/商贸阁贵宾廊(如酒店条件允许)			√
为非住客而设的礼宾服务 *			√

续表

基本优惠	标准级	行政级	豪华级
优先纳入客房等候名单	√	√	√
入住前72小时客房预订保证＊＊		√	
入住前48小时客房预订保证＊＊			√
上午11时提前入住		√	
上午8时提前入住			√
延迟退房时间至下午4时		√	
延迟退房时间至下午6时			√

资料来源:改编自香格里拉酒店集团官方网站 http://www.shangri－la.com.cn

(三)供应商的谈判能力

供应商是企业经营生产的原材料供应者。他们的谈判能力,直接影响了企业的生产成本。例如,他们可以通过提价来转嫁其不断上升的成本,或降低所提供商品或服务的质量来降低成本。但要使这样的变动长期有效,供应商应该比他们的顾客更具有讨价还价的能力。控制成本已成为现代企业经营管理中的一项重要任务,对于供应商的谈判能力的探究,有利于企业控制成本、提高利润。供应商的谈判能力主要受到以下几个方面的影响:

1. 供应商提供资源的稀缺性

供应商提供的资源如果是很稀缺的,替代品很少,那么对于供应商来说,讨价还价的能力就很强。因为一旦放弃供应商提供的资源,企业将无法进行继续生产。相反,如果供应商提供的资源很多,可以供选择的替代品很多,那么供应商的谈判能力就相对较弱。

2. 资源的需求状况

资源的需求状况是从购买者的角度来衡量的。如果资源的需求量很大,那么供应商可以选择将自己的资源卖给其他企业。因此,如果资源需求量很大,那么供应商的谈判能力就强。资源需求量小,供应商可选择的求购者少,他就不得不把自己的资源卖给购买者。所以,资源的需求量小,供应商的谈判能力就弱。

3. 转换供应商的成本

如果购买企业认为供应商提供的价格不合理,可以选择其他的供应商,但是在转换供应商的过程是需要一定成本的。企业往往需要放弃与供应商达成的原有协议,已建立的长期合作关系被打破,已经十分熟悉和适应的交易方式被改变,而且新供应商的供应模式与其他相关系统和服务不一定可以达到购买企业的要求。因此,转换供应商的成本越高,供应商的谈判能力就越强;反之则越弱。

4. 资源供应商的数量

资源供应商的数量如果很多,那么可供购买者选择的余地就大,供应商对行业的组织能力和讨价还价的能力就弱。如果资源供应商数量很少,那么供应商对行业的组织能力和对资源的控制能力就强,那么讨价还价的能力自然也强。

(四)需求方的谈判能力

需求方(买方),是指购买产品的顾客。顾客的谈判能力直接影响着企业的竞争环境。顾客的影响力往往决定着企业的获利能力。影响需求方谈判能力的因素主要有三个方面:

1. 需求方的数量和购买量

需求方的数量少,购买量大,那么需求方对卖方的控制力就强,当然,讨价还价的能力就强。如果需求方的数量很多,而每一个需求方的购买数量很少,那么需求方联合起来的难度就很大,对卖方的控制力就弱,讨价还价的能力就弱。例如,以接待团队为主的酒店,往往接待的需求方主要是旅行社。其每次购买的数量都很大,那么需求方的谈判能力就很强。酒店往往需要提供较低的价格来吸引购买者。

2. 提供产品的企业数量

提供产品的企业数量如果很多,那么需求方的选择范围就很大,谈判能力就强;反之,提供产品的企业数量少,需求方的选择范围就相对狭窄,讨价还价的能力就弱。仍然以旅行社为例,提供类似产品的旅行社数量很多,那么游客的选择余地就会增大,自然讨价还价的能力就强,因此很多旅行社不得不以降价行为吸引游客。

3. 替代品的可获得性与需求方的转换成本

需求方同样可以选择替代品。替代品越容易获得,需求方的谈判能力就越强,因为不能以合适的价格购买,需求方就可以直接选择替代品。当然,选择替代品也是需要转换成本的,如果转换成本很低,那么购买者的谈判能力就强。

另外,行业内企业的产品差别化程度、需求方对价格的敏感程度、需求方拥有行业内企业成本结构信息的程度、需求方行业与供应商行业的集中程度,以及购买者的后向一体化可能性,也决定着需求方的谈判能力。

(五)产业内的竞争者

行业中企业的竞争态势,是企业竞争中的第五种力量。企业的竞争方式主要包括:价格竞争、服务水平竞争、广告竞争、品牌竞争等。企业通过这些竞争获得市场占有率,在竞争中占据有利地位,以提高经营利润。

影响企业竞争能力的主要因素有:

1. 竞争对手的数量和规模

当企业数量很少而规模都很大时,行业表面比较平静,而竞争潜流却在深处涌动,直到发生引发行业结构变化的大地震。竞争对手的规模直接影响到竞争能力的大小。一般来说,企业的规模越大,其产品的数量就越大,市场占有率相对较高,那么竞争能力就强,在市场上竞争就会占据优势地位。例如,国内知名的三家旅行社:中国国际旅行社、中国青年旅行社和中国旅行社。它们的业务遍布全国,占据了国内的绝大部分市场份额。这样,其他旅行社与其竞争就显得十分困难。

2. 行业的属性和发展速度

行业的属性,也决定着竞争的态势。旅游行业属于第三产业,在服务业中,服务水平和信誉度十分重要。因此,企业都致力于提高服务水平和信誉度,建立良好的品牌,以求在竞争中获得更好的位置。旅游行业的发展速度十分迅速,已经达到了行业生命周期的成熟期。在这个时期,市场增长缓慢,企业为了能够生存,就不得不产生激烈的竞争。企业只有不断地完善自己,才能保证在竞争中不被淘汰。分散的行业竞争较弱,而集中的行业则具有较高强度的竞争,尤其是在由分散向集中的过渡时期。国内酒店市场竞争就是较好的例子。

3. 成本

竞争中除价格和服务水平等条件外,成本同样是竞争的焦点,降低了成本就可以相应的降低价格,提高生产效率。

4. 退出壁垒

退出壁垒影响竞争态势。这是因为,高退出壁垒会导致企业不会轻易地决定退出,那么企业就必须想方设法改变自己的成本、价格和服务,与同类企业继续竞争。旅游行业中,酒店、航空公司等企业,退出壁垒相对较高,因此,在这几类行业中,竞争尤为激烈。

5. 行业潜规则

在许多传统行业中,由于历史的原因,沉淀了各自的行业游戏规则。企业只在游戏规则的范围内竞争,很少越雷池而动。如,巧克力行业,你可以改变包装的大小,但标价不能有大的改变。而在计算机、信息技术等新兴行业,则没有这么多规矩,因此,竞争就更加激烈,位次变动也更加频繁。

另外,行业内企业的差别化与企业的退出成本也影响着产业内竞争。

总之,潜在进入者的威胁,替代品的威胁,需求方的谈判能力,供应商的谈判能力和行业中企业的竞争是影响企业竞争的五种力量。每一种力量都以不同的方式影响着企业的竞争态势,并且这五种力量是相互联系的,忽视任何一种力量的存在都会影响到企业的发展。旅游企业必须抓住影响本企业的最关键的力量,并针对这种力量实施有效的策略,应对行业环境中带来的竞争(见表2-3)。

表2-3 波特"五力模型"和营利水平之间的关系

力量	营利水平会高	营利水平会低
供应商的谈判能力	如果弱	如果强
需求方的谈判能力	如果弱	如果强
潜在进入者的威胁	如果进入壁垒高	如果进入壁垒低
替代品的威胁	如果很少	如果很多
行业内的竞争	如果微弱	如果激烈

资料来源:埃文斯编著.马桂顺译.旅游企业战略管理[M].沈阳:辽宁科技出版社,2005.

波特的"五力模型"是了解企业竞争力量的很好的工具。它的价值在于可以帮助企业很好地理解竞争力的关系,并重视这些力量在企业竞争中的地位。当然,波特"五力模型"也具有它的局限性。埃文斯等人将波特"五力模型"的局限性总结为三点:第一,它隐含着供应商、需求方和竞争者都是组织威胁的假定;第二,该模型主张评价行业的营利能力;第三,该模型认为五种力量对行业内竞争企业的作用相等。

因此,在运用波特"五力模型"对企业外部微观环境进行战略分析的时候,要注意几个问题:

首先,虽然"五力模型"是为制造企业而开发的,但是同样适用于旅游企业。在旅游企业的领域里,它同样可以解决问题。

其次,在波特提出的五种力量中,并不是每一种都起到至关重要的作用,在使用的时候,要抓住其中起到最关键作用的一种力量,并针对这一力量进行战略设计和实施。

最后,为了能为企业及早地制定出针对竞争力量的战略,企业必须关注五种力量的相互关系,并非所有的力量都是不变的。这五种力量在变化的过程中,彼此关系也会相应地发生改变。企业必须注意到这样的变化。

另外,这五种力量并不是独立存在的。每一种力量的变化都可能引起其他因素的变化。

【相关信息】

行业竞争力量结构分析实例——空运产业竞争结构分析

1. 替代产品带来的压力

(1)商业联络业务领域。当今许多航空公司将其主要的市场营销战略放在吸引为商业目的而乘坐飞机的旅客身上。商务客占我国国内客总数的80%。航空公司在此领域面临的替代产品竞争来自两个方面:

一方面,是来自那些提供视听电话、电话会议设备、传真机、电子邮件类高级电信器材的供应商。例如,电话公司现在已经能够提供廉价的全球性通信手段,并且在不久的将来能将纯声音通信辅之以形象、场景通信,经理人员将会既节省时间又降低成本,还能免受长途劳顿之苦。

另一方面,是来自水陆运输商。当然,在2400公里以上的中、远程航线上,水陆运输对空运构不成威胁。但是,就短程航线而言,水陆运输的地位不可轻视,尤其是在1500公里以下的航线。

(2)度假旅游业务领域。与商业联络业务相比,在度假旅游业务领域可以替代空运的方式就更多了。由于度假旅游对于世界上大多数人来说是一个奢侈品,因此,主持这一市场的航空公司必须提醒自己:本公司正在与其他奢侈品和服务供应商竞争。航空公司有三件事要做:一是说服顾客乘坐飞机旅行;二是想办法让顾客选择本公司;三是诱导顾客飞向该航空公司航班所到之处。

(3)航空货运业务领域。一般把航空货运业务分为五类:紧急货运、日常性易腐性货运、日常性非易腐性货运、特快专递及邮件类。

在很多市场中,由于空运费用较昂贵(往往高出地面运输价格10倍),发货人更愿意采用轮船、火车、卡车等地面运输方式托运货物。

2. 供应商(供方)的争价能力

具备下列6项特点的供方集团往往可以给航空公司带来较强大的压力:

(1)当供方产业由几个公司支配,且其集中化程度比空运业高时,供应商在向较为分散的航空公司销售产品时,往往能在价格、质量及交货期上施加相当的影响。

(2)当航空公司并非供方集团的主要客户时,则供方往往会自抬身价。

(3)当供方产品成为航空公司的主要投入资源时,由于这种产品对航空公司产品的质量至关重要,使得供方在争价时又多了几块砝码。

(4)当供方集团的产品已针对航空公司而差别化时,航空公司打“供应者牌”的可能性就变得非常小。

(5)当供方集团表现出前向联合的现实威胁时,航空公司在与供应商争价时底气明显不足。

(6)当供方集团在向空运业销售中不必与替代产品竞争时,供方争价的声音自然就高了八度。

例如,与国航有关的供方:

(1)油料公司。在国内市场上,中国航空油料总公司长期以来是各航空公司唯一的供应商。

(2)飞机制造公司。国航机队规划的特点,是以波音系列为主,共有各型波音飞机44架。机型单一、先进,对机组管理、维修管理和企业形象等方面都很有利。但其弊端,表现为对波音公司产品的争价能力有限。结合国航的未来规划和国家的统一部署,在国航未来的机队大家庭中将引入空中客车A340。这样国航的主要飞机供应商就是两家了。

(3)航空器材公司。中国航空器材总公司隶属于民航总局,全权代表中国各航空公司对外采购飞机,实际上是中间商的角色。

(4)飞机发动机公司。目前,世界上飞机发动机制造公司仍保持三足鼎立之势。美国的通用电器公司、惠普公司和英国的罗·罗公司,长期以来竞争激烈。

(5)机上供应品制造商。机上供应品,包括餐食、纪念品、报纸杂志等物。

(6)劳动力"组织"。在国外,航空公司的高技术雇员(飞行员、机务维修员等)、普通员工大多数有自己的工会。欧美一些国家的工会力量很强大。如,泛美航空公司的破产就与工会的不合作有很大关系。从国内航空公司的长期发展看,人力资源管理方面的主要问题有两个:一是缺乏经营管理人才;二是员工素质跟不上发展的要求。

(7)机场。航空公司与机场之间的关系可分为两类:一类,是航空公司与驻地所在机场之间的关系,在国内,这类关系大多不理想。另一类,是航空公司与其航班经停机场之间的关系。这类关系比较和谐。有些机场和航空公司、管理局是一家,如新疆乌鲁木齐机场、云南昆明机场,往往不让其他国内航空公司飞进去或限制其航班密度。

(8)飞机租赁公司。著名的飞机租赁公司有国际租赁金融公司(YLFC)、美国通用电气航空金融服务有限公司(GECAS)和百斯飞机租赁公司(BAS)等。我国航空公司从20世纪90年代以来,大多数已尝到了"买飞机不如租飞机"的甜头,但须关注飞机租赁的利弊。

3. 需求方的议价能力

(1)旅行代理。国内一般称之为代理人。在当今许多国家,70%以上的客票都是通过旅行代理订购的。

(2)旅游经营商。由于很多休闲旅客不只是希望买一张机票,他们还希望得到吃、住、行、玩一条龙服务。这种需求的存在,使旅游经营商应运而生。他们与旅行社、酒店、出租车公司、商店、餐馆等供应商讨价还价,最后得到一揽子服务的最低价格。这种行当在国外方兴未艾,成为航空公司的重要顾客,在国内已崭露头角。

(3)集运商和包销商。集运商与旅游经营商的不同在于,他们只为了获得价格便宜的座位与航空公司讨价还价,并不负责膳宿和中转接送等项目。这是因为有不少旅客喜欢自行安排时间表和食宿地点。在大多数情况下,欧美的集运商也是包销商。所谓包销,是指将其一次航班上一段时期内一定百分比的客票包销出去;如果卖不出去,可以在一定提前期内退回航空公司。

(4)有决策权的旅客和货主。这是指点名要某家航空公司的消费者。国航在这类旅客中的优势比较明显。他们出于安全因素往往首选国航航班,将价格因素排在第二位。这一类型的旅客和货主是唯一能将顾客、消费者和需求方三种身份统一起来的人。

(5)机场、省局、航站。在国内,某些新通航的机场、航站和航班很少的机场、省局、航站,往往有求于航空公司飞往他们那里。为了打消航空公司怕亏损的念头,他们往往与航空公司签订包销协议,保证航班达到航空公司所期望的客座率。

(6)货运代理公司。在欧美航空货运市场上,80%以上的出口货物和90%以上的进口货物都是通过这个方式运输的。由于国内货运代理业集中程度远远高于客运代理,航空公司的压价能力就比较有限。

(7)急件运输公司和捷运公司。如今急件运输公司和捷运公司中,有些公司已开始用自己的飞机承运货物,变成了航空公司的直接竞争对手。

4. 进入者的威胁

(1)国内航空运输市场的进入威胁。在20世纪80年代末90年代初,国内航空运输市场上曾出现过"航空公司热"。近年来基本上没有批准成立新的航空公司,中国航空公司和天鹅航空公司是无独有偶的例外。

航空公司必须警惕以下两种进入者的威胁,一是在局部市场上某公司要加入进来。比如,在北京—乌鲁木齐航线上,北方航空公司虽然停飞了,但条件成熟时它还会卷土重来;二是国内某些航空公司可能采取兼并、合并等方式成立新的航空公司。

(2)国际航空运输市场上的进入威胁。据统计,1994 年国际客运量世界前 30 名的空运企业中,就有 19 家直接飞中国。国际市场上的竞争程度比国内市场更激烈、更复杂,觊觎中国市场的外国航空公司为数不少,而它们之间多种形式的联合,往往能越过国家间的双边或多边协定与国内航空公司展开直接或间接的竞争。如,美利坚航空公司(AA,世界第一大航空公司)并未参与与中国通航,但从 1995 年开始在北京设立办事处,可谓用心良苦。

5. 产业现有企业间的竞争特点

(1)国内空运市场上的竞争要素。安全的重要性在空运业是绝对排在第一位的。除此之外,国内空运市场上的竞争要素分为两个级别。第一个级别,是影响力较大的四个因素:航班时刻、航线、定价和航班频率;第二个级别,是影响力较小的五个因素:设备、服务、舒适、忠诚和总体感觉。

(2)国际空运市场上的竞争要素。从管制性的国际空运市场到放松管制的国际航空运输市场,竞争要素的作用也有很大差别。在前一个市场上,政府保持着强有力的控制权,公众利益被摆在第一位;在后一个市场上,政府不再控制或很少控制航空公司的运营,利润被当成主要目标。

在国际航空运输市场上,竞争的本质,是政府的专制权力。这种权力可用来制定规章、制定法律、调整竞争要素以利于国有航空公司。国际航空运输市场上的竞争要素共有六项:运价、航班频率、市场准入、设备、服务、广告。

6. 在航空运输业中政府的力量

(1)行业管理者。对外负责与其他国家的谈判,为本国航空公司的生存和发展争得有利的环境和政策;对内负责适航管理、基础设施建设管理、公平竞争管理、空运安全管理、服务质量监控及航空公司成立审批等事宜。

(2)投资者。迄今为止,世界上绝大多数的国际航空公司都是国有企业或国家控股,政府对航空运输业的干预程度由此可见一斑。

(3)延伸的竞争者。国内大多数中小航空公司的后台或是国家有关部委,或是某些地方政府,此时政府直接加入了现有航空公司之间的竞争。当中央和地方两级政府联合出资兴办机场时,政府扮演的是供方角色;当政府通过宏观调控政策鼓励发展高速公路和铁路时,它是在扶植航空运输的替代品;邮政当局与航空公司签订航空邮件合同,有关部委还通过红头文件规定出国公干者必须乘坐中国民航班机(很多外国政府规定政府官员出国须乘本国国旗航空公司的航班),此刻政府充当的是需求方角色;不少地方政府一直保持着办航空公司的高昂热情,他们正做着培养航空运输市场进入者的事情。

(4)军事指挥者。例如,在海湾战争期间,美国的航空公司就为美军运送了大量的人员和装备。

二、产业生命周期

对旅游企业进行微观环境分析,就是对企业的产业环境进行分析。决定一家企业在产业中经营状况的好坏有两个重要因素:一是它所在产业的整体发展状况;二是该企业在产业中所处的竞争位置①。产业的整体发展状况可以通过产业生命周期理论来判断。

一个产业的生命周期,是指这个产业从产生到消亡的全过程。这个过程包括开发期、成长期、成熟期和衰退期四个阶段。利用产业生命周期理论判断企业所处的时期,可以针对不同时期的特点,制定适合企业的发展战略。

1. 开发期

开发期,又被称为导入期。在这个阶段,产品处于开发状态,市场发展十分缓慢。产品无标准化生产,种类繁多,进入的企业要承担的成本很高,且没有回本保障。很多产品都处于研发阶段,企业的任务是让消费者对产品产生兴趣,吸引他们的注意力。在这个阶段,产品的销售量往往不多且增长速度十分有限,很多企业在这个阶段会处于亏损的状态。

① 陈继祥,王家宝.旅游企业战略管理[M].北京:旅游教育出版社,2006.

2. 成长期

在成长期,产品的销量开始逐渐增加,市场的发展也变得迅速。大量的竞争对手在看到有利可图的情况下开始进入市场,竞争对手开始增多,产品生产变得标准化,种类集中。企业赚得的利润大部分用来进行再投资,对产品的研发开始减少。进入成长期最明显的标志,就是进入者开始增多,竞争加剧。

3. 成熟期

当产品满足所有消费者的需求之后,产业进入成熟期。成熟期的企业增长率开始逐渐下降,产品的销量达到最顶峰,竞争依然激烈。由于成熟期的企业竞争实力很强,导致其他竞争对手成为寡头,产品种类大幅度减少并相对固定,利润逐渐升高,高效率、低成本成为成熟期企业追求的目标,只有必要的时候才进行产品的研发,否则只是对现有产品进行继续生产。这个时期依然会有很多企业进入。为了争夺更多的市场份额,公司之间展开更加激烈的竞争,因此市场逐渐变成了更小的碎片,市场份额已经变得非常分散。①

4. 衰退期

这个时期的企业大部分处于亏损状态,已经没有进入者。企业不得不为市场的衰退进行其他的战略部署,以维持现金来源。行业的生产能力过剩,开始出现大量的退出者,尚未退出的企业也面临着危机和风险。

在公司制定发展战略时,强调产业生命周期的两个结果是有意义的。它对于产业结构分析具有重要的影响②。第一,早期进入的优势。大量的经验证明,进入一个新市场的首家公司,往往具有很多的战略优势。尽管最早进入市场存在许多风险,但考虑战略发展时还值得对此进行认真分析。因为,这里可能存在着长期竞争优势。第二,行业市场份额趋于分散。在早期,市场以较快的增长率吸引新进入者,这种情况是自然存在并不可避免的。市场趋于成熟的结果,就是每一个新进入的公司都为占有市场份额而竞争,因此市场份额变得更加支离破碎(见表2-4)。

---

① 杨东龙.最新组织战略精要词典[M].北京:中国经济出版社,2003.

② 同①

表 2-4 产业生命周期对战略的影响

产　量	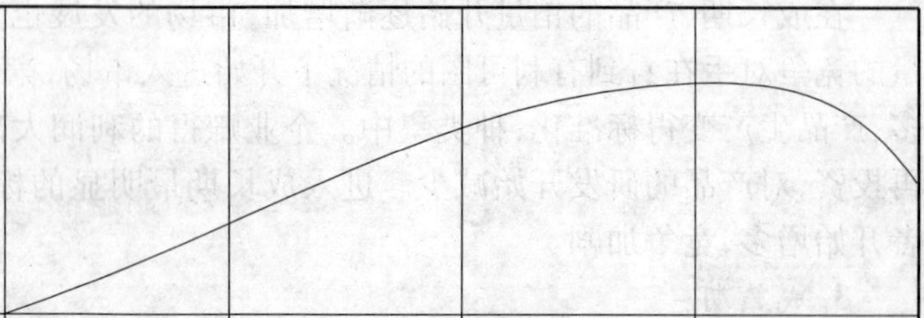			
阶　段	开发	成长	成熟	衰退
市场发展	缓慢	迅速	下降	亏损
市场结构	零乱	竞争对手增多	竞争激烈，对手成为寡头	取决于衰退的性质，或形成寡头或形成垄断
产品系列	种类繁多，无标准化	种类减少，标准化程度增加	产品种类大幅度减少	产品差异度小
财务含义	启动成本高，无回本保障	增长带来利润，但大部分利润用于再投资	带来巨额利润，再投资减少，形成现金来源	采取适当的战略，保持现金来源
现金使用或来源	大量使用现金	趋于保本	重要现金来源	现金来源（如果战略不适当，可能使用大量现金
产品含义	一次性或批量生产，未能流水，形成大众生产	经验曲线上升，成本下降	强调降低成本，高效率	行业生产能力下降
研究和开发的意愿	大量进行对产品和生产过程的研究	对产品的研究减少，继续生产过程研究	很少有研究和开发，只有必要时进行	除非生产过程或重振产品有此需要，否则无支出

资料来源：邹昭晞．旅游企业战略分析[M]．北京：经济管理出版社，2001．

三、战略群体分析

产业分析的一个重要方面，就是对产业内所有竞争对手特征的分析。波特称之为“战略群体”。所谓战略群体，是指一个产业内采用相同或者相似战略的所有企业的集合体。了解了战略群体内其他企业的竞争模式，有利于制定本企业的竞争战略。

（一）战略群体分析图

一般提到战略群体分析，都会提到战略群体分析图。战略群体分析图，就是用图像的方式描述行业内不同战略群体之间的关系。在识别战略群体的时候，首先要确定2~3个变量，可以是组织的规模、技术水平、纵向一体化程度、品牌数量和营销力度等。选择变量之后，将所有企业列到一个双因素变量图上，大致落在相同战略空间的企业归为同一个战略群体，给每个战略群体画一个圆，其半径与各个群体占整个行业销售收入的份额成正比。这样就得到了一个简单的双变量战略群体图。

下面举一个简单的例子，我们选择纵向一体化程度和地区覆盖率作为战略群体选择的双因素，就可以得到一个战略群体图（见图2-3），其中A企业主要经营范围是国内，营销力度适中，是国内的较小品牌；B企业是国内的自有品牌，营销力度和地区覆盖率都较低；C企业地理范围广、营销力度大，是国际知名品牌；D企业国内经营，营销力度较大，是国内知名品牌。

（二）竞争者的确认和描述

在战略群体图上，战略群体之间的距离越近，企业之间的竞争就越激烈。因为它们具有相同或者相似的战略，在资源使用和对购买者的争取上必然会有很多冲突。首先，同一个战略群体内的企业，是最直接的竞争对手；其次是相距最近的两个群体中的企业。

识别了企业的主要竞争者，接下来就要对竞争者进行描述。对竞争者的描述，主要囊括以下几个方面：概述、目标、资源、过去的绩效记录、目前的产品和服务，及其目前的战略。

（三）战略群体内的竞争

战略群体内的企业虽然战略上有相同或者相似之处，但企业的能力

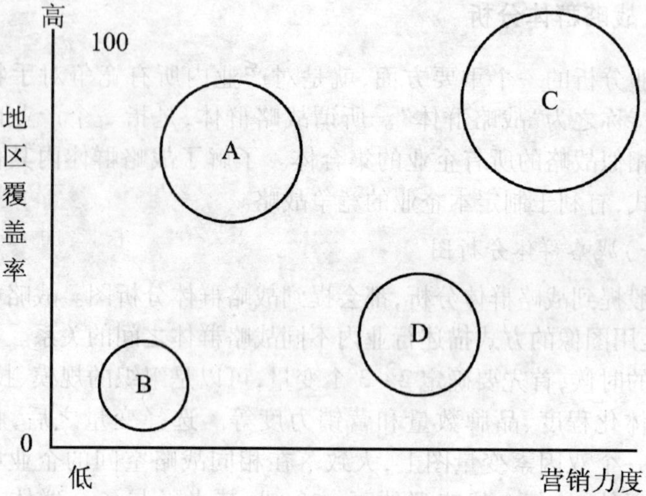

图 2-3 战略群体分析图

不同，产生的竞争优势也不同，因此，在战略群体内的竞争尤为激烈。规模的不同，导致了竞争力的大小不同，一般来说，经营规模大、产量大，企业就处于优势地位。另外，管理水平、生产技术和客户关系等能力不同，也会产生竞争中的优势。

（四）战略群体间的竞争

一个产业中往往存在着几个战略群体，例如，图 2-3 中存在着 4 个战略群体，这些战略群体之间存在着竞争关系。其竞争的激烈程度，主要取决于三个方面：第一，是战略集团间市场的牵连程度；第二，是战略集团的数量和规模；第三，是集团战略的差异。战略群体之间的竞争十分常见，例如，在中国的经济型酒店市场上，处于不同战略群体的国内品牌，如“锦江之星”、“如家”等，会与国际上的品牌“宜必思”等进行竞争。

对于产业生命周期、市场竞争与产业组织结构和战略群体三个微观环境的要素进行分析，企业可以了解到在这个行业中，企业所处的位置和面临的竞争与挑战。在此基础上，企业可以针对不同情况制定出适合本企业的战略。

第三节 旅游企业外部环境分析的过程

前两节我们介绍了企业宏观环境和微观环境的组成,也具体解释了环境中各个要素对企业的影响。本节我们将介绍环境分析的过程。

旅游企业外部环境的分析过程,主要包括四个步骤:搜索、监测、预测和评估(见表2-5)。

表2-5 旅游企业环境分析的过程

搜索	搜集关于环境变化和发展趋势的早期信号。
监测	对这些变化和趋势进行持续观察,探究其含义。
预测	根据所跟踪的环境的变化和趋势,预测其对企业可能带来的结果。
评估	根据环境变化或趋势的时间点或重要程度,决定企业战略管理调整的方向。

资料来源:迈克尔·希特等编著. 吕巍等译. 战略管理[M]. 北京:机械工业出版社,2005.

通过分析过程的四个步骤得到准确的信息往往并不容易,但是,外部环境的分析过程对于旅游企业的战略部署和业务开展却具有重要的意义。

一、搜索信息

搜索的过程,主要是旅游企业搜集与周围环境相关的资料。搜集的方式有很多,可以通过统计年鉴、报纸、新闻、期刊等方式了解国内外形势和政府的相关政策,还可以通过互联网技术,及时了解周围环境的变化。在搜集信息时要有选择性,选择那些对理解企业战略环境最为重要的信息,要把握住关键的信息。

二、监测与预测

监测,是一个持续的过程,也就是说,通过搜索得到信息。企业要对这方面的信息进行长时间的持续监控,探索环境变化的趋势。

预测,则是对通过监测得到的信息进行综合分析,进而预测这些信息在今后一段时间内的发展趋势。通过对趋势的预测,企业可以针对环境的变化,调整制定自己的战略和实施方法。预测是一个非常关键的过程,因为这往往需要对大量资料进行分析和处理,并且要大胆地对环境的变化进行预测。预测有可能产生偏差,一般来说,掌握的资料越全面,预测的准确性就越高,当然也不排除有无法预测的可变因素存在。

三、评估

经过搜索、监测和预测之后,旅游企业要对环境变化趋势对企业的影响程度进行描述。这就是评估的过程。在评估过程,企业往往采用外部因素分析矩阵(EFE 矩阵)来进行。EFE 矩阵是对企业外部环境的因素进行分类,从机会和威胁两个方面进行评估,具体的步骤如下:

第一步,列出在外部分析过程中确认的关键因素。因素总数在10~20个之间,包括影响企业和所在产业的各种机会与威胁,首先列举机会,然后列举威胁,尽量具体,可能时采用百分比、比率和对比数字。

第二步,赋予每个因素以权重。数值由 0.0(不重要)到 1.0(非常重要)。权重,反映该因素对于企业在产业中取得成功的影响的相对大小。机会往往比威胁得到更高的权重,但当威胁因素特别严重时,也可得到高权重。确定权重的方法,是对成功的和不成功的竞争者进行比较,以及通过集体讨论而达成共识。所有因素的权重总和必须等于 1。该步骤的权重是以产业为基准的。

第三步,按照企业现行战略对关键因素的有效反应程度,为各关键因素进行评分,分值范围 1~4。“4”,代表反应很好;“3”,代表反应超过平均水平;“2”,代表反应为平均水平;“1”,代表反应很差。评分反映了企业现行战略的有效性。因此,该步骤的权重是以公司为基准的。

第四步,用每个因素的权重乘以它的评分,即得到每个因素的加权分数。

第五步,将所有因素的加权分数相加,可以得到企业的总加权分数。

无论 EFE 矩阵包含多少因素,总加权分数的范围都是从最低的 1.0 到最高的 4.0,平均分为 2.5。高于 2.5,则说明企业对外部影响因素能作出反应。EFE 矩阵应包含 10~20 个关键因素。因素数不影响总加权分数的范围,因为权重总和永远等于 1。

本节探讨了旅游企业外部环境的分析方法和过程。运用五力模型、产业生命周期模型和战略群体分析，可以掌握企业面临环境的情况，进而通过搜索、监测、预测和评估等过程进行具体分析，并以此为基础进行战略布局，采取有效措施应对环境的变化。

第四节 运营环境管理

企业在经营过程中面临着内外环境的双重挑战，应对多方面的经营压力。企业一般通过经济策略、公共关系策略和同外部利益相关者联合等方式来改善运营环境，促成企业取得竞争的成功。

一、经济策略

经济策略，主要是通过设置进入壁垒和采用多种竞争策略来抵制竞争者的压力。设置壁垒，往往是通过增大规模进行的一种排斥，被排斥的企业不能跨越这一壁垒，进而在竞争中占不到有利的地位。多种竞争策略，则是通过产品的差异化和降低成本的方式来应对竞争对手。

（一）设置进入壁垒

（1）投放广告，是一种设置壁垒的经济策略。广告的投放是一种先入为主的策略。广告一经投放，在同类市场上，产品的知名度提高，新进入的产品就很难得到消费者的认同，在竞争中就会遭受失败。

（2）建造更大型的设施达到规模经济性，也是一种有效的经济策略。通过建造更大型的设施，企业的产能增大，生产的产品数量增多，占据的市场份额也就增大了。这样，市场逐渐趋于饱和，新进入企业生产的产品便很难找到市场，最终不得不放弃。达到规模经济性的企业当然并不是可以高枕无忧，因为可能会出现其他因素导致产量下降，或者是产品销售出现问题，所以规模经济性并不是完全可以抵制竞争者的。国内知名的经济型酒店品牌“锦江之星”、“如家”和“七天”就是通过达到规模经济性的方式来排斥新进入行业的酒店的。

（3）设置集中的预订中心或采购部门，是另外一种经济策略。这种策略主要是从成本和销售的角度来控制竞争者的进入。集中的预订中心可以让产品的销路更加通畅，企业不必为产品销售问题担忧。集中的采购部门可以让企业在成本控制上获得优势,生产出价格低廉的产品,进而在价格竞争中获得优势。例如,旅游景区的销售一般是通过旅行社进行,景区需要的只是与旅行社加强联系,而具体的销售方式全部由旅行社包办。

(二)多种竞争策略

多种竞争策略,主要包括服务产品的差异化、低成本管理和标杆管理。

(1)服务产品的差异化,是竞争中最重要的因素,只有提供有特色的服务和产品,才能满足消费者的需求。只有达到了产品的差异化,才能将本企业的产品与其他产品区分开来。这样才能在竞争中占据有利的地位。世界著名的喜达屋酒店管理集团(Starwood Hotel & Resorts Worldwide)旗下就有包括福朋(Fourpoints),豪华精选(Luxury Collection, St. Regis),W 酒店(W. Hotels)和威斯汀(Westin)在内的几个品牌,档次和类型均不同,可以满足各种客人的需求。

(2)低成本管理,也是一种竞争策略。它主要通过提高管理水平和技术水平,进而改善成本结构,节约生产成本。低成本带来的直接影响,就是产品的价格可以随成本的降低而降低。在市场上,价格的低廉必然会在竞争中获得优势。在价格大战的市场上,成本控制已经成为很多企业的第一目标。因此,低成本管理也受到企业越来越多的重视。

(3)标杆管理。是指不断寻找和研究同行一流公司的最佳实践,并以此为基准与本企业进行比较、分析、判断,从而使本企业得到不断改进,从而进入赶超一流公司、创造优秀业绩的良性循环过程。其核心是向业内或业外的最优企业学习。通过学习,企业重新思考和改进经营实践,创造自己的最佳实践。这实际上是模仿创新的过程。企业通过标杆管理方式,不断地从管理角度完善自己,并在竞争中占据一席之地。标杆管理在旅游行业中也经常被运用,迪斯尼公司就利用了标杆管理的方式,并在本行业中一跃成为领军企业。

【相关信息】

标杆管理的起源

标杆管理(benchmarking),起源于20世纪70年代末80年代初美国学习日本的运动中。首开标杆管理先河的是施乐公司。1976年以后,一直保持着世界复印机市场实际垄断地位的施乐公司遇到了来自国内外,特别是日本竞争者的全方位挑战,如佳能、NEC 等公司以施乐的成本价销售产品且能够获利,产品开发周期、开发人员分别比施乐短、少 50%。施乐的市场份额从 82% 直线下降到 35%。面对竞争威胁,施乐公司最先发起向日本企业学习的运动,开展了广泛、深入的标杆管理。

施乐公司使用了竞争标杆管理(Competitive benchmarking)的概念和方法。这个方法,是指从生产成本、周期时间、营销成本、零售价格等领域中,找出一些明确的衡量标准或项目,然后将施乐公司在这些项目上的表现与佳能等主要的竞争对手进行比较,找出其中的差距,弄清这些公司的运作机理,全面调整自己的经营战略和战术,改进业务流程,很快收到了成效,把失去的市场份额重新夺了回来。在提高交付订货的工作水平和处理低值货品浪费大的问题上,同样应用标杆管理方法,以交付速度比施乐快 3 倍的比恩公司为标杆,并选择 14 个经营同类产品的公司逐一考察,找出了问题的症结并采取措施,使仓储成本下降了 10%,年节省低值品费用数千万美元。于是,西方企业群起学习借鉴,把标杆管理作为竞争的最佳指导,优化企业实践,提高企业经营管理水平和市场竞争力,取得了显著的改进成效。一些企业取得了系统突破,许多公司回报在 5 倍以上。

二、公共关系策略

公共关系策略,主要是通过与政府、社区和其他非营利机构建立良好关系,提高社会知名度,并在政策支持上占有先机。政治策略,主要包括向政府和公共机构捐赠、改善社区关系、做公共关系广告等。

(1)向政府和公共机构捐赠,是很多大型企业选择的策略。这种捐赠虽然在财务上是一种额外的支出,没有实际的利益,但它却可以提高企业的社会知名度,在消费者中建立良好的形象,进而影响产品销售向好的方向发展。捐赠的另外一个好处是可以获得纳税上的优惠,也就是说,企业捐出的款项可以得到双倍的利益。例如,长隆集团在汶川地震期间向四川卧龙大熊猫中心先后捐赠款项 1000 万元。这一举动让更多的消费者认为,长隆的社会责任感很强,且关心动物保护问题,进而吸引了更多的顾客到长隆游乐场和动物园游玩。

(2)改善社区关系。社区关系对于企业来说十分重要,因为企业的运营脱离不了社区,社区对企业的影响力很大。因此,把握好社区关系,企业才能正常运行,才能更好地与其他企业竞争。

(3)做公共关系广告。做公共关系广告,是企业向社会宣誓的方式。通过这样的公共广告,企业要向人们发出的是一种本企业关注公共事业的信号。现在的企业往往将公共宣传与产品宣传结合起来。这样,既达到了支持公共事业的目的,又可在无形中宣传自己的产品,可谓是一举两得。例如,伊利集团的"放心奶"、舒肤佳的"卫生安全"长城等广告,都是这一类型的。

在旅游行业中同样有很多热心公益事业的企业。"广之旅"就是其中之一。广之旅通过参与社会公益活动,积极开展旅游文化建设,使企业的品牌形象日渐丰满。旅行社所出售的线路产品,本质上是对旅游要素及其相关资源的一种整合,很容易模仿和复制。旅行社的旅游新线路一旦推向市场并获得成功,很快就会被其他同行"克隆"。面对旅游线路产品高度同质化的现象,广之旅高层领导认为,只有打造出热心社会公益事业、富有爱心和社会责任感的良好形象,企业可持续的长远发展才能获得保证。为此,广之旅多年来在参与社会公益事业方面可谓不遗余力。1995 年夏,泰国游市场违法经营现象十分严重,广之旅会同广州市旅游局和泰国旅游局,联合召开"泰国游质量倡议会",组织记者赴泰考察旅游质量,并在传媒上进行呼吁。接着又与另外两家有权经营泰国游的旅行社一起,统一出团价格,净化旅游市场、优化旅游环境;抗战胜利 50 周年,广之旅组织老八路、老将军重游延安,走访南泥湾、宝塔山等抗战胜地;重阳节来临之际,广之旅组织 100 名当年曾为解放广州、建设广州立下汗马功劳的老革命畅游羊城,参观广州城市建设的新面貌;香港回归之际,广之旅组织"广州旅游界迎香港回归嘉宾团",赴香港庆祝回归。在香港回归后的第一个国庆日,又组织千名香港学生参加"祖国历史文化教育团";2007 年,又组织了广州第一家"长者旅游俱乐部",向社会公众展现了一个充满爱心的广之旅企业形象。①

---

① 摘自价值中国网 http://www.chinavalue.net/,作者:郑泽国。

三、同外部利益相关者联合

同外部利益相关者联合，是一种组织合作的关系。联合的目的，往往是资源的贡献，是一种资源的有效配置。通过合作，使合作各方都能得到自己需要的利益。联合的方式，主要有合资企业、网络协作、企业联合、联盟、行业协会和交叉持股。

(1)合资企业。是指两个或者多个企业将自己的一部分资源联合起来，组成一个独立经营但共同所有的实体。合资企业具有很多企业的资源，并且可以成为企业交流的一个平台，有利于新业务的开展。

(2)网络协作。是一种车轴——车轮形式的结构。在这个结构中，一个位于核心的当地企业将一批具有复杂联系并相互依赖的企业组织到一起。这个结构往往不是通过合同来规范的群体，而是通过社会规范形成的。在这个组织中，核心的企业权威比较大。它将其他企业组织起来，每一个企业都做自己最擅长的部分，资源上实现共享。这种网络协作，最典型的是汽车制造业，当然在旅游行业中也存在，如酒店业。

(3)企业联合。是一种包括了许多不同类型协议的专门的合资企业。通常由一群企业联合而成，目的是解决特定问题或发展技术。这种联合组织以研发类企业为主。企业通过联合进行某项新技术的研发，可以集中力量、节约成本。

(4)联盟。是两家或多家企业之间通过协议形成的联系或组织，目的是建立某种交流关系，但不涉及所有权问题，因此，很多联盟是非正式的。

(5)行业协会。是由同一产业内部企业形成的组织(通常是非营利的)，承担收集并发布信息的功能，提供法律和技术咨询，为企业提供与产业发展有关的培训，提供联合游说活动的平台。行业协会更多的是起到一个平台的作用，在这里企业可以进行信息和技术的交流。

(6)交叉持股。是指一个公司的高级管理人员或董事担任另外一家公司的董事职务，或两家不同公司的高级管理人员或董事同时担任第三家公司的董事。交叉持股董事会，是组织间信息共享和合作的一种机制。交叉董事会可以让一家企业吸收另一家企业的资源，以达到发展的目的。

【相关信息】

中国饭店协会简介

中国饭店协会，是经国家民政部批准的国家一级行业协会，是由从事宾馆和餐饮经营管理的企事业单位、团体和经营管理人员自愿组成的全国性跨部门、跨所有制的、非营利性的行业性组织。协会坚持以人为本，树立全面协调可持续的发展观，提倡绿色饭店、绿色餐饮等新概念，为建设和谐社会积极努力，提升了协会在饭店行业中的美誉度和影响力。协会先后创建并形成中国美食节、绿色饭店、饭店业职业经理人、全国饭店业服务技能大赛、优秀企业家表彰等品牌项目，并构建了五大服务体系：

1. 政府事务服务

协会参与制定行业法规、行业标准与行业自律规则，受政府委托制定了中国饭店业职业经理人国家标准、中国绿色饭店国家标准，在全国组织开展饭店业经理人职业资格考试、中国绿色饭店认定、全国饭店系统服务技能大赛等工作。

2. 培训服务

协会拥有强大的学术资源及专家队伍，与国外饭店业的著名院校、饭店集团及这一领域的著名学者建立广泛的交往与良好的合作关系。如，瑞士洛桑酒店管理学院、美国康奈尔大学、北京大学、雅高集团等，同时100所国内优秀的饭店管理院校是协会的会员。协会每月组织的饭店业职业经理人、客房、餐饮、财务、工程、人力资源、市场营销、美食营养师、点菜师等培训及高级研修班是全国住宿与餐饮业规模最大、培训质量最高的培训活动。

3. 信息服务

通过协会的网络资源和专业刊物，迅速及时地为会员收集并随时提供住宿与餐饮业最新的信息及行业动态。客观反映行业经营业绩与发展趋势，为企业管理提供参考和决策依据。

4. 会展服务

协会主办的中国美食节，是一年一度中华美食的大展示，是行业最大规模的活动。每年有约100多万人次参加。中国美食节颁布的中国美食大奖——“金鼎奖”是中国餐饮业最高奖。“国际美食质量奖”是国际饭店与餐馆协会颁发的国际大奖。协会每年组织的中国饭店业职业经理人年会、国际美食博览会、中国国际饭店业博览会,吸引着众多行业人士参加,是住宿与餐饮企业引进先进管理经验和技术、扩大客源市场的盛会。

5. 对外交流服务

协会根据日益开放的需求,组织住宿与餐饮业高级管理者到欧美澳许多发达国家考察与培训,加大行业交流的力度。

(资料来源:中国饭店协会官方网站:http://www.chinahotel.org.cn/index.html)

本章主要介绍了外部宏观、微观环境的组成及分析方法,当然企业面临的环境压力并不仅仅来源于外部,还有内部的环境。在下一章将着重介绍旅游企业内部环境分析。

【阅读与理解】

经济型连锁酒店的机遇、挑战和对策

据有关数据显示,截至2008年4月,我国经济型连锁酒店数量已达1935家,客房总数达217 109间。从1996年,中国内地第一家经济型连锁酒店锦江之星开业起,中国经济型连锁酒店已经有了12年的发展历史。那么,时下经济型连锁酒店在蓬勃发展过程中会遇到哪些机遇和挑战,应该如何去应对呢?

1. 行业环境分析

行业环境对企业确立竞争原则和制定可能采取的战略具有重大影响。因此,行业分析是制定企业经营战略最主要的基础。

根据战略管理学者波特的观点,企业在制定经营战略和决策时,要认真分析五种竞争力量的大小及来源,确定该行业中决定和影响这些力量的基本因素,才能弄清企业生存的优势和劣势,以制定出有生命力的企业经营战略。① 这五种竞争力量是:竞争对手、潜在进入者、替代品的威胁、买方谈判能力和卖方谈判能力。下面,就经济型连锁酒店所面临的这五个方面的情况进行简要分析:

① 科特勒著.梅汝和,梅清豪,周安杜译.梅清豪校.营销管理[M].北京:中国人民大学出版社,2001.

(1)竞争对手。经济型连锁酒店的主要客源来自于两个群体:一个是中低档的商务客人,一部分是旅行团的中低档团队客人及部分散客。针对这些客源群体,不难分析出经济型连锁酒店的竞争对手在哪里。很多情况下,对于这些客源来说,价格是决定购买的重要因素。因此,价格与经济型连锁酒店接近的三星级酒店就成了经济型连锁酒店最主要的竞争对手。虽然在近年来,经济型连锁酒店的标准化服务及合理的价格与三星级酒店相比已经显现出一定的优势,但是三星级酒店绝对不可能放弃与经济型连锁酒店的竞争。他们依然是经济型连锁酒店最主要的竞争对手。

高星级酒店主要接待的是高端的商务客人。这些客人追求的不仅仅是舒适、便捷,还要有专业化与细致化的服务。因此,这些酒店对经济型连锁酒店暂时形成不了很大的威胁。但是,并不排除随着人们经济实力的增强及高星级酒店价格竞争策略的调整,会使部分客人转向高星级酒店的可能。因此,在客户关系管理上,经济型连锁酒店也要适当地作出反应。

另外,市场上现在兴起的一部分力量,也在争抢经济型连锁酒店的市场份额,那就是酒店式公寓。这些酒店式公寓占据着一部分中长期居住酒店的商务客人的市场,价格也与经济型连锁酒店接近。相比经济型连锁酒店而言,酒店式公寓自住的最大特点,就是自由、方便,户型选择余地大,但又随时可以得到酒店式的各种服务,如餐饮、洗衣、室内清洁等,甚至包括商务服务。因此,这类酒店式公寓应该引起经济型连锁酒店的注意。

(2)潜在的进入者。经济型连锁酒店行业并不是一个进入壁垒很高的行业,加上如今酒店业发展依然处于上升期,市场发展依然有很大的空间,一个经济型连锁酒店的单店投入仅需要1000万元左右,收回期仅为3~5年。因此,行业内的进入者层出不穷。截至2008年4月,如家、锦江之星、莫泰、七天、汉庭、格林豪泰、速8、万好万家、维也纳酒店、中州快捷10家品牌连锁店占据着酒店品牌市场占有率的前十位(见图2-4),但是,总体的市场占有率还不及行业市场的一半。至今,我国经济型连锁酒店品牌已超过100家。可见,品牌种类的多样化程度及进入者的数量之多。

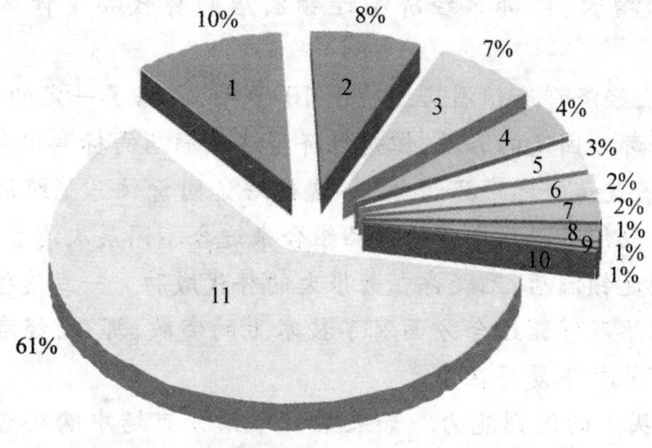

1.如家快捷酒店	2.上海锦江之星	3.上海莫泰连锁	4.7天连锁酒店
5.汉庭酒店连锁	6.格林豪泰	7.速8酒店	8.万好万家
9.维也纳酒店连锁	10.中州快捷	11.其他	

数据整理：中国经济型酒店网整理于2008年4月1日。

排名依据：按全国经济型连锁酒店客房数。

经济型连锁酒店：特指按中国经济型酒店网的标准收编在内的住宿单位。经济型连锁酒店须符合如下基本特征：（1）主要提供住宿等有限服务；（2）不超过三星级酒店标准的消费水平；（3）统一品牌与连锁化规模经营（两家门店以上）。

图2-4　中国酒店品牌市场占有率前十位

由于知名品牌经济型连锁酒店的利润诱惑，让很多小型的经济型连锁酒店也参与到了竞争当中。这些酒店虽然在订房系统上不如品牌店，但是，其灵活性也能间接地帮助它获得一部分本地市场。

另外，随着自驾车旅游的兴起，汽车旅馆也成为市场的新宠。它的发展也不容小视，需要经济型连锁酒店行业随时关注。其快速发展，将来也很有可能成为经济型连锁酒店行业一个巨大的潜在进入者。行业的进入壁垒不高，使得更多的企业进入本行业。虽然酒店业的退出壁垒相对较高，但是酒店业内部的种类繁多，即使退出经济型，依然可以转型做其他类型。因此，进入者的数量依然会继续增加，经济型连锁酒店面临进入者的压力也会越来越大。

(3)替代品的威胁。如果某个细分市场存在着替代产品或者潜在替代品，那么该细分市场就会失去吸引力。替代品会限制细分市场内价格和利润的增长。① 那么经济型连锁酒店的替代品是什么？它们在哪里？

应该说，经济型连锁酒店发展了10多年，占据了一定的市场份额，也吸引了一部分固定的客源，但是经济型连锁酒店的标准化存在着一个很大的问题，就是缺乏产品组合。② 这就给了同价位三星级酒店一定的可乘之机。他们可以用丰富的产品组合来迎合不同层次消费者的需求，对于经济型连锁酒店，无疑存在着很大的替代威胁。一旦这些三星级酒店在营销网络及营销组合方面有了技术上的突破，那么，经济型连锁酒店的优势可能就不复存在了。

(4)购买者的谈判能力。如果某一个细分市场中购买者的谈判能力很强或者正在加强，该细分市场就没有了吸引力。③

反观经济型连锁酒店，目前，经济型连锁酒店的价位已经从曾经的150元左右攀升至更高(因不同房间类型而不同)。价格的上升必然会导致购买者的讨价还价。但是，由于预订网络的完善及分销渠道的多样化，使得经济型连锁酒店的价格较有弹性，这就在无形中削弱了购买者的谈判能力。这样的价格，虽然有上扬的趋势，但是相比星级酒店，还是较低的。随着人们生活水平的提高、支付能力的增强，购买者的谈判能力暂时不会对经济型连锁酒店的发展造成威胁。

(5)供应者的谈判能力。目前酒店用品的供应基本处于饱和状态，供应商的竞争也相当激烈。经济型酒店，尤其是连锁型酒店购买的数量很大，这对于供应商来说，是一个不小的利润点。他们是不会轻易放弃这个利润点的。因此，从这个方面上来说，供应者的讨价能力是被削弱的。并且在完全竞争的市场态势下，经济型酒店转换供应商的成本也并不是很大，所以供应者的讨价能力也是处于被削弱的。在现阶段，供应者的讨价能力暂时还不会对经济型酒店的发展造成很大的

---

① 科特勒著. 梅汝和，梅清豪，周安柱译. 梅清豪校. 营销管理[M]. 北京：中国人民大学出版社，2001.

② 崔冬冬，潘进. 浅析中国经济型酒店的发展现状及战略选择[J]. 中南财经政法大学研究生学报，2007 (06).

③ 科特勒著. 梅汝和，梅清豪，周安柱译. 梅清豪校. 营销管理[M]. 北京：中国人民大学出版社，2001.

影响。

2. 经济型连锁酒店经营战略的确定

SWOT分析法，是一种综合考虑行业内部条件和外部环境的各种因素并进行系统评价，进而选择最佳经营战略的方法。①

(1)优势：

①价格较低。经济型连锁酒店的得名就来源于其价格的优势，虽然现在经济型连锁酒店的价格有上扬的趋势，但是，相对于星级酒店，还是较低的，依然是"经济"的。

②销售网络。现在的很多人订房已经不再仅仅是通过电话预订，抑或是上门预订了。而更多的人则选择网络。这样的方式既简单，又方便，并且很多网络提供比门市价低很多的折扣，对消费者具有更大的吸引力。很多经济型连锁酒店就抓住这一机遇。如，携程与如家的例子就充分说明了这一点。随着网络技术的日益更新，更完善的经济型连锁酒店销售网也必将成为酒店的一大优势。

③客源广泛。起初只是国内旅游者比较倾向于这样方便洁净的住宿环境，后来，最容易接受网络技术的一批年轻人也越来越青睐这类酒店，现在中低档的商务客人也成了经济型连锁酒店的一部分客源。越来越广泛的客源，必将是经济型连锁酒店发展的一个巨大优势。

④数量大，分布广。现在全国经济型连锁酒店已达到1935家，客房数达到217 109间，并且这个数量还在继续猛增。这些酒店分布在中国的北京、上海、广州、深圳、大连等20个城市。主要集中在中国的东部沿海以及中部城市。分布均匀且广泛，几乎覆盖了中国经济发达地区，这些地区的经济型连锁酒店随处可见，这样的优势也促进了经济型连锁酒店的客源发展与品牌效应。

⑤成本低。低固定成本，低运营成本，这样就决定了经济性连锁酒店的灵活性要比星级酒店高很多。在市场运营中就占得了很大的优势。

⑥品牌效应明显。现在全国大大小小的经济型连锁酒店品牌有100家以上，一些知名品牌如锦江之星、如家、速8等已经耳熟能详，截至2008年4月份，7天现有直营门店130家，锦江现有加盟和直营共

---

① 陈继祥，王家宝. 旅游企业战略管理[M]. 北京：旅游教育出版社，2006.

190家,如家的总店数则达到了296家。这样的品牌效应促进了酒店业绩的增长,也加快了各酒店的品牌建设。

另外,经济型连锁酒店作为一个相对较新的概念,与传统的星级酒店有着观念上的优势,并且这种观念上的优势也使得经济型连锁酒店有了更大的变化与发展空间,使得这个类市场能够常新。

(2)劣势:

①产品类型少,缺乏特色。现有的经济型连锁酒店产品类型相对单一,例如客房类型很少,只有标准房、大床房等,这样很难满足客人差异化的需求。而且在其他服务上也有很大的欠缺,例如只有少部分像锦江之星的经济型连锁酒店提供餐饮服务,几乎没有这类酒店提供商务及康乐服务。这样的缺陷必然要限制经济性连锁酒店的发展。

②人才短缺。这是酒店业普遍存在的问题,但是对于经济性连锁酒店来说,尤为严重。由于经济型连锁酒店经营性质的特殊性,导致了其所需人才的专业化。这就必然会需要一部分专业化的经济型酒店管理人才。而到目前为止,很多酒店却尚未解决这个问题。曾经有一位酒店业的知名人士说过:"很多酒店缺乏的不是机会,而是把握这些机会的人才。"人才问题不解决,酒店就难以将自己的经营水平提到更高的档次。

③单兵作战,急需整合。现有的经济型连锁酒店品牌很多。但这些品牌在市场上也只不过占据了不到50%。这说明还有一半以上的经济型酒店处于单兵作战的状态。这些单兵作战经济型酒店的经营行为,如,价格制定等,可能会阻碍市场的健康发展。另外,一些经济型酒店则承担着部分非市场化的行政功能。如,有些政府招待所要承担大量的接待工作,很容易造成高投入、低效益及管理不重视、维护不科学的问题。

(3)机会。据统计,2007年1~11月份全国接待旅游游客169 874 174人天,同比增长21.99%。中国即将成为世界第一大旅游目的地。旅游业也成为中国经济的一个新的增长点。这无疑对酒店业是一个好消息。旅游业的发展必然会带动其中的酒店业的发展。

2008年奥运会在北京召开,这对于中国的酒店行业是一个千载难逢的好机会。奥运会的召开会很大程度上带动了北京及其周边地区,甚至是中国其他旅游胜地的旅游业发展。在这样的大环境下，作为旅游六大要素食、住、行、游、购、娱重要组成部分的“住”（即酒店行业），当然也是一个很好的发展契机。

政府的大力支持，为经济型酒店的发展带来了福音。

信息化的发展，带动了酒店行业的发展，更加促进了经济型酒店的发展。订房网络的完善、连锁店信息沟通的无障碍化，都成了经济型酒店的优势。信息化不断发展为经济型酒店更好地争取到更广泛的客源提供了坚实的基础和保障。

(4) 威胁：

①国际品牌的威胁。加入世贸组织之后，几乎每个行业都会面临国际化竞争的问题，经济型酒店也不例外。例如，法国雅高集团旗下的Ibis（宜必思）酒店，在中国的天津、成都及青岛等地就已经有5家经营店，虽然这些国外的品牌酒店还没有形成一定的规模，但是它们所拥有的现代化的设备、现代化的管理经验和雄厚的资源与资金背景，使得它们在面对国内品牌的竞争时，可以从容决策。对于国内的品牌来说，这是个不小的威胁。

②行政干预。根据赵建强和郭伟2006年的研究表明，由于经济型连锁酒店绝大多数是国有体制，小到日常经营、大到产权转移，很容易受到行政力量的干预，同时也是寻租和腐败产生的温床，对经济型连锁酒店的健康发展可能会产生极大的影响。①

③市场规范化程度不高。现在的经济型酒店行业还处于一个相对混乱的市场环境下，品牌连锁酒店只占有不到一半的市场份额，依然需要资源的整合。这些问题在某种程度上制约了行业的发展。

3. 对策建议

通过对经济型连锁酒店的行业环境及自身优势与劣势的分析，不难发现，经济型酒店行业利润丰厚，发展前景看好，但是也存在着很多体制上的问题，市场结构还不够完善，依然需要采取一些措施来改善，使得经济型连锁酒店更加健康地发展。具体建议如下：

---

① 赵建强，郭伟. 我国经济型酒店发展SWOT分析[J]. 商业研究，2006(02).

(1)管理向专业化、规范化方向发展。在国内很多经济型连锁酒店都存在这样的问题,设备很现代,但服务水平却很差,很大程度上浪费了资源。即使在一些知名的品牌酒店里,这样的问题也比比皆是。这些现象暴露的是管理的不专业和不规范问题。因此,在经济型酒店蓬勃发展的今天,经营者不能仅仅看到机会,一切以利润为目标,更要注重专业化的管理。这样才能让酒店持久赢利,立于不败之地。行业的规范化也势在必行。由商务部和中国饭店业协会共同起草,我国经济型酒店首个国家标准《经济型饭店经营规范》已经出台。其中,酒店服务水平成为关键指标。这样的行业规范的出现,必然会促进经济型酒店业的健康发展。

(2)加强连锁化、集团化经营,促进品牌建设。连锁化经营,是酒店业发展的必然趋势,由分散走向集中,进行集团连锁化经营管理也是我国酒店业发展的必由之路。目前在我国,经济型酒店最好通过全国酒店行业的资产重组,把实力强、声誉好的酒店通过兼并、合并、特许经营等方式,组建酒店集团,统一品牌、统一服务、统一管理、统一宣传,采用共同的物资采购系统、客房预订系统,在有限资金投入的情况下,充分利用现有酒店资源,增强酒店集团的竞争力,提高抵御经营风险的能力。另外,通过做大企业规模,使企业拥有市场影响力,获得规模经济带来的效益,并在融资、营销等方面处于优势地位。这样不仅对行业发展有好处,而且也可让我们的国内品牌在国际化大背景下的竞争处于不败之地。国内知名的经济型连锁酒店集团——如家集团,就在 2007 年以 3.4 亿元,收购了居于经济型酒店行业前列的“七斗星”100% 的股权,开创了近年来国内酒店行业最大的收购纪录。

(3)探索特色服务。现有的经济型酒店大多数以单一客房服务为主,辅助以餐饮和商务服务。这样的服务因不能满足住客的需求而导致了很多客人的流失。在增加设施、设备的前提下,必然会导致成本的上升。因此,经济型酒店可以尝试朝主题酒店的方向发展,如设立不接待男士的“女性主题酒店”,专门为足球爱好者成立的“足球酒店”等。目前,国内已经有部分这样的主题酒店出现,而且很受住客的欢迎。另外,很多酒店采取一些让人感觉眼前一亮的特色,如,厦门“速 8 经济酒店”就在近日被评为三星级酒店。这种经济型酒店与星级的组合,也在很大程度上刺激了消费者的消费欲望。

(4)注重人才的培养。人才已经成为酒店业发展的瓶颈。现在的酒店行业急需专业化的人才。酒店的大肆扩张,导致了人才的短缺。经济型酒店近两年迅速扩张,按每开一家新店需要1名店长和4名值班经理来计算,全国在今年的扩张目标下,经济型连锁酒店的管理人才缺口在3000名左右。而院校培养出来的酒店管理方面的专业人才又多是为星级酒店的管理模式量身打造的,不适宜经济型酒店的管理思路。如家集团面临这一问题及时采取了措施。2005年,如家招收并向各酒店输出了第一批旅游酒店管理专业的本科生。通过6个月的严格训练,这些新人已经被培训成为合格的酒店值班经理。

思考与练习

(1)本材料运用SWOT分析方法对经济型酒店的经营环境进行分析,你认为经济型酒店最主要的优势和劣势、机会和威胁是什么?

(2)在波特五力模型分析中,你认为哪一种力量是阻碍经济型连锁酒店发展的关键力量?

(3)文章提到了包括管理向专业化、规范化方向发展,加强连锁化、集团化经营,促进品牌建设在内的几条促进经济型连锁酒店发展的建议,请根据文章对经济型连锁酒店环境的分析,提出几条你认为可行的建议。

第三章 旅游企业的内部资源与竞争优势

在对企业外部经营环境进行分析之后，战略管理的重要任务就是分析企业内部的资源与竞争优势。本章先对企业资源、核心能力等关键概念进行介绍，以此为基础，分析旅游企业的价值链、资源与核心能力。除此之外，本章还将介绍 BCG、SWOT、IFE 等旅游企业内部环境分析的工具。最后，将《中国酒店集团扩展的内部影响因素研究》作为理解本章内容的重要阅读材料。

第一节 企业资源与核心能力

资源和能力是组织成功的关键。更好的资源和能力可能为组织成功提供条件，而资源和能力的相对缺乏则会导致失败①。可见，资源和能力在组织中具有非常重要的作用。旅游企业对内部资源、能力和竞争优势的分析，又可称之为内部环境分析。

一、企业资源

企业资源，是指在企业经营过程中可以为企业获得利润或者保证企业良好运行的物质、人力、技术和商誉等资源。企业资源一般被分为财务资源、人力资源、知识和学习资源、实物资源和一般性资源五种（见图 3－1）。

---

① 杰弗里·S.哈里森，卡西·A.恩兹著.秦宇等译.旅游接待业战略管理：概念与案例[M].北京：旅游教育出版社，2007

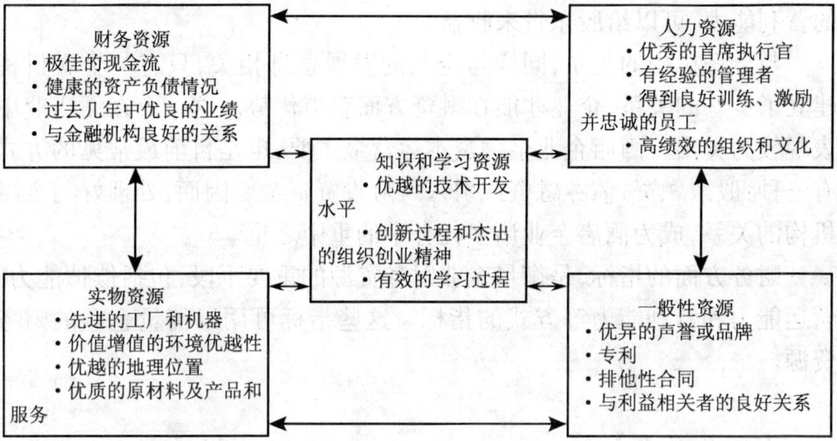

资料来源:杰弗里·S.哈里森,卡西·A.恩兹著.秦宇等译.旅游接待业战略管理:概念与案例[M].北京:旅游教育出版社,2007.

图3-1　企业资源分类

(一)财务资源

财务方面的资源,主要是指企业拥有极佳的现金流、健康的资产负债情况、过去几年中优良的业绩,以及与金融机构的良好关系。财务资源十分重要,但很少有研究者认为财务资源是“独特的”或“不可模仿的”。尽管如此,财务资源仍然可被视为旅游企业竞争优势的来源。

现金流,即现金数量,在企业运行中十分重要,因为只有获得了良好的现金流,企业才能正常运转。

资产负债状况,体现的是企业拥有资产与所负担债务之间的关系。如果企业所负担的债已经超出资产可以承担的水平,那么企业则难以运行下去,而如果资产与负债对应成一个合理的比例,那么企业的运行状况就会良好。财务管理学中将资产与负债之间的关系用资产负债率来表示,一般资产负债率超过1的企业被认为是资可抵债,可以继续运行,而如果小于1则资不抵债,可能会面临破产。

过去几年中的优良业绩,同样是企业资源的一部分,因为过去的业绩可能会作为企业今后发展的借鉴,同样,企业在借款的时候,投资方往往会对企业进行评估,优良的业绩可以让投资方更容易相信企业有良好的营利能力,可以给股东带来收益。

与金融机构的关系,同样与企业的发展息息相关,只有与金融机构建立了良好的关系,企业才能在融资方面获得优势。这一点在酒店业中表现较为突出。酒店企业金融资本运营最主要,也是目前最常见的方式有三种:股票融资、债券融资或引入风险投资资金。因而,处理好与金融机构的关系,成为酒店企业诸多任务中的重中之重。

财务方面的指标,是衡量企业财务资源的重要手段,包括偿债能力、营运能力和营利能力等方式的指标。这些指标可用以衡量企业的财务资源。

【相关信息】

经济附加值

经济附加值(Economic Value Added,简称 EVA),是美国思腾思特咨询公司(Stern Stewart & Co.)于 1982 年提出并实施的一套以经济增加值理念为基础的财务管理系统、决策机制及激励报酬制度。它是基于税后营业净利润和产生这些利润所需资本投入总成本的一种企业绩效财务评价方法。公司每年创造的经济增加值等于税后净营业利润与全部资本成本之间的差额。其中,资本成本包括债务资本成本,也包括股本资本成本。目前,以可口可乐为代表的一些世界著名跨国公司,大都使用 EVA 指标评价企业业绩。

从算术角度说,EVA 等于税后经营利润减去债务和股本成本,是所有成本被扣除后的剩余收入(Residualincome)。EVA 是对真正“经济”利润的评价,或者说,是表示净营运利润与投资者用同样资本投资其他风险相近的有价证券的最低回报相比,超出或低于后者的量值。

(二)人力资源

人力资源,是企业很重要的资源之一,管理的主体和客体都是人。因此,人力资源在企业管理中占据着十分重要的地位。拥有优秀的人力资源,可以保证企业的健康快速发展。

拥有优秀的人力资源,首先要拥有一位优秀的首席执行官。据《财富》杂志报道,全球500 强企业每年都有 20% ~30% 的 CEO 被革职,可见首席执行官的重要性。执行力,是首席执行官最重要的能力,只有具备良好的执行力,才能将企业上层的战略部署执行下去;只有有效的执行力才能促成战略的恰当实施。拥有一位优秀的首席执行官,可以有效地执行董事会的决议,是企业人力资源的重要财富。“一只狮子领着一群羊,胜过一只羊领着一群狮子。”这一古老的西方谚语说明企业的成功在更多层面上取决于领导者本人。其一言一行都将影响企业的荣辱兴衰。摩托罗拉公司对高尔文“摩托罗拉大家庭”理念的继承,戴尔公司对戴尔“效率至上”原则的推崇,都证明了企业领袖的重要性①。

有了优秀的CEO,企业还需要一批有经验的管理者。管理者在企业运行过程中起到的是具体执行的作用。优秀的管理者善于观察企业的动态和感知环境的变化,并将这些动态和变化汇报给上级,为上级制定战略提供有效的依据。管理者同样是下属的榜样,尤其是中、基层管理者,他们也是业务的能手,在企业运行中起到承上启下的作用。

员工是企业人力资源最主要的组成部分,数量最大。员工得到良好的训练和激励,并愿意忠实于本企业,将成为企业重要的资源。旅游企业的员工跳槽率非常高,尤其是酒店业。由于酒店行业进入了一个大发展的时期,新兴建的酒店层出不穷,酒店的人力资源十分紧张,因此跳槽频繁发生,人力资源的成本不断提高。企业辛辛苦苦培训出来的员工被其他企业挖走,这是很多企业不愿意看到的。因此,要降低员工部分的人力资源的流失率,企业就必须对员工进行恰当的激励,创造良好的工作环境。这样才能让员工有满足感,愿意留在企业。

高绩效的组织和文化,同样是企业不可或缺的资源。高绩效来自于全体管理人员和员工的共同努力。努力的动力来自于合理的绩效管理体制。企业文化,主要包含三个要素,即企业精神、企业价值观和企业行为规范。虽然企业文化对企业绩效没有直接的促进作用,但是,良好的企业文化氛围,可从侧面激励员工的工作。

(三)知识和学习资源

知识和学习,是企业资源的一部分。企业拥有的知识和学习能力往往是促进企业发展的关键。优越的技术开发水平是企业知识的组成部

① 揭筱纹,张黎明.创业战略管理[M].北京:清华大学出版社,2006.

分之一。现代企业的产品日新月异,功能不断改进,企业需要开发新的技术,适应市场的竞争。创新已经成为很多企业的头等大事,如高新技术行业,创新甚至是企业的核心任务,比生产和销售都更为重要。

企业的知识包括显性知识和隐性知识:显性知识,是指可以用正式语言编码和传递的知识;相反,隐性知识,就是个体持有的很难以正式语言描述和传递的知识。企业的生产和运行是显性知识和隐性知识共同作用的结果。因此,企业不仅要重视显性知识的归纳总结和传播,也要重视隐性知识的挖掘和共享。另外,随着高新技术的不断发展,企业的生存环境越来越复杂,面对这样的局面,最有效的措施就是要建立学习型组织。这正应验了一句话:"变化不可怕,可怕的是没有学习能力而不能适应变化。"可见学习能力对企业发展的重要性。

(四)实物资源

实物资源(有形资源),是指企业看得见摸得着的物质资源。一般来说,有形资源的获得较为容易,只要企业达到一定规模,拥有一定的财力和生产力,就可获得较为丰富的有形资源。有形资源主要有先进的工厂和机器、价值增值的环境优越性、优越的地理位置、优质的原材料及产品和服务。

先进的工厂和机器,带来的是先进的生产技术,在大规模机器生产的今天,先进的机器就意味着先进的生产技术。企业通过研发或者引进国外先进技术的方式,可以获取先进的工厂和机器,进而在生产技术上有所突破,占据市场优势。

生产过程主要包括创造价值和增加价值两个方面。企业生产出产品是创造价值的过程,而对于产品的包装和附加功能的改进是增加价值的过程。企业产品增值能力的强弱很大程度上影响着企业产品的质量,拥有价值增值处理环境方面的优越性,可以使企业在价值增值过程中更有发挥的余地。

优良的地理位置,绝对是企业的重要资源。超市是个很好的例子。有人说建立超市有三条是最重要的:第一条是选址;第二条是选址;第三条还是选址。可见优越的地理位置对于超市是多么重要。旅游行业中,酒店的选址也极其重要,只有根据区域经济的发展情况恰当地选择酒店的地址,才能让酒店在获得客源上占据优势。随着广交会的展馆全部迁移至琶洲,广州西部的酒店面临着全线的窘境,而地处会展商业圈珠江新城内的酒店却生意越来越好,优越的地理位置起到了关键的作用。

原材料,是企业生产的源头,也是企业的资源。选择正确的原材料供应商,有效降低原材料成本,生产出的产品才能真正达到“物美价廉”的要求。

企业总是会立足于生产出极佳的产品与服务。这也是企业的宝贵资源。拥有良好的原材料、优秀的管理水平、管理人员及员工,才能保证生产出优秀的产品。这些因素环环紧扣,缺一不可。优秀的服务,则是旅游企业的最关键资源,因为,在本书第一章中我们提到过旅游产品是具有服务属性的,消费者购买的是服务,因此,服务质量的好坏直接反映着企业的管理水平和生产能力。

(五)一般性资源

这里的一般性资源,主要是指无形资源方面。这些资源虽然对产品的生产和销售没有直接的关联,但是却在无形中影响着企业。一般性的资源主要包括:优异的声誉或品牌、专利、排他性合同、与利益相关者的良好关系。

优异的声誉或品牌。声誉和品牌带给企业的是知名度的提高,是消费者对企业产品认可的表现。同时,企业建立良好的品牌和声誉,也有利于产品的销售,消费者很多时候对企业的声誉及产品的品牌产生认可之后,就会带来品牌的忠诚,促使消费者长期选择本企业生产的产品。

专利。专利是受法律规范保护的发明创造。它是指一项发明创造向国家审批机关提出专利申请,经依法审查合格后向专利申请人授予的在规定时间内对该项发明创造享有的专有权。专利是具有排他性质的,可使企业独立使用这项技术而避免其他企业的盗用。拥有专利,可让企业获得长久、独特的竞争优势。

排他性的合同。排他性合同是企业与其他供应商或分销商签订的独立的合同。这种合同保证了与这些企业的对口性,即供应和分销企业在某些业务上不与其他同类企业签订类似合同,只与本企业合作。这样便有效地保证了本企业对其他竞争企业的排斥。

与利益相关者的良好关系。与利益相关者的良好关系也被认为是企业一般性资源。其实前面提到的四个方面的资源都与利益相关者有关系，如，财务方面的某些资源就要依赖于金融机构的帮助，人力资源要依赖于行业协会等培训机构，原材料的供应有赖于供应商的供应等。因此，与利益相关者建立良好的关系，是企业资源的一部分。

从本质上来说，品牌、声誉、专利、排他性的合同及与利益相关者的良好关系等一般性资源，都为企业提供了一种可以保证企业合法权益不受侵害的保障，一种对其他同类企业及其产品进行排斥的保护。

二、核心能力

关于能力的定义，可以从有两个角度解释，首先，是从微观企业的角度来理解。能力，是指企业分配和利用资源的效率。具体而言，是指企业将现有的有形和无形资源整合起来，以达到某种预期的状态。① 从行业的角度来理解，能力，是指行业中的全部或大部分企业所拥有的特性或一些特性的集合。② 核心能力是很多关于战略管理的书籍都会提到的一个概念，也是很多企业在谋求发展时经常会提到的。那么核心能力是什么，怎样的能力才能称之为核心能力呢？核心能力，是指企业的独特能力，是相对于竞争对手的能力。如果某种资源或能力是有价值的、独特的、不可替代的抑或是难以模仿的，并且可以被运用于多个业务领域，那么，这样的能力就可以称之为核心能力（或核心竞争力）。

（一）有价值

所谓有价值，主要是指企业的核心能力可以为企业的生产作出巨大贡献，可以提高生产的效率，提高产品的质量。在降低成本、提高生产效率和为顾客创造福利的过程，就是体现核心能力价值的过程。

（二）异质性

竞争优势来源于相对于其他企业所独有的能力。这句话描述的就是核心能力的异质性特点。异质性，是指企业所拥有的核心能力在行业中是独一无二的，一旦很多同行业的竞争者也拥有了这样的能力，那么这种能力就不能再称之为核心能力。例如，麦当劳快餐店中的食品，就具有这一性质。其生产工艺在同行业中是独一无二的，要想享受麦当劳

---

① 陈继祥，王家宝．旅游企业战略管理［M］．北京：旅游教育出版社，2006．

② 埃文斯等编著．马桂顺译．旅游企业战略管理［M］．沈阳：辽宁科技出版社，2005．

的那种味道,就必须到麦当劳店中去购买,因而麦当劳获得了广阔的消费市场,在快餐业中处于领先地位。

(三)不可模仿

如果说异质性描述的是核心能力的静态特点,那么不可模仿性,就是描述核心能力的动态特点的。不可模仿性主要是通过企业长期的生产经验积累得来的,所以很难模仿。但是,随着科学技术的不断发展,很多企业的研发和效仿能力在不断提高,不可模仿已经成为一个相对的概念。不过,只要企业在一定时期内可以保持核心能力不被模仿,竞争对手在短时间内无法模仿出同样的技术,那么企业就可以获得竞争上的优势。正如麦当劳的食品是不可模仿的,不是因为其他快餐店的技术实力不够,而是麦当劳享有其产品的专利权,他人不得模仿。这使得其永远是自己、永远是唯一。其在这方面的竞争优势也永远不会消失。

(四)难以替代

难以替代,主要是指企业的核心能力很难受到替代品的威胁,可以被企业长期利用而不被其他同类产品所取代。例如,正因为麦当劳享有其专利权,因而在其他快餐店中不可能找到替代品。

(五)可扩展性

可扩展性,同样是描述核心能力的动态特点。也就是说,核心能力不仅可以为企业带来生产现有产品的高效率,同样可以扩展到其他的新产品,衍生出更多的新产品和新技术。因此,核心能力在产品的研发上具有非常重要的作用。

三、竞争优势

按照雷银生在《企业战略管理教程》一书中的描述,竞争优势,是指企业获得战略领先地位,从而进行有效竞争并实现自己目标的一些因素和特征。这些因素和特征中,最重要的就是企业的利润。超额利润,被认为是衡量企业竞争优势的重要指标。

探讨了企业资源、能力、核心能力和竞争优势,那么它们直接存在什么关系呢?其实并非所有的企业资源或能力都可以转化为竞争优势。资源或能力是形成竞争优势的必要条件,但是这些资源和能力需要以进一步的改进和分析作为支撑。资源或能力是否能形成可持续竞争优势取决于以下条件：

第一，资源或能力是否具有市场价值？市场价值是资源和能力的核心价值，为企业提供高效率的生产能力，为消费者提供优质的产品。这就是市场价值的体现。具有市场价值的资源或能力，才能形成竞争优势。

第二，资源或能力是否独一无二？资源的独一无二，主要是指资源的稀缺性，稀缺的资源可以让其他竞争对手难以获得，进而无法在竞争中占据优势。例如，稀有金属开采业，占据了稀有金属产地的企业具有稀缺资源，其他企业就无法与之竞争。能力的独一无二源于企业在长期生产经营中的积累。这种独一无二的能力往往是其他竞争者无法匹敌的。

【相关信息】

稀缺性

稀缺性，是指某种资源处于短缺供应状态。它是决定资源价值所必需的条件。如果这种资源供应充分，任何竞争对手都能够获得，则竞争对手想要模仿该公司的竞争优势就十分简单，竞争优势也就不称其为竞争优势了。由此可见，失去了稀缺性，一种资源就会变成大众性的资源。由于每个企业都能较容易地获得，从而使该资源相对于其他具有稀缺性的资源来说价值降低。即使该资源是企业战略过程中所必需的，也不足以成为核心资源，不能成为企业营造竞争优势的特殊资源。

从竞争优势的定义来看，能够营造竞争优势的资源必须是不平常的。因而，对公司资源价值的分析必须包括一项重要的评价指标，即公司的资源与竞争对手的资源相比，是否具有稀缺性。从这一角度讲，将这些资源成为独特能力要比作为核心能力更合适。总之，若要作为一种可持续竞争优势的源泉，该资源必须具有长期的稀缺性。

（资料来源：杨东龙. 最新组织战略精要词典[M]. 北京：中国经济出版社，2002.）

第三，资源或能力是否可替代？资源或能力能够被替代品替代，说明其他企业拥有同样的或者类似的资源或能力。那么，这样的资源或能力就不能成为竞争优势。

第四,是否存在能够发挥潜力的组织系统? 组织系统是发挥资源或能力作用的支撑。仅仅拥有其他企业所没有的资源或能力,是不足以将其转化为竞争优势的,还必须要有支持资源或能力发挥作用的组织系统。不合理的组织系统和低下的管理能力会阻碍竞争优势的建立。

第五,组织是否意识到并正在开发它所具有的这些资源或能力的优势? 这一点更充分地说明了企业管理水平的重要性。管理者一定要能够意识到本企业所具有的资源或能力优势,否则即使拥有这样的优势,也不能进行有针对性的利用。资源或能力就会被浪费掉。

第六,资源或能力是否难以复制,或者复制成本很高? 竞争对手对于优势企业的资源或能力的复制是必然的。因此,资源或能力的复制成本越高,企业复制的代价就越大,优势企业的优势就越明显。

具备以上六个方面特点的资源或能力便可以形成竞争优势,但是竞争优势不是一经建立就可以经久不变的,保持竞争优势对于企业来说是很重要的。可持续的竞争优势是企业都想获得的,因为拥有了可持续的竞争优势,企业便不必担心在短时间内被其他竞争对手超越。在竞争中,企业便可以长久地占据优势地位。那么资源和能力是如何转变为可持续竞争优势的呢? 见图3-2。

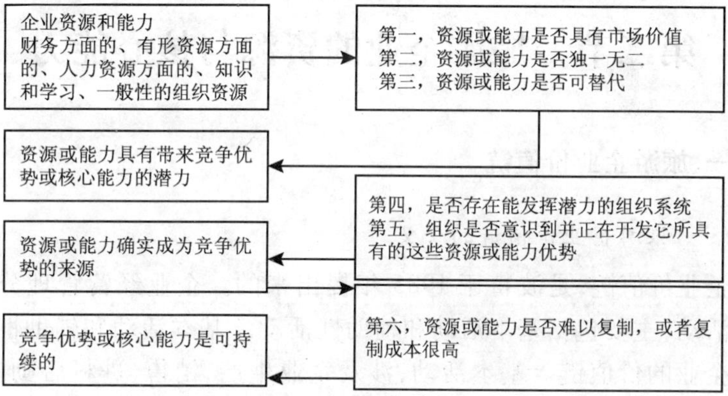

资料来源:杰弗里·S.哈里森,卡西·A.恩兹著. 秦宇等译. 旅游接待业战略管理:概念与案例[M]. 北京:旅游教育出版社,2007.

图3-2　资源或能力如何转化为竞争优势

首先,是企业资源和能力的获得。在上文中我们提到过,资源和能力,包括财务方面的、有形资源方面的、人力资源方面的、知识和学习,还有一般性资源。获得这些资源和能力之后,还要对这些资源和能力的市场价值、独特性和替代性进行分析。同时具有这三种性质的资源和能力,具有带来竞争优势和核心能力的潜力。

其次,是对组织系统的分析,企业要拥有发挥资源与能力的组织系统,并且意识到这些资源或能力是可以转化为竞争优势的。在此过程中,组织的管理能力、识别和分析能力十分重要。对资源和能力的分析和识别,如果不能细致周到,那么就可能得到一些实际上不会成为竞争优势的资源和能力,或是遗漏了可以转化为竞争优势的资源和能力。如果拥有了支持这些资源或能力的组织系统,也意识到并开发了这些资源或能力,那么这些资源或能力就可以确定为竞争优势的来源。

最后,是对资源或能力是否可以复制及复制成本的高低问题进行探讨。如果资源或能力难以复制或者复制成本很高,那么,就可以确定资源或能力带来的竞争优势是可持续的。

第二节　旅游企业的资源与核心能力

一、旅游企业价值链

(一)旅游企业价值链的含义

企业价值链,是波特于 1985 年提出来的。企业经营管理分为很多种活动,主要包括基本活动和辅助性活动。基本活动和辅助性活动构成企业的价值链。基本活动,涉及企业生产、销售、进料后勤、发货后勤、售后服务;辅助性活动,涉及人事、财务、计划、研究及开发、采购等。

旅游企业的基本活动,主要是为顾客创造价值,提供优质的产品和服务。在为顾客创造价值的同时,不能忽略对员工的价值分析。因为,旅游产业的产品是以服务为主,服务的主体是企业的员工。因此,员工在旅游企业价值链中的作用十分关键。考虑为顾客和员工创造价值,最终还是要达到获得利润的目的。旅游企业的基本活动还包括营销与销售、顾客维持、共同合作等。

旅游企业的辅助性活动,主要包括人力资源的开发、财务管理、基础设施建设和采购等。这些虽然不是直接影响基本活动的因素,但其对于企业同样重要(见图 3－3)。

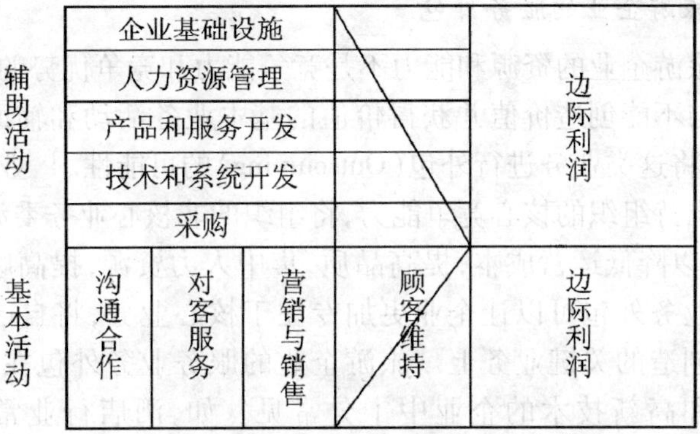

图 3－3　旅游企业的价值链

一个企业的价值链及这一价值链所反映的各项活动的展开方式,往往可以反映出企业业务、内部运作、企业战略、企业执行战略的途径及各项活动基本经济特性的演变。① 在不同企业开展的价值活动中,并不是每个环节都创造价值,实际上只有某些特定的价值活动才真正创造价值。这些真正创造价值的经营活动,就是价值链上的"战略环节"。企业要保持的竞争优势,实际上就是企业在价值链某些特定战略环节上的优势。

旅游企业的价值链分析,不仅要面对企业自身的价值链,还要面对与旅游企业相关的整个体系,包括供应商、销售商和分销商。

供应商的价值链意义,体现于供应商活动的成本与质量,会影响到旅游企业的成本与差别化的能力。旅游企业为降低供应商的成本或提高供应有效性而采取的行为措施,也会提高其自身的竞争力。

---

① 陈继祥,王家宝. 旅游企业战略管理[M]. 北京:旅游教育出版社,2006.

分销商的价值链意义,体现在三个方面:第一,旅游企业的产业和活动属于服务业。其无形性使得顾客在消费前对其产品或活动的信息掌握不多,在完成消费决策前需要依靠分销商的推介。第二,分销商的成本和利润最终会成为顾客所支付价格的一部分。第三,分销渠道或渠道联盟所开展的活动会影响到顾客最终的满意度(陈继祥、王家宝,2006)。

(二)旅游企业的服务外包

如果旅游企业的资源和能力不是竞争能力和竞争优势的来源,应该找出那些与不能创造价值并获得价值的基本业务活动和辅助性业务活动,并考虑将这类业务进行外包(Outsourcing)的可能性。① 业务外包,是指企业为维持组织的核心竞争能力,将组织的非核心业务委派给外部的专业公司,以降低运营成本,提高品质,集中人力资源,提高顾客满意度的过程。业务外包可以让企业更加专注于核心业务,将自己的能力运用到价值创造的关键业务上。旅游企业的服务业务外包在人力资源、财务管理和高新技术的企业中十分常见。如,酒店行业常常会将洗衣、餐厅、车队等进行外包,甚至在经济型酒店中,客房的打扫也被外包出去。

【相关信息】

服务外包的典范——大连成为中国的班加罗尔

大连市市长夏德仁说:“虽然印度在语言和其他某些方面较中国有很强的优势,但我们大连市政府的效率、自信和集中资源的能力,一定可以使软件开发和服务外包业务发展起来,使大连成为中国的硅谷,追上印度的班加罗尔不是没有可能。”

从2001年起,大连软件园先后提出了“中日软件产业合作战略门户”、“中国IT外包中心”、“东北亚服务外包中心”等品牌战略,欲使大连个性鲜明,可在服务外包产业争得一席之地。为“复制”班加罗尔,自2003年开始,大连不惜重金打造软件产业带。

大连软件产业带主要有两处,其一,是2003年开始规划、总投资

① 陈继祥,王家宝.旅游企业战略管理[M].北京:旅游教育出版社,2006.

150 亿元人民币、位处旅顺南路 133 平方公里的高新技术产业带。以软件产业的研发和生产为主，同时发展与之相关的信息服务业、信息与通信技术产业、教育培训及科技研发型实业。按规划，2010 年该处将建成世界一流的科技产业生态长廊——中国“绿色硅谷”。其二，是已经破土奠基的 90 平方公里甘井子区大东沟服务外包基地。该产业带的静态总投资为 150 亿元人民币，是“大连的服务外包基地”。

大连市政府规划用 5 年左右时间，实现全市承接服务外包的总收入接近 1000 亿元，从业人员达到 20 万人，让大连在国内保持该产业的优势地位，并成为“世界级的服务外包承接基地”。

除产业转移的“天时”与东北亚重要城市建设的“地利”外，人力支援成为大连服务外包产业急速扩大的基础。大连外经贸局服务贸易处处长龙跃告诉记者，为了解决软件服务外包的人才紧缺问题，近年大连的 22 所大学都设置了与软件相关的专业或专门的信息技术学院。大连还采取政府搭建平台与其他省市进行合作、引入外部人才、校校合作、校企培训订单式服务等办法，加大人才储备。高炜则透露，大连软件园建园之初，就与东软集团合作成立了国内第一个培养专业 IT 人才的高等院府——东北大学东软信息学院，大连软件园股份有限公司亦设立了综合人力资源解决方案中心，配合政府多次组织全球人才巡回招聘会。如今，这个服务外包产业基地已具有产、学、研一体的特色。

资料来源：新浪网 http://tech.sina.com.cn/it/2007-07-21/11311628909.shtml。

（三）旅游企业价值链的分类

对旅游企业价值链进行分析，须将其供应商、分销商及其最终顾客的价值链联系起来进行综合分析，分为内部价值链和外部价值链两部分。内部价值链，是发生在旅游企业内部各部门间的业务活动，强调的是企业内部之间的相关性，基于基本活动和辅助活动之间的互动，分为三种类型。如，销售业务是基本活动，通过计算机辅助管理，这一基本活动就成为内部价值链管理的一个环节——“计算机销售管理系统”。外部价值链，是发生在旅游企业及其上下游相关企业之间的业务活动。外部价值链又可分为后向价值链、前项价值链和水平价值；后向价值链，是指旅游企业与上游供应商的联系；前向价值链，是旅游企业与下游分销商之间的联系；而水平价值链，则是与其他旅游企业的联系。例如，酒店、航空公司通过战略联盟形式在营销、采购方面进行合作,也是典型的外部水平价值链活动(见表3-1)。

表3-1 旅游企业内外部价值链条分类

内部价值链		外部价值链	
活动类型	举例说明	活动类型	举例说明
基本活动—基本活动	各职能部门的合作	后向价值链	旅游经营商与酒店集团之间的联系
基本活动—辅助活动	计算机销售管理系统	前向价值链	旅游经营商与旅游代理商之间的联系
辅助活动—辅助活动	新技术培训	水平价值链	酒店与航空公司通过战略联盟形式在营销、采购等方面的合作

资料来源:耐杰尔·埃文斯,大卫·坎贝尔,乔治·斯通休萨著.马桂顺译.旅游战略管理[M].沈阳:辽宁科学技术出版社,2007.

二、旅游企业资源及其特点

旅游企业的资源,主要分为有形资源、无形资源和无偿资源三部分。有形资源,主要有财务资源、组织资源、实物资源和技术资源;无形资源,主要有人力资源、创新资源、声誉资源等,除有形资源和无形资源以外,无偿资源也是旅游产品的重要组成部分。例如,人们在美丽的夏威夷岛享受假期,购买了旅游产品,同样也享受着阳光、空气、海水等无偿资源。真正的无偿资源是不存在的,想要获取无偿资源,就必须要付出一定的价格。夏威夷的阳光和空气虽然不是有形资源,但也不是无形资源,同样要付出金钱去购买。

万豪国际集团是一家享誉世界的旅游企业。它经营和特许经营一系列知名国际品牌的酒店,包括万豪(Marriott)、万丽(Renaissance)和华美达(Ramada)等品牌。万豪国际集团的资源分类,见表3-2。

表 3－2　万豪国际(Marriott International)集团的资源分类

资源种类	资源分析
实物资源	在美国和其他 59 个国家拥有超过 2200 个经营单位 既拥有豪华型酒店——里兹卡尔顿(Ritz－carlton),又拥有经济型酒店——万怡旅馆(Countyard Inn)、费尔菲德旅馆(Fairfield Inn)等
运营资源	每个品牌都有一套详尽的经营流程,并经常性地更新和改善 行业成本依靠的世界性预订系统 所有品牌共同使用一套预订系统 巨大的网络销售量 在接待业领域中,万豪奖励系统是最大常客优惠程序,且与 30 多家国际航空公司合作运营
财务资源	多数酒店的资金由第三方提供,公司仅拥有 1% 的资产 作为酒店的经营者和特许方,产生比来自真正财产所有者更为稳定的现金流 良好的财务状况和赢利水平记录
人力资源	15.3 万名员工 大量的员工培训和广阔的提升空间 美国财富排行榜上前 100 强公司中雇佣员工最多的公司
无形资源	很强的系列品牌,且这些品牌在其所在的市场上明显居于领导地位 通过高回报程序取得顾客和所有者的忠诚 每一品牌都有清晰的市场定位 许多酒店位于风景名胜区

旅游企业资源主要有以下几个特点:

(一)不可移动性和劳动不可替代性

不可移动性,是指空间异地不可移动,资源所有权不可转让。例如,"一览众山小"的壮观景象就必须去泰山才能感受到,"午夜的阳光"必须到寒冷的北极才能看到。消费者在使用旅游产品的过程,所有权基本上没有发生改变,消费者获得的只是暂时的使用权。劳动不可替代性,是指不可使用资本(机器)替代劳动。这是旅游产品的服务属性决定的,服务的主体是人,不可以用其他生产工具来代替。

（二）需求具有非排他性

需求的非排他性,主要是指旅游资源可以共享。例如,泰山并非只允许一个人能去游览,而是可以很多人一起攀越和观赏。但是需求的非排他性并不意味着不可改变,因为旅游资源是有容量限制的。泰山再大,也不可能满足所有人攀登的需求,如果全世界的人同一天都到泰山去,那么泰山肯定是容纳不了的。正如旅游旺季时,在一些著名旅游胜地出现人满为患的现象,成为旅游业的一大顽疾。旅游产品需求的非排他性导致了中短期内只能通过影响需求而非影响供给来使供需达到平衡。

（三）供给具有排他性

旅游资源的供给排他性,导致了资源的冲突与竞争。也就是说,对于旅游资源所有权的竞争比其他行业更为激烈。例如,珠海的横琴岛,原来是一块军事用地,但是后来又被政府规划为旅游用地,围绕到底是保持其军事用地的作用,还是同时进行旅游开发,将是一场很激烈的冲突。

（四）相互依赖性

相互依赖性,是指许多旅游企业的资源需要相互共享、相互利用。旅行社为顾客提供旅游的相关服务,需要地接社、航空公司、酒店、景区等一系列旅游企业共同合作,这些资源是旅行社与其他企业共享的,只有这些企业共同配合,才能给顾客带来优质、周到的服务。

（五）时间性

购买旅游产品与购买其他产品不同,除须付出一定数量的金钱外,还要付出一定的时间成本。人们需要花费时间在旅游上,很多时候,旅游所花费的时间会成为消费者的负担,可能很多人可以付出金钱的代价,但是却无法获得时间去旅游。消费者同样可能会因为时间的关系而选择高昂的价格。旅游交通的选择就是很好的例子,很多人愿意乘坐飞机不愿意选择火车,因为火车要比飞机耗费更多的时间。这就是时间与费用(便利性)存在的替代关系。较少的时间对应着高昂的价格(便利的服务),低廉的价格则需要更多的时间(不便利)。

（六）低回报率

旅游资源与其他资源一个很大的区别，就是它的低回报率。旅游业投资回报慢、赢利水平易波动已经是不争的事实。很多人认为，旅游是一个值得投资的产业，有利可图的产业，而实际上，旅游行业的风险是很大的，而且经营过程因受环境影响而导致的风险也是很大的。因此，对于旅游行业的投资，投资者往往是十分谨慎的。

三、旅游企业的核心能力

了解了旅游企业的资源分类和特点，接下来我们要介绍的是旅游企业的核心能力。旅游企业与其他企业在能力上有所区别，与其他企业共同的核心能力来源，可能有卓越的生产能力，优秀的人力资源等，但是，旅游企业也拥有自己独特的核心能力来源。这些来源主要包括以下几个方面：

（一）不可替代的资源——战略性资产

所谓战略性资产，就是能为企业带来竞争优势的资产，如，垄断性质的旅游景区资源、酒店行业的特许经营权等。旅游企业从这些战略性资产中获得竞争优势，在与竞争对手的竞争中占据不可超越的地位。

（二）服务能力和管理能力

服务能力，是旅游企业核心能力的体现，因为旅游企业的产品是服务，服务产品的特点决定了企业的服务能力是影响产品质量和顾客满意度的关键因素。旅游企业的管理能力同样是核心能力的来源。这种管理能力主要体现在构建组织内、外部的关系网络。这种关系网络连接着企业与供应商、分销商和顾客，独特的关系网络是其他竞争对手所没有的，因此，形成了旅游企业的核心能力。广州南湖国旅在这两方面做得比较好，它把目标指向散客市场，采取简单的广告形式向目标市场不间断地“轰炸”，并在其所在地区设置了40多个销售网点，极大地方便了顾客。这样，在每个销售网点只要有一个顾客，就会有40多个同类型的顾客。那么，此次旅行就可以进行，而不至于像其他旅行社那样因客源不足而发生不得不取消行动计划的尴尬局面，从而使顾客满意并获得更广阔的散客市场，进而在广东旅行社业中起着举足轻重的作用。

(三)品牌与声誉

旅游产品的高花费和无形性,导致了消费者在选择旅游产品时尤为慎重。旅游企业的品牌与声誉对消费者的选择变得尤为重要,影响着消费者的决策,同时,知名的品牌和良好的声誉也是建立与其他企业良好关系的基础。

(四)创新

创新,对于旅游企业的重要性不言而喻。随着人们旅游需求的不断变化,消费者对于旅游的期望值越来越高,给旅游企业带来的压力也就越来越大。如何满足人们日益增长的旅游消费需求,成为很多旅游企业讨论的热门话题。创新能力,已经成为旅游企业核心能力的重要来源之一。创新具有如下几个基本特征:

(1)创新起源于思维。这种思维在萌芽时可能是很小的,也可能是很不成熟的。实际上,绝大多数的创新性思维不会产生有意义的结果。对旅游企业的领导者来说,应该培育、保护,而不是指责、压制这种思维的萌芽。

(2)创新依赖于人的不断实践。相对于"发明"、"研究"而言。"创新"一词具有浓厚的实践操作意义。

(3)衡量创新效果的标准,是市场和顾客。创新意味着为顾客创造出新的价值和新的满足。所以,旅游企业组织并不需要从科学技术重要性的角度来衡量创新,而是从对市场和顾客所作贡献的角度来衡量。

了解了这些特点后,对旅游企业而言,就可以从以下几个方面进行创新:观念创新、产品创新、技术创新、运作创新、人力资源管理模式创新及价值创新①。

旅游企业作为第三产业服务业的一种,拥有自己企业的特点,无论从企业的资源、能力还是核心能力来看,旅游企业与其他行业的企业相比都有不同之处。详细了解了旅游企业资源与能力的特点,才能进一步对旅游企业的资源与能力进行分析,获取能够形成核心能力的资源或能力。这样才能在与其他同类企业的竞争中占据竞争优势。

---

① 戴斌,杜江.旅行社管理[M].北京:高等教育出版社,2002.

第三节　旅游企业环境分析的方法

使用平衡计分法，可对旅游企业内部环境分析的内容进行分类，了解旅游企业内部分析的内容和指标。平衡计分法始创于1992年，是哈佛商学院罗伯特·S.卡普兰和复兴全球总裁大卫·P.诺顿经过长达一年的研究后，在《哈佛商业评论》杂志上首次提出的。平衡计分法为我们提供了一种广泛的企业内部分析方法。如图3－4所示。

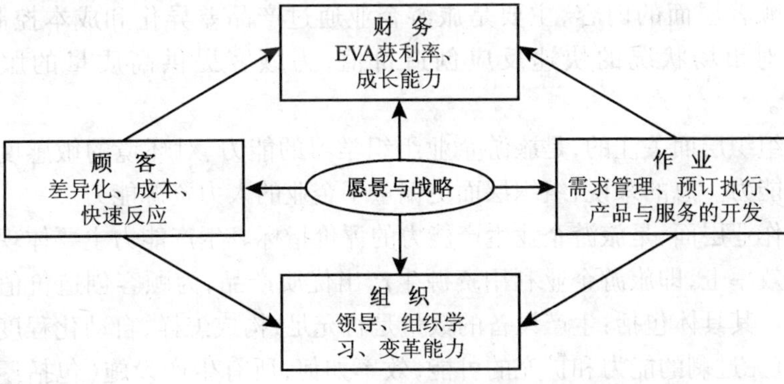

图3－4　平衡积分法

平衡积分法的逻辑是这样的，企业要为股东提供更优厚的回报，依赖于企业为顾客创造更高价值时所具有的竞争优势。企业要为顾客提供更高的价值，必须具有相应的作业或运作能力。而开发具有竞争优势的作业能力，通常又需要一个具有创造力的、多样化的、拥有熟练技术能力，以及在一定激励水平下的员工组织。①

平衡积分法的内容主要包括：财务层面、顾客层面、组织层面和作业层面，这四个层面是旅游企业在对企业内部环境进行分析时须着重关注的。

财务层面的内容，主要是企业的获利能力、成长能力和组织绩效水

---

① 陈继祥，王家宝. 旅游企业战略管理[M]. 北京：旅游教育出版社，2006.

平。这些能力和水平可以通过第一节中介绍的财务指标来衡量。企业股东在衡量利润时,往往会采用现在流行的EVA(economy value - added)模式。其一般财务指标包括:销售利润率、资产利润率、资本利润率、每股平均收益、流动比率、酸性测试比率(速动比率)、存货周转率、资本结构等,同时关注利润来源的分布;有无提高投资收益率的规划;有无筹措短期资金和长期资金的能力,渠道如何;财务主管人员是否为将来设计出资产负债表和损益表;是否具备一个严密的现金管理系统;财务人员是否具有税务计划方面的知识;是否建立起了有效的成本控制系统;是否有一个高效和适宜的成本核算系统等。

顾客层面的内容,主要是旅游企业通过产品差异化和成本控制,以及对市场状况的快速反应创造价值,为顾客提供高质量的服务产品。

组织层面关注的,是旅游企业组织学习的能力、对环境的敏感度和变革能力。总的来说,组织层面更偏重于企业的人力资源能力。

作业层面,是旅游企业生产能力的评价指标。生产能力主要体现在生产效率上,即旅游企业利用资源生产出优质产品,为顾客创造价值的能力。其具体包括:生产设备的数量是否充足,构成怎样,自动化程度如何,有无过剩的能力和扩充的可能,效率如何;所有生产设施(包括厂房面积等)是否很有效率,是否充足,有无扩充的余地等。

为了完成对旅游企业的内部资源分析,通常可以使用波士顿矩阵、内部因素分析(IFE)矩阵和SWOT分析等方法。其中,SWOT分析不仅分析旅游企业的内部资源,而且分析旅游企业的外部环境,并将二者综合起来进行考查。

一、波士顿(BCG)矩阵

波士顿矩阵(BCG)是由波士顿咨询集团(Boston Consulting Group)在20世纪70年代初开发的,目的是为了解决多事业部、多部门制组织结构的业务分析问题。BCG矩阵的发明者、波士顿公司的创立者布鲁斯认为:“公司若要取得成功,就必须拥有增长率和市场份额各不相同的产品组合。组合的构成取决于现金流量的平衡。”如此看来,BCG的实质是为了通过业务的优化组合实现企业的现金流量平衡。

(一)四种类型的业务

BCG 矩阵是将组织的每一个战略事业单位(SBU)标在一种二维的矩阵图上,从而显示出哪个 SBU 能提供高额的潜在利益,以及哪个 SBU 是组织资源的漏斗,区分出 4 种业务组合:问题型业务(指高增长,低市场份额),明星型业务(指高增长,高市场份额),现金牛型业务(指低增长,高市场份额),瘦狗型业务(指低增长,低市场份额),如图 3-5 所示。

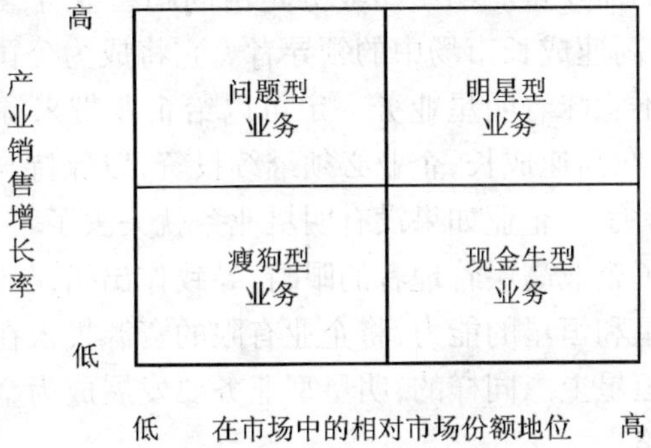

图 3-5　波士顿矩阵

1. 问题型业务(Question Marks,**高增长、低市场份额**)

处在这个领域中的是一些投机性产品,带有较大的风险。这些产品可能利润率很高,但占有的市场份额很小。这往往是一个公司的新业务,为发展问题型业务,公司必须建立工厂,增加设备和人员,以便跟上迅速发展的市场并超过竞争对手。这就意味着大量的资金投入。

"问题"非常贴切地描述了公司对待这类业务的态度,因为这时公司必须慎重回答"是否继续投资发展该业务"的问题。只有那些符合企业发展长远目标、企业具有资源优势、能够增强企业核心能力的业务才能得到肯定的回答。得到肯定回答的问题型业务适合于采用在战略框架中提到的增长战略,目的是扩大 SBUs 的市场份额,甚至不惜放弃近期收入来达到这一目标,因为要使问题型业务发展成为明星型业务,其市场份额必须有较大的增长。得到否定回答的问题型业务则适合采用收缩战略。

如何选择问题型业务,是用 BCG 矩阵制定战略的重中之重,也是难点,是关乎企业未来发展的重要环节。对于如何确定增长战略中各种业务增长方案的优先次序,BCG 也提供了一种简单的方法。权衡选择 ROI 相对较高,而需要投入的资源所占宽度又不太多的方案。

2. 明星型业务(Stars,高增长、高市场份额)

这个领域中的产品处于快速增长的市场中,且占有支配地位的市场份额,但也许会或也许不会产生正现金流量,这取决于新工厂、设备和产品开发对投资的需要量。明星型业务是由问题型业务继续投资发展起来的,可以视为高速成长市场中的领导者。它将成为公司未来的金牛型业务。但这并不意味着明星业务一定可以给企业带来源源不断的现金流,因为市场还在高速成长,企业必须继续投资,以保持与市场的同步增长并击退竞争对手。企业如果没有明星业务就失去了希望,但群星闪烁也可能会闪花了企业高层管理者的眼睛,导致作出错误的决策。这时必须具备识别行星和恒星的能力,将企业有限的资源投入在能够发展成为金牛型业务的恒星上。同样的,明星型业务要发展成为金牛型业务适合于采用增长战略。

3. 现金牛型业务(Cash cows,低增长、高市场份额)

处在这个领域中的产品产生大量的现金,但未来的增长前景是有限的。它是成熟市场中的领导者,是企业现金的来源。由于市场已经成熟,企业不必大量投资来扩展市场规模,同时作为市场中的领导者,该业务享有规模经济和高边际利润的优势,因而给企业带来大量现金流。企业往往用金牛型业务来支付账款并支持其他三种需大量现金的业务。金牛型业务适合采用前面提到的稳定战略,目的是保持 SBUs 的市场份额。

4. 瘦狗型业务(Dogs,低增长、低市场份额)

这个领域中的产品既不能产生大量的现金,也不需要投入大量现金。这些产品没有希望改进其绩效。一般情况下,此类业务常常是微利甚至是亏损的。瘦狗型业务存在的原因更多的是由于感情上的因素,虽然一直是微利经营,但像人养了多年的狗一样恋恋不舍而不忍放弃。其实,瘦狗型业务通常要占用很多资源,如资金、管理部门的时间等,多数时候是得不偿失的。瘦狗型业务适合采用收缩战略,目的在于出售或清算业务,以便把资源转移到更有利的领域。

(二)如何用模型来分析

了解了 BCG 矩阵的四种业务组合及它们的特点,那么如何使用 BCG 矩阵来进行分析呢?用 BCG 矩阵模型分析业务主要分为如下 5 个步骤:

(1)评价各项业务的前景。BCG 是用“市场增长率”这一指标来表示发展前景的。这一步的数据可以从企业经营分析系统中提取。

(2)评价各项业务的竞争地位。BCG 是用“相对市场份额”指标来表示竞争力的。这一步需要做市场调查才能得到相对准确的数据。计算公式是把一个单位的收益除以其最大竞争对手的收益。

(3)表明各项业务在 BCG 矩阵图上的位置。具体方法是,以业务在二维坐标上的坐标点为圆心画一个圆圈,以圆圈的大小来表示企业各项业务的销售额。到了这一步,公司就可以诊断自己的业务组合是否健康了。一个失衡的业务组合,就是有太多的瘦狗类、问题类业务,或太少的明星类、金牛类业务。例如,有三项的问题业务,不可能全部投资发展,只能选择其中的一项或两项集中投资发展;只有一个金牛型业务,说明财务状况很脆弱;有两项瘦狗型业务,则是沉重的负担。

(4)确定纵坐标“市场增长率”的一个标准线,从而将“市场增长率”划分为高、低两个区域。比较科学的方法有两种:第一,把该行业市场的平均增长率作为界分点;第二,把多种产品的市场增长率(加权)平均值作为界分点。需要说明的是,高市场增长定义为销售额,扣除通货膨胀因素后,至少达到 10% 的年增长率。

(5)确定横坐标“相对市场份额”的一个标准线,从而将“相对市场份额”划分为高、低两个区域。布鲁斯认为,BCG 矩阵的这个界分值应当取为 2。他认为“任何两个竞争者之间,2: 1 的市场份额似乎是一个均衡点。在这个均衡点上,无论哪个竞争者要增加或减少市场份额,都显得不切实际,而且得不偿失。这是一个通过观察得出的经验性结论。”

(三)波士顿矩阵的优点及其局限性

BCG 矩阵的精髓,在于它把战略规划和资本预算紧密结合了起来,把一个复杂的企业行为用两个重要的衡量指标分为四种类型,用四个相对简单的分析来应对复杂的战略问题。该矩阵帮助多种经营的公司确定哪些产品宜于投资;宜于操纵哪些产品以获取利润;宜于从业务组合中剔除哪些产品,从而使业务组合达到最佳经营成效。

BCG 矩阵的局限性，主要有：

(1)仅仅假设公司的业务发展依靠的是内部融资，而没有考虑外部融资。

(2)BCG 假设这些业务是独立的，而许多公司的业务实际上是紧密联系在一起的，且有可能是互相补充的。

(3)关于卖出“瘦狗”业务的前提是瘦狗业务单元可以卖出，但面临全行业亏损的时候，谁会来接手呢？BCG 并不是一个利润极大化的方式；市场占有率与利润率的关系并不非常固定；BCG 并不重视综合效益；实行 BCG 方式时须进行 SBU(策略事业部)重组，这会遭到许多组织的阻力；BCG 方式并未告知厂商如何去寻找新的投资机会。

(四)新波士顿矩阵

1983 年，美国波士顿咨询集团又提出了一种新矩阵，如图 3－6 所示。这种新矩阵中，横轴表示经营单位所具竞争地位差别的大小，纵轴表示在行业中取得独特竞争优势途径的多少。在这个矩阵中，也有四个象限，从而也就是四种不同的经营单位类型及战略。

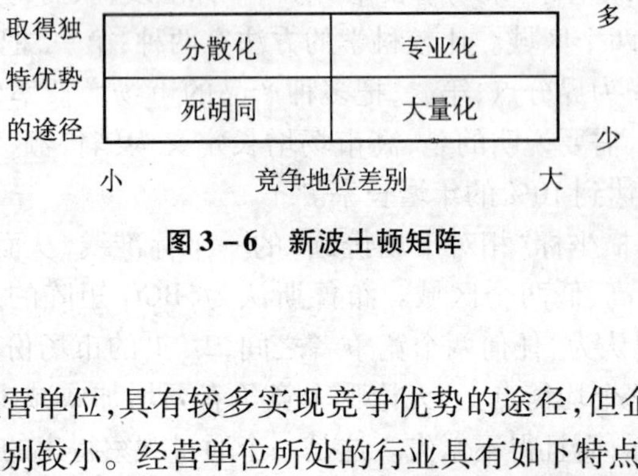

图 3－6 新波士顿矩阵

1. 分散化

分散化经营单位，具有较多实现竞争优势的途径，但企业本身现有的竞争地位差别较小。经营单位所处的行业具有如下特点：不存在规模经济；进入和退出行业的障碍较低；在产品或市场中存在较多可区分开的活动。典型例子是饮食业。根据上述特点及经营单位自身的弱点，最适应的经营战略是专一市场战略。

2. 专业化

专业化经营单位，具有较多的实现竞争优势的途径且企业自身现有的竞争地位差别较大。经营单位所处的行业具有如下特点：在每一专业化的活动中具有许多竞争者,但存在一个主导地位的竞争者;具有可分开的各种活动。处于这种地位的经营单位所采取的战略,是在每项活动中进行专门化生产,类似波特的差异化战略。

3. 大量化

大量化的经营单位具有较多的竞争优势。但这种行业所具有的取得竞争优势的途径却不是很多。企业所处的这一行业,一般来说具有为数众多的竞争者。竞争者们的生产活动大致相同或相似。在这些行业中存在着规模经济和学习效应。根据这些特点,最适宜的经营战略是成本领先战略并以大量生产为基础。

4. 死胡同

死胡同的经营单位,既没有较多的竞争优势,也缺乏实现竞争优势的途径。这些企业具有如下特点:规模不能影响成本;行业中有许多竞争者进行竞争;进入行业的障碍很低但退出该行业的障碍却很高;所有企业赢利性都很低。处于这种地位的经营单位,类似于波特战略中的"夹在中间"战略,即企业的战略处于非常模糊的境地。因此,企业必须进行战略上的转变才能摆脱困境。

二、内部因素分析矩阵(IFE)

在对旅游企业内部环境进行分析的时候,可以使用内部因素分析矩阵。内部因素分析矩阵,是对旅游企业内部因素进行的分析。其目的在于评价企业内部的优势与劣势。

(一)内部因素分析矩阵的步骤

尽管研究者希望采用量化的、客观的方法评价企业的内部资源,但事实上,在矩阵步骤中却均需要观测者的主观评价。使用内部因素分析矩阵需要采取以下步骤:

第一步,识别内部战略条件中的关键战略因素,按优势与劣势分别列出,数量在10~20个之间。

第二步,赋权重。为每一因素赋予权重,权重范围从0.0到1.0。0.0表示不重要,1.0表示很重要,权重累计为1。要素越关键,权重越大,而不论是优势因素抑或劣势因素。

第三步,对各个要素进行评分。优势用3分、4分来表示。其中,主要优势为4分、次要优势为3分;劣势用2分、1分来表示。次要劣势为2分、主要劣势为1分。

第四步,计算要素得分。将权重与对应的评分相乘,得到每一项的加权分数。最后将加权分数求和。

第五步,优势与劣势评价。计算企业内部战略条件的综合加权得分。平均值为2.5,低于此分数,说明企业处于劣势;高于此分数,说明企业处于优势。

(二)内部因素分析矩阵的例证

以前述内部因素分析矩阵的步骤为基础,下面以长隆野生动物世界的内部因素分析矩阵为例,进行具体介绍。

首先,选择基层组织卓越、地理位置便利等作为优势因素,内部冲突与竞争、缺乏为了更好地利用资源所需要的培训作为劣势因素,共计14个。

其次,对各个因素赋予权重。例如,基层组织卓越的权重为0.1。对各个要素进行评分,主要的优势4分,次要的优势3分;主要的劣势1分,次要的2分。

最后,将加权的分数求和,得到最终的得分是2.7分,高于平均的2.5分,表示长隆野生动物世界的内部因素处于优势状态(见表3-3)。

表3-3 长隆野生动物世界的内部因素分析矩阵

分析 项目	关键性内部因素	权重	评分	加权分数
优势	基层组织卓越	0.1	4	0.4
	便利的地理位置	0.1	4	0.4
	独一无二的资源、缺乏竞争对手	0.1	4	0.4
	与相关机构的关系	0.05	4	0.2
	友好的当地居民	0.05	3	0.15
	广阔的自然资源	0.05	3	0.15
	有良好的口碑	0.05	3	0.15
	有利的宣传与沟通	0.05	3	0.15

续表

分析 项目	关键性内部因素	权重	评分	加权分数
劣势	内部冲突与竞争	0.05	2	0.1
	缺乏为了最好地利用资源所需要的培训	0.05	1	0.05
	开业经验不丰富	0.05	1	0.05
	运营成本较高	0.1	1	0.1
	资源过度利用造成可持续性不佳	0.1	2	0.2
	销售渠道有待完善	0.1	2	0.2
最终分		1.0		2.7

三、SWOT 分析

SWOT 分析法,又称 TOWS 分析法,是由麦肯锡首先提出来的。其中每个字母分别代表优势(Strengths)、劣势(Weaknesses)、机会(Opportunities)和威胁(Threats)。如今,SWOT 分析法已被学术界所承认,并作为一种有效的分析方法广为运用。优势和劣势是基于企业内部环境而言的,也就是指企业自身能力的优势和劣势;而机会和威胁是基于企业外部环境而言的。四个要素往往以表格的形式表述,在分析环境要素的时候,将四个要素一一列出。

使用 SWOT 分析法须注意以下几点:第一,列出的因素应该是关键因素。企业的内、外部环境因素非常多,不可能在这个模型中一一指出,所以要抓住关键的、影响企业经营效益和利润的因素。第二,各个要素之间可能存在联系,并不是完全独立的。很多时候,企业面临的机会往往也可能是威胁,例如,中国加入 WTO 之后,很多旅游企业认为中国的旅游行业将会出现大发展,更多的跨国业务将给企业带来更多的机会,但这样的机会同样也是其他国家可以获得的。因此,这对于企业来说同样是一种威胁。第三,SWOT 分析不能只是针对可测量的要素,而忽视不可测量的要素。财务指标是很容易被测量的,是企业可以参考的数据,在 SWOT 分析中往往有所体现,而顾客满意等因素很难测量,企业便可能会在衡量过程中将其忽略。SWOT 分析要注重全面性,不能只将可测量因素作为衡量指标而忽视难以测量的因素。第四,分析要具体、得当,评价要尊重客观事实。SWOT 分析看起来十分简单,但是这就要求在使用 SWOT 进行分析时,必须尊重客观事实,进行具体、恰当的分析,否则虽然可以得到结果,但实际上这样的结果对企业来说并没有任何意义。

表 3－3 以林奇(Lynch,2000)在使用 SWOT 分析法中所提到的要素为例,列举出 SWOT 分析的要点。此表只是对分析方法进行示范,每一点都会随着企业的改变而改变(见表 3－4)。

表 3－4　SWOT 分析中的一些要素

内　部	
优　势	劣　势
市场支配地位	市场份额劣势
核心优势	没有核心优势
规模经济	关键技术水平低
低成本地位	陈旧的设备使得成本高于竞争对手
领导和管理才能	财务状况不稳定、现金流不足
财务和现金资源	缺乏领导和管理才能
运营能力和设备的寿命	不科学的组织结构
创新的过程和结果	差的质量和声誉
组织结构	产品不易被区分
剩余	没有拳头产品
差异化产品	产品集中在产品生命周期的成熟期和衰退期
好的产品组合	市场份额低
产品或服务质量	
外　部	
机　会	威　胁
新的市场和细分市场	新的市场进入者
新产品	越来越激烈的竞争
多元化机会	来自顾客和供应商的压力增加
市场增长	替代品的出现
竞争对手的弱势	市场增长缓慢
战略空间	经济周期的低迷期
人口统计和社会变化	技术威胁
政治和经济环境的变化	政治和经济环境的变化
新的接管项目或合作机会	人口统计变化
经济情况好转	新的国际贸易障碍
国际性增长	活动的环境效应
	新的目的地

尽管现在出现了很多环境分析的方法，但是，SWOT 的分析法还是被企业和组织广泛利用。这正是因为它的简单易操作且具有很好的效果。同样，在使用 SWOT 分析的过程中，管理者应该注意到上文所提到的注意事项，最重要的是要实事求是地去评估企业的内、外部环境。

【阅读与理解】

中国酒店集团扩展的内部影响因素研究①

尽管全球范围内酒店集团化经营已经发展到了一个相当高的程度，但中国酒店业集团化的进程却是较为缓慢的。哪些因素影响了中国酒店集团扩展的进程和酒店集团的竞争能力？这些因素的主要来源是什么？理论界对这些问题至今未能完全理顺（奚晏平，2000）。企业集团的成长与扩展，不仅受到外部环境因素的影响，而且受到内部影响因素的影响（毛蕴诗、李新家、彭清华，2000），酒店集团的扩展过程同样如此。然而，外部环境因素与内部影响因素有着不同的影响机理，因此，有必要对中国酒店集团扩展过程中的内部影响因素进行研究。

1. 文献研究

为了考查酒店集团扩展的内部影响因素，需要从一般企业集团扩展的内部动因开始研究。Ansoff 最早提出了企业集团的协同作用。它是指“相对于各独立组成部分进行简单汇总而形成的企业群的整体经营表现”（李庆，2008）。文献研究发现，企业集团发展的动因包括：获取规模经济性、获取范围经济性、获取速度经济性、获取网络经济性、协同效应、聚合效应、有效配置资源、技术创新等方面（毛蕴诗、李新家、彭清华，2000）。事实上，这一研究为酒店集团发展动因的分析提供了一个分析框架（毛蕴诗、李新家、彭清华，2000）。

一个拥有现代企业制度的酒店集团，其根本目的是为了捕捉市场上的获利机会。它的表现是对经济效益的追求和生产交易过程中相关成本的降低（戴斌，2006）。与单体酒店相比，酒店集团也可以分享

① 改编自作者发表的论文。

管理协同效应、营运协同效应和财务协同效应带来的好处。由于集团经营可以产生以上这些利益,因而获取规模经济性、范围经济性、提高协同效应,便成为酒店集团发展的重要内部影响因素(戴斌,2006)。

产权和资源因素,属于集团内部影响酒店集团扩展的重要因素(Pine zhang and Qi,2000)。中国国有酒店占据了酒店总数的64%和酒店客房间数的61%。这将使酒店连锁经营过程中无法把管理和所有权分开。因此,应该组建一个产权交易市场,带来中国酒店资产的重建(Contractor and Kundu,1998)。资源获取与增加无形资产的内部影响因素相关,而扩展自有产权则是酒店集团扩展的又一内部影响因素(Contractor and Kundu,1998)。

作者根据自身的工作经验,结合对国内多家酒店集团的电话调查,整理了国有酒店集团和民营酒店集团发展的具体内部影响因素。其中,国有酒店集团发展的内部影响因素包括寻求物业升值潜力、寻求稳定现金流、提升企业形象、满足接待需要;民营酒店集团发展除了具备与国有酒店集团相似的内部影响因素之外,还包括寻求资本安全性、获取廉价土地开发权、合理避税等。

尽管国内外有关酒店集团发展内部影响因素的研究较多,但是,国外研究较少针对中国国内的酒店集团,而且,也缺乏有关酒店集团发展内部影响因素的针对性研究。国内的研究分析较为全面,但较少建立在系统的问卷和案例调查基础之上,因而对中国大型酒店集团发展的内部影响因素的系统研究尚有待改进。

2. 研究设计

根据文献研究的结果,本部分先设计了酒店集团扩展内部影响因素的量表。文献研究可以发现,酒店集团发展的内部影响因素有四个方面:获取规模经济性、增强竞争能力、增加无形资产和扩展自有产权。这一研究框架是本文在继承前人文献研究基础上提出的。

本研究的对象是中国酒店集团,包括国有酒店集团和民营酒店集团。跨国酒店集团在中国的投资或经营机构不在本研究范围之内。酒店业作为辅业进行经营的企业集团也被剔除于本研究范围之外。但是,一些以旅游业为主营业务或酒店业是其主营业务的一个重要方面的旅游企业集团也在本研究范围之列。本次研究的对象,是2006年中国旅游饭店业协会给出的“中国酒店集团(管理公司)名录”中所列的中国酒店集团。由于没有找到可以直接使用的酒店集团名录数据库,作者仅根据该“名录”,通过直接与政府机构联系、访问各省市旅游局(委员会)和酒店集团主页等办法,共检索出符合条件的酒店集团91家,以之作为问卷发放的对象。

在确定问卷发放企业的名单之后,通过电子邮件、邮寄等方式将问卷发送至这些酒店集团,由该酒店集团的总经理或集团公司营运总监负责填写,并辅之以企业人员调研和电话催收。2008年1月5~8日,作者通过邮寄、传真方式共向被调查企业的酒店集团高层管理人员发放问卷91份,后因地址不详或迁移新址退回2份,实际发放89份。部分问卷辅之以电子邮件同时发放。截止于2008年2月18日,共回收问卷59份。

以下列条件作为无效问卷的剔除标准:相关类别选项完全一致;存在漏项,且每个大类中漏项超过两个。经过初步分析,在所回收的问卷中有效问卷共56份,有效回收率为62.92%。对于存在漏项但不被视为无效的问卷,漏项值以该项平均值作为缺省观测值。研究工具为SPSS 15.0。

3. **实证研究**

(1)样本特征。经初步统计,56个样本酒店集团来自于广东、上海、北京、浙江等17个省和直辖市。其中,广东占10个、上海占9个、北京占7个、浙江占4个、江苏占3个、海南占3个。中国酒店集团主要集中在中国大陆沿海的三个主要地区:包括上海、江苏、浙江等地的长江三角洲地区;包括北京、天津、辽宁、山东等地的环渤海地区;以广东为主的珠江三角洲地区。中国内地的其他省区,如福建、海南、陕西、湖南等也有一些酒店集团。本研究将调查对象和样本所在上述四类地区的区位比重(见表3-5)进行配对均值比较,得到T=-0.006(Sig.=0.996),表明问卷回收的样本与总体之间的区位分布不存在显著差异。因而本次问卷调查所回收的酒店集团样本在区位分布方面具有代表性。

表 3－5　56 家样本酒店集团的区位分布

地　区	调查对象		样　本	
	企业数	百分比(%)	企业数	百分比(%)
长江三角洲	22	24.2	16	28.6
环渤海地区	27	29.7	13	23.3
珠江三角洲	23	25.3	10	17.9
其他	19	20.9	17	30.4
合计	91	100.0	56	100.0

资料来源：作者对问卷回收结果进行的统计。

在所有 56 个酒店集团样本中，管理酒店数量在 100 家以上的酒店集团有 4 个，占 56 个酒店集团样本的 7.1%①；管理酒店数量在 30～100 家的酒店集团有 17 个，占 56 个酒店集团的 30.4%；管理酒店数量在20～30 家的酒店集团有 15 个，占 56 个酒店集团样本的 26.8%；管理酒店数量在 10～20家的酒店集团有 10 个，占 56 个酒店集团样本的 17.9%；管理酒店数量在 10 家以下的酒店集团有 10 个，占 56 个酒店集团样本的 17.9%（见表 3－6）。从这些数据可以看出，中国酒店集团管理的酒店数量相对分散。

表 3－6　56 家样本酒店集团所管理酒店数量的分布

所管理酒店的数量	酒店集团的数量	百分比(%)
10 家以下	10	17.9
10～20 家	10	17.9
20～30 家	15	26.8
30～100 家	17	30.4
100 家以上	4	7.1
合计	56	100.0

资料来源：作者对问卷回收结果进行的统计。

① 管理酒店数量较多的酒店集团，主要是如家、锦江之星等经济型酒店，另外，锦江酒店集团和锦江之星酒店管理公司均填写了问卷，二者具有产权关系。

(2)信度与效度检验。由文献研究和假设提出的过程可知,本量表的内容效度可靠。同样选择单项与总和相关系数来测量问卷的效度。具体做法是,计算每个项目分数和得分总和的相关系数,如果相关系数不显著,表示该项目鉴别力低。如果把这个题项纳入量表,将影响测量的准确性,因此最好剔除。相关系数的显著程度越高,则量表的效度越高①。对各因素之和及各因素分别进行相关分析发现,量表中所有因素都与因素的分值总和显著相关。因此,各因素均可置于分析之中。

针对正式有效问卷所获得的回收资料进行大型酒店集团发展内部影响因素(全部 12 个变量)的信度分析,Cronbach a 值为 0.7073,在 0.6 以上。因此,可以认为各指标的一致性较高②。另外,对影响因素量表进行 KMO 检验③(Kaiser – Meyer – Olkin Measure of Sampling Adequacy)和巴特利特球体检验④(Bartlett Test of Sphericity),均发现利用该量表所收集的数据可进行因子分析。

(3)酒店集团扩展内部影响因素的因子分析。采用主成分法和 Varimax 正交旋转,参考特征值(Eigen Value)堆积图,对 15 个问题进行主成分因子分析。文献研究发现,中国大型酒店集团发展的内部影响因素可以分为增加无形资产、提高协同效应、增强竞争能力和扩展自主产权四类。因此,在进行因子分析时采取了强制的四因子模型。因子分析所得因子载荷矩阵如表 3 – 7 所示。

表 3 – 7　中国大型酒店集团发展内部影响因素的因子分析

中国大型酒店集团发展内部影响因素	增加无形资产因子	提高协同效应因子	提升竞争能力因子	扩展自有产权因子
集团化经营可以提升酒店形象	0.901			
集团化经营可以创造酒店品牌价值	0.683			

① Pizam A, Neumann, Y & Reichel A. Dimensions of Tourist Satisfaction With a Destination Area. Annals of Tourism Research, 1978(7 – 8):317 – 318 及柯惠新,黄京华,沈浩. 调查研究中的统计分析法. 北京:北京广播学院出版社, 1992.

② Hair 等人认为,在探索性研究中 Cronbach a 大于 0.5 即可。

③ KMO 值在 0.6 以上,即可通过检验。

④ 巴特利特球体检验,要求 p 值在 0.05 以内。

续表

中国大型酒店集团发展内部影响因素	增加无形资产因子	提高协同效应因子	提升竞争能力因子	扩展自有产权因子
集团化经营可以改善酒店服务质量	0.618			
集团化经营可以共享酒店人力资源		0.842		
集团化采购可以降低酒店成本		0.632		
通过集团化网络可以得到更多客源		0.602		
集团化经营可以共享管理经验		0.524		
集团企业间可以互相调动资金		0.483		
集团企业的相互学习可以提升酒店竞争力			0.699	
集团企业相互影响将提供酒店创新机会			0.624	
集团化经营可以获得较高经济效益			0.581	
集团企业可以获得资源互补优势			0.536	
酒店业主对品牌扩张酒店经营的制约				0.762
酒店业主放弃与管理公司合作转而单独经营				0.744
不同所有制条件下的产权制约				0.330

注：因子萃取的方法为正交旋转的主成分分析法。

从表3－7可以看出，增加无形资产因子，包括提升企业形象、创造品牌价值、改善服务质量三项内容；提高协同效应包括互相调动资金、共享管理经验、共享人力资源、降低采购成本、获取更多客源等五项内容；增强竞争能力包括获得较高经济效益、相互学习、提供创新机会、获得资源互补优势等四项内容；扩展自有产权包括解决产权制约、避免不同所有权酒店业主的干扰、酒店业主放弃与管理公司合作转而单独经营等三项内容。

这四个因子共解释了总方差的56.117%。其中，增加无形资产因子解释了16.175%；提高协同效应因子解释了总方差的14.547%，提升竞争能力因子解释了总方差的13.047%；扩展自有产权因子解释了总方差的12.348%。

4. 结论与讨论

在理论分析的基础上，结合前人的研究量表，本文提出了中国大型酒店集团发展的15个内部影响因素。通过对中国大型酒店集团发展的问卷调查，结果显示这15个内部影响因素分别归入四个因子。本文将其分别命名为：增加无形资产因子、提高协同效应因子、提升竞争能力因子与扩展自有产权因子（见图3-7）。中国大型酒店集团的发展正是基于其中某一个或几个内部影响因素诱发而发展。

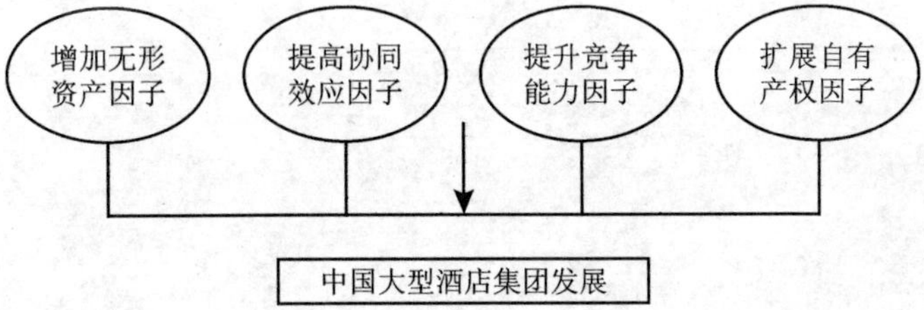

图3-7　中国大型酒店集团发展的内部影响因素

本文对中国酒店集团扩展的内部影响因素进行了实证调查，并将这些影响因素归纳为四类，具有创新性。限于篇幅关系，本文仅讨论酒店集团扩张的内部影响因素。进一步的研究可将内外部影响因素置于同一量表中进行调查，并对其进行比较。本文也没有讨论内部影响因素与酒店集团成长战略的关系。与此同时，本文通过对酒店集团进行问卷调查验证假设，然而，由于中国酒店集团数量有限，加之问卷回收相对困难，故本研究的有效样本相对有限。这些也可作为未来深入研究的方向。

思考与练习

(1) 影响中国大型酒店集团扩张的内部因素有哪些？

（2）你认为因子分析结果的四类因素哪一类是最重要的影响因素，为什么？

（3）你认为资源是如何影响酒店集团扩张的？

（4）基于材料内容，竞争能力的提高是如何反过来促进酒店集团扩张的？

第四章 旅游企业的战略方向

旅游企业的战略制定受到内、外部环境的影响，与内、外部环境也存在着互动的关系。本章中我们将对影响旅游企业战略方向的因素进行研究，并对旅游企业战略方向的主要构成因素——使命、愿景和价值观进行逐一了解与分析。同时，本章收集了一些国际和国内知名旅游集团的战略方向表述，作为理解本章内容的重要材料。

第一节 旅游企业战略的影响因素

高层管理者要负责旅游企业长期方向的形成，同时也要权衡利益相关者之间相互竞争的利益关系。企业犯下重大决策错误的原因之一，可能就是它们并不清楚自己是谁，它们如何走到今天的状况，以及它们应该走向何方。

在制定战略方向时，并不存在现成的、被广泛接受的指南供管理者使用。在某些企业，战略方向是不成文的，而在另一些企业，战略方向的每个领域都采取了正式的书面陈述，以便记录与传播。不管战略方向是否成文，高绩效水平的企业都创造出一种企业的身份认同并得到内部和外部利益相关者的理解。在企业与顾客，以及外部其他利益相关者之间，企业使命的陈述应该有助于创造一种合作关系而非对抗关系。

内、外部利益相关者均会影响到企业的战略方向。其影响程度与其所具有的影响力相关。宏观环境和外部利益相关者对旅游企业的影响取决于外部利益相关者与企业的关系；而组织内的历史传统与内部利益相关者则依赖惯性对旅游企业产生影响(见图4-1)。

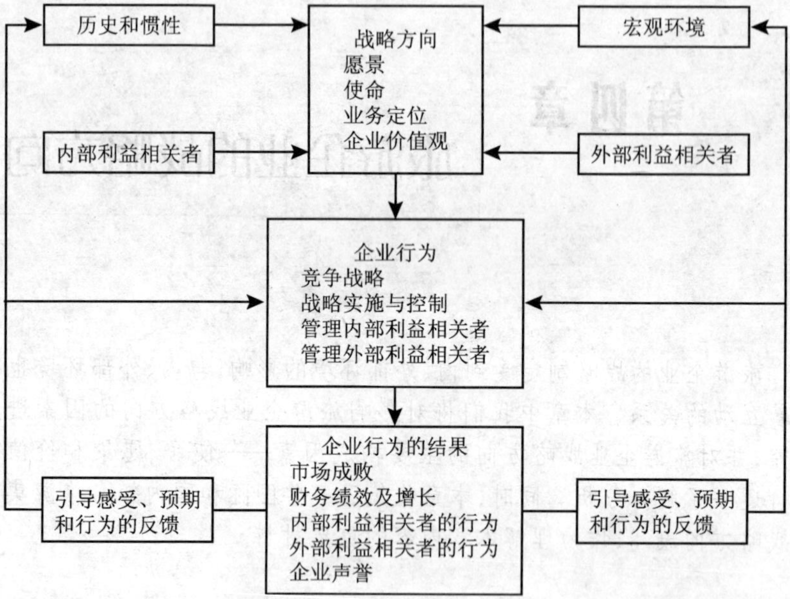

资料来源:[美]杰弗里·**S.**哈里森,卡西·**A.**恩兹编著.秦宇等译.旅游接待业战略管理:概念与案例[**M**].北京:旅游教育出版社,**2007.**

图4-1　企业战略的影响因素

企业的战略方向影响着企业的竞争领域选择,构成了企业制订行动计划的基础。企业行为将带来特定的结果,如,相应的财务绩效、市场接受程度、销售增长等。而企业行为产生的结果,又会反过来对企业战略方向和未来企业行为产生影响。

第二节　旅游企业的使命

一、旅游企业使命陈述

企业的"使命陈述"(Mission Statement)可描述为"该企业存在的理由"。它将企业内部各个层次都囊括在内。使命陈述为企业向内、外部的利益相关者传达其理想、方向的意义和目的提供了一个重要工具。对于一些企业而言，使命很容易表达，但对于另一些大型企业而言，使命的表达往往变得困难。德鲁克(Drucker, 1974)曾经指出：定义企业的目的和使命是很困难、很痛苦和很具风险的事。但只有如此，才能使企业设立目标、发展战略、集中资源和正常运营；也只有如此，才能使企业进行有效管理并最终取得绩效。

使命陈述需要高层管理者严肃认真地思考企业目前及将来的定位。它被视为企业整体发展战略的出发点。“企业好比艺术，能够区分领袖或落伍者、伟人或凡人的，是一种独立想象的能力(Prahalad and Hamel, 1990)。”

旅游企业使命陈述的，是旅游企业的经营目的、企业性质、任务和应当承担的责任。旅游企业使命的含义至少包括两个方面：企业对物质方面的要求、企业对社会的责任。① 在企业成立之初，使命可能会是非常简单的。伴随着业务的成功、企业的发展，原来的使命可能显得狭窄。在这一阶段，企业需要顾及所有的利益相关者，在制定使命的时候，如果忽略了某些利益相关者，可能会导致企业的失败。当企业发展到一定程度时，使命开始变得正规化。正规化的使命需要以文字形式表示出来。于是正式的文字使命就出现了。但是随着企业的发展，很多企业只是将使命当做一个文件，而未将自己的业务与使命联系起来。不重视使命陈述可能会导致企业使命退化为空洞的口号。

二、旅游企业使命陈述的特征

在企业使命陈述过程中，管理者要回答的最重要的问题是“我们是谁?”一个清晰的业务定义是所有战略规划和战略管理的出发点。业务定义应该是评估拟作变革的效果及考量推动企业向前发展的规划步骤的一个框架。

使命陈述也要清晰界定企业的业务范围。这一问题包括三个方面：第一，满足谁？第二，满足什么？第三，如何满足？第一个问题要回答企业将服务于怎样的市场；第二个问题是在第一个问题确定了服务对象的

---

① 陈继祥，王家宝. 旅游企业战略管理[M]. 北京：旅游教育出版社，2006.

基础上,进一步明确服务对象的具体要求;第三个问题要回答的是为满足顾客需求,企业需要具备哪些技术和能力。这种方法是以市场为导向的。其最大长处在于将顾客作为战略制定的重点考虑对象。具体包括:企业关心的行业或事业、企业所要求达到的实际市场占有率和市场定位说明、针对主要利益相关者群体(如,顾客和员工)的有关企业价值和信念的简述、企业所有权和企业控制力的说明、企业活动的地理位置或范围简述,以及其他特定的、高度关联的具体目标等①。

旅游企业使命陈述通常具有以下特征:

1. 鲜明的独特性

独特性,要显示的是旅游企业使命的个性和与众不同。也就是说旅游企业要用使命陈述的独特性,将自己与其他企业区分开来。这样才会有利于企业的竞争。例如,上海锦江文沧大酒店的使命是:"上海最佳饭店,最佳雇主,最佳管理公司"。

2. 高度的概括性

概括性特征,是指企业的使命不能太过细致,要高度概括企业的目的、性质及社会责任等。过于细致的使命可能会限制企业的发展和创造能力的发挥。如,重庆小天鹅餐饮连锁公司的使命,是"把特色美食和健康快乐带给世界"。

3. 准确的导向性

旅游企业在确定使命的时候,要以顾客的需求为导向,而非以企业的产品和技术为导向。产品和技术水平都是会变化和消失的,但是消费者的需求却是长久的。所以,旅游企业的使命一定要以顾客为导向。这样才能保证企业可以长期生存,生产出适应市场需求的产品。总而言之,使命的顾客导向性就是说,旅游企业的使命要强调企业与顾客的关系,而非利润。例如,香格里拉的使命,是"每时每刻令客人喜出望外"。

4. 适当的约束力

约束力,主要是指旅游企业在规定企业应该做什么的使命的同时,也要体现企业不应该做什么。这样会有利于企业把握住自己的经营方向和范围,也会适当地约束旅游企业不至于走向歪路。正如上例香格里

---

① 埃文斯等编著. 马桂顺译. 旅游企业战略管理[M]. 沈阳:辽宁科技出版社,2005.

拉的使命——企业目标是让顾客满意,而不是定位于利润。这样就可以很好地约束企业,从而避免为追求利润最大化而陷入迷途。

5. 切实可行

使命需要切实可行,不是空泛的。也就是说,旅游企业制定的使命要符合企业自身的情况,是企业通过长期努力可以达到的。如果过于宽泛,或者是企业需要冒极大的风险才能达到的目标,这种不切实际的使命必须进行更改。

6. 激励性

使命是旅游企业的指导思想,是企业的定位、目的和理念的总和。因此,旅游企业的使命对企业内部的员工要有激励性。只有这样,员工才能够理解企业的使命,并按照使命的要求去做。所谓员工的使命感和自豪感,就来源于使命的激励性。

另外,旅游企业的使命还体现了企业对待社会问题的态度,是企业的社会政策宣言。企业在经营过程中受到外界众多因素的影响。其中很重要的部分就是政府和社会带来的影响。企业在陈述使命的时候必须顾及这方面的因素,必须表达企业对待社会问题和政府的态度。这样,才能得到支持。例如,很多企业开始重视企业发展对社区的影响,以及生产对环境的影响。这些都是企业重视社区和政府因素的表现。

三、旅游企业使命陈述的作用及其影响因素

使命陈述的特征,体现了使命陈述的作用、利益相关者及其影响因素,如表 4－1 所示。

表 4－1　使命陈述的作用

用　途	利益相关者	使命陈述的影响因素
引导决策和资源配置	管理者和员工	使命陈述应该使用内部利益相关者容易理解的语言。一个清晰的业务定义须指明企业应该在哪儿寻求业务机会。如,像“我们使用最先进的技术”这样的陈述,对于如何配置资源具有指导意义。为了确实有效,应该不断地向内部利益相关者传达使命

续表

用　途	利益相关者	使命陈述的影响因素
鼓舞更高水平的绩效表现和自豪感	管理者和员工	使命陈述应该运用能够鼓舞人们精神的语言和文字。当一个人读到企业的使命陈述时，他应该感到为该企业工作是一件非常好的事情。如果企业不像它所宣称的那样去做事，使命陈述就变成了一把双刃剑，会使人感到该企业组织是虚伪的，背叛了其自己的诺言
传递组织的目的和价值观	管理者、员工、股东和潜在的投资者	当管理者和员工遇到一些两难的问题时，企业的目的和价值观有助于解决这些难题。使命陈述还有利于使外部利益相关者明白，在某一特定情况下他们可以期望组织作出何种反应
提高组织的声誉	社会和大部分外部利益相关者集团，尤其是消费者和潜在的合作伙伴	应该认真、清楚地表述使命，因为它们可以提高旅游企业的声誉。易记的口号式语言非常有用，因为利益相关者可以记住它们。使命陈述应该尽量简短，这样，外部利益相关者才愿意读出它们并容易记住。使命陈述应该通过各种媒介途径进行传播并在各种公共场合的显眼处进行宣传，如，办公大楼的入口处

资料来源：杰弗里·S. 哈里森，卡西·A. 恩兹著. 秦宇等译. 旅游接待业战略管理：概念与案例[M]. 北京：旅游教育出版社，2007.

第三节　旅游企业的愿景

一、企业愿景

愿景，是指管理者对企业未来发展所要达到的目标和状态的具体描述，是根据企业现阶段经营与管理发展的需要，对企业未来发展方向的一种期望、预测和定位。企业通过市场效应及时、有效地整合企业内外部信息渠道和资源渠道，来规划和制定企业未来的发展方向，从而让企业的全体员工及时、有效地通晓企业愿景赋予的使命和责任，使企业在管理过程中不断地增强自身解决问题的能力。

二、旅游企业愿景的形成

愿景，主要由核心理念和对未来的展望两部分构成。核心理念是企业存在的根本原因，是企业的灵魂，对企业员工具有凝聚力，激励员工不断进取。其中，还包括核心价值观和核心目标。例如，迪斯尼的核心价值观是崇尚想象力和乐趣；宝洁的价值观是追求一流产品。迪斯尼的核心目标是给人们带来快乐；沃尔玛的核心目标是给普通人提供和富人一样的购物机会。

对未来的展望，主要是指企业对未来一个或几个经营周期经营目标的预测。例如，作为中国旅行社业首家A股上市的中青旅股份有限公司，在面对我国旅行社队伍建设落后于旅游市场发展的严峻形势下，于1998年制订了《中青旅股份有限公司三年（1999～2001）培训规划》，希望在3年的时间里锻炼和造就出一支精干、高效，素质优良的员工队伍①。

三、旅游企业愿景陈述

旅游企业的愿景主要是首席执行官来制定，但是企业的愿景不只专属于企业负责人所有，企业内部每位成员都应参与构思制订愿景与沟通共识，透过制订愿景的过程，可使得愿景更有价值，企业更有竞争力。

哈默和普拉哈拉德提出了愿景陈述是否恰当的五条标准，具体地给出了评价愿景陈述的标准。在这个标准中，将企业愿景是否恰当归结为预见性、涵盖面、独特性、共识及可行性五个方面（见表4－2）。

---

① 戴斌，杜江编著．旅行社管理［M］．北京：高等教育出版社，2002.

表4-2 考查企业愿景的五个判断标准

标 准	考察的关键领域
预见性	愿景勾画了一幅怎样的未来蓝图？时间进度是怎么安排的
涵盖面	愿景在多大范围内考虑了企业所在行业可能发生的变化及造成这些变化的驱动力量
独特性	企业愿景对未来有独特设想吗？竞争对手是否会对此感到惊异
共识	企业内部是否就企业未来达成了一致性？如果没有，则同时追求不同愿景将会产生问题
可行性	愿景是否包括目前采取的行动？是否拥有必需的技术和技能去实现企业的愿景？市场机会把握得如何

"愿景"与"目标"往往会被管理者混淆，愿景是企业目标和战略制定的背景。愿景与企业目标不同，愿景为未来制定图景，而企业目标则是在目前形势的基础上所给出的最直接、最具体的角色和任务。它有助于企业目标的产生，也可能导致企业目标的转变。如，雅高制定的放弃投资效益差的所有资产、将部分资源投向回报率更高的地区或业务的愿景设想，直接造成了对"汽车旅馆"的收购及香港文华东方酒店的购进与抛出。

容易被混淆的两个概念还有"愿景"和"使命"。一般来讲，使命，是对企业是什么及其存在理由的说明，而愿景，则是一种向前看的观点，表明企业想要成为什么。但是，当使命陈述被文字化的时候，它们常常包括了愿景陈述、业务定义及企业价值观的说明。一旦企业理解了它是什么，它认同何种价值观，以及它将往何处去的时候，企业也就具有了一个清晰的战略方向。对企业战略方向的局部内容进行精心描述虽然很重要，但更重要的是对所有部分都进行通盘考虑。

虽然企业愿景对于旅游企业来说很重要，但是很多企业仍然会将它忽略。有的企业只是将愿景当作一个口号或者文件，经营中几乎不曾提起，有的企业干脆就没有愿景。这样的忽视对于企业来说是致命的。没有愿景，企业的发展就没有了方向和指导。因此旅游企业的管理者，尤其是首席执行官在管理过程中，不但要制定好愿景，而且要按照愿景的要求和方向对企业的发展进行有效的监控。

第四节 旅游企业的价值观

一、价值观

价值观，是指企业在追求经营成功过程中所推崇的基本信念和奉行的目标，是组织对其所承诺的关键价值的陈述。价值观是一个明显带有判断性的词，也就是说，企业价值观必须反映出企业判断某些行为的对错、好坏和是否可取的态度。价值观引导着企业的决策和行为。

二、旅游企业价值观陈述

旅游企业价值观引导企业的决策和行为，旅游企业的首席执行官在陈述价值观的时候，应当至少包括以下四方面的问题：

第一，管理层和雇员应当如何行动。价值观和愿景与使命一样，都是旅游企业的行动指南，价值观指导着企业的行动。这种指导作用不仅体现在指导员工上，也体现于对管理层的指导。因此，管理层能够把握好企业的价值观是十分重要的。

第二，应当怎样开展业务。这是指旅游企业价值观与业务之间的关联。价值观要体现企业的行为决策方式，在业务的处理上，价值观要指导企业应该去做什么样的业务，应该怎么样去做这方面的业务；是选择利润空间大的业务，还是选择有利于企业长期发展的业务，这都是价值观应该体现的。

第三，应当建立什么样的组织来帮助企业实现使命。价值观与旅游企业的组织同样息息相关，价值观是建立组织架构需要考虑的问题之一。在企业建立组织架构的时候，要考虑到价值观的影响，要建立适当的组织架构以适应企业的价值观，并帮助企业实现使命。

第四，应当形成怎样的企业文化。企业文化是一系列控制员工在实现企业使命和目标时工作行为的价值、规范和标准，通常被视为竞争优势的一项重要来源。旅游企业的价值观与企业文化也是密切相关的，良好的企业价值观促进企业文化的形成。

三、价值观与利益相关者

高绩效企业的价值观尊重关键利益相关人的权益。价值观体现企业对社区的责任、对股东的忠诚、对员工的关心等。只有关注关键利益相关者权益的价值观，才是可以保证企业长期、稳定发展的价值观，才是正确的价值观。

价值观对于企业的战略决策过程十分关键，因为它给企业的行为提供了一个指南，同样也是企业行为的评价标准。在本节的开头我们提到，价值观告诉企业什么是应该做的，什么是不应该做的，而实际上，有的时候企业面临的往往是都可以去做，也都应该去做。这时候其实价值观起到的更重要的作用，是为企业识别什么是更应该做的。因为价值观使得某种行为或结果比其他行为或结果更加可取，也就是说，价值观并非仅仅是判断正确与错误的标准。

旅游企业的使命、愿景与价值观都是企业行为的指导思想。简而言之，使命是陈述企业存在意义的，愿景是对所期望的未来状态的陈述，而价值观则是组织所承诺的关键价值之所在。正如本章中所介绍的，在企业实际经营中，它们是企业战略制定的重要组成部分。虽然很多时候经营者不重视这三者的作用，甚至会将三者混淆，但是它们的作用却是十分重要的。旅游企业的经营者必须制定恰当的企业使命、愿景和价值观，并且按照它们的要求进行经营生产活动，这样，才能使企业健康地向前发展。

【阅读与理解】

若干旅游企业的愿景、使命与价值观

1. 上海锦江文沧大酒店(Shanghai JC Mandarin's)

愿景：通过"第一次和每一次都创造卓越"成为上海最优秀的酒店。

使命：上海最佳酒店、最佳雇主、最佳管理公司。

Shanghai JC Mandarin's

Vision: Through the first time and every time to create excellence to become the best hotel in Shanghai.

Mission: The best hotel in Shanghai; the best employers; the best managed companies.

2. 马来西亚酒店业协会

愿景:培育一支高度熟练的、具有创新精神和高度纪律性的团队。他们会团结一致,提高整个酒店业的效率,以实现既定的2020年远景计划。

使命:作为酒店业的一个全国性机构,马来西亚酒店业协会将会承担发布行业信息的作用,团结一致,促进、保护、代表和提高成员的利益。

Malaysian Association of Hotels Industry

Vision: Cultivate a highly skilled, innovative and highly disciplined team, they will unite to improve the efficiency of the entire hotel industry in order to achieve the established vision for 2020.

Mission: As a national institution of the hotel industry, Malaysian Association of Hotels Industry will have responsibility for the role of information published, solidarity, promote, protect, represent and enhance the interests of members.

3. 太平洋酒店集团(Pacific Hotel Company)的使命

为了为高贵的顾客提供卓越热情的服务和独一无二的住宿产品,我们将致力于通过我们的核心价值来实现我们的愿景:

诚实:我们将维持我们所从事业务的最高质量。

团队精神:我们将齐心协力,团结协作以达到我们的目标。

个人价值:我们认可并尊重团队成员个人及他们的贡献。

一贯的卓越标准:我们将一如既往地为顾客提供最高质量的产品,日复一日地努力,比我们的竞争对手做得更好。

个性化的顾客服务:我们全体员工将始终如一地以专业、友好、迅捷和礼貌而热情的态度满足每位顾客的特殊要求。

致力于以上追求,将会为我们的公司和团队成员带来财务成功和增长机会。

Pacific Hotel Company

Mission: Provide excellent and passion service and a unique accommodation product for our noble customers, We will strive to realize our vision through our core values.

Honesty: We will maintain the highest quality of the business that we are engaged in.

Team spirit: We will work together, solidarity and cooperation to achieve our goal.

Personal values: We recognize and respect the individual members of team as well as their contributions.

Consistent standard of excellence: We will always provide the highest quality products to our customers, and will make efforts to do better than our competitors.

Individuation customers service: All of our staff will always provide professional, friendly, fast, courteous and enthusiastic attitude to meet the specific requirements of each customer. Be committed to the pursuit of the above will be for our company and team members with financial success and growth opportunities.

4. 张家界海外国际旅行社

愿景:成为卓越品牌的创造者。

使命:关注社会,服务世界。

价值观(精神):团结拼搏、诚信务实、高效准确。

(资料来源:http://www.weike100.com/team)

Zhangjiajie Overseas International Travel Service

Vision: Become creator of the excellent brand.

Mission: Pay close attention to social, service for the world.

Values(spirit): Unity and hard work, integrity and pragmatic, efficient and accurate.

5. 重庆小天鹅餐饮连锁公司

愿景:建中国特色餐饮第一品牌。

使命:把特色美食和健康快乐带给世界。

价值观：尊重沟通，同行共荣。

Cygnet Catering Chain Company in Chongqing

Vision：To build the first brand of Chinese characteristics restaurants.

Mission：To bring the characteristics food and health and happiness to the world.

Values：Respect for the communication，travel together and co-prosperity.

（资料来源：http://www. cqxtels. com/index_two. asp? fid = 2&lid = 22&id = 318）

6. 首旅集团

愿景：到 2010 年，实现经营、利润总额等主要经济指标翻一番的目标，将首都旅游集团，从中国最大的旅游企业推向中国最具竞争力的"旅游之首"。

使命：业绩为先、创新为源、团队为上、以人为本。

价值观：想事、干事、干成事。

（资料来源：http://www. btg. com. cn/introduction/fzmb. asp）

Beijing Tourism Group

Vision：To realize the goal of doubling of the operating and total profit and other major economic indicators，put the Beijing Tourism Group，from the largest tourist enterprises to the most competitive "Tourism's leader" in China.

Mission：Performance for the first，and innovation as the fountainhead，the team for the first and people-oriented.

Values：think it，do it，do it successfully.

首旅集团第三个五年发展规划确定未来的发展目标是：总资产、总收入、利润总额等主要经济指标到 2013 年翻一番，到 2018 年再翻一番。为实现这个宏伟目标，首旅集团将着重在四个方面推进。

一是推进"品牌 + 资本"战略，全面建设客源、资源、财源、信息共享平台，进一步提升集约经营的水平。

二是推进六大板块实体化。每个板块已经或将要以一家上市公司和一个主导品牌为核心，形成企业集群和品牌系列。

三是推进物业的全面更新，在北京重点构建"一线六点"产业集群，充分发挥集团效应和"品牌 + 资本"的优势，即以长安街及其延伸带为轴心，加快推进"新世纪饭店—西苑饭店"、"北京饭店—贵宾楼—北京饭店二期"、"国际饭店"、"京伦饭店、建国饭店、贵友大厦"、"燕莎中心、长城饭店、亮马河大厦"、"燕翔饭店"等六大中心区的建设和档次提升，进一步巩固和增强集团在北京地区的领先优势。

四是推进海南首旅产业集群的扩张。以三亚南山旅游文化区、悦榕庄国宾馆为根据地，拓展新的市场。从以上可以看出，首旅集团为了实现目标而逐步实践的历程。

7. 中国国际航空股份有限公司

愿景：成为具有国际知名度的航空公司，实现"主流旅客认可、中国最具价值、中国营利能力最强、具世界竞争力"的战略目标。

使命：满足顾客需求，创造共有价值。

价值观：服务至高境界、公众普遍认同。

（资料来源：http://baike.baidu.com/view/125670.htm）

Air China Limited

Vision: To become an internationally well-known airline, achieve the strategic goal of "mainstream tourists recognized, the biggest value and most profitable of China, with global competitiveness".

Mission: To meet customers' needs, Create communion values.

Values: Service excellence, the public generally agree that.

国航主要经营国际和国内定期与不定期航空客、货、邮和行李运输、国内和国际公务飞行业务、飞机执管业务、航空器维修、航空公司间的代理业务，以及与主营业务有关的地面服务和航空快递（信件和信件性质的物品除外）和机上免税品等。国航总部设在北京，辖有西南、浙江、重庆、内蒙古、天津等分公司和上海基地、华南基地及工程技术分公司、公务机分公司、控股北京飞机维修工程有限公司、中国国际货运航空有限公司、北京航空食品公司。国航还参股深圳航空公司、国泰航空公司等企业，是山东航空公司的最大股东，控股澳门航空有限公司。国航在继续经营北京枢纽空运业务的同时，又着力强化以成都为中心的西南、以上海为中心的华东、以广州为中心的华南等区域枢纽的业务份额。

国航与国内外航空公司进行了内容广泛的合作，已经与德国汉莎航空、美国联合航空、港龙航空公司、全日空航空公司等19家航空公司实行代码共享，与84家外航签订了SPA合作协议，与上海航空公司等国内航空公司实行代码共享合作。

国航为在首都国际机场的外国航空公司、国内航空公司提供地面服务，占首都机场地面服务业务份额的65%，承担这项任务的国航地面服务部目前是中国民航规模最大、保障能力最强的航空地面服务机构。

国航下设的飞行训练中心，是使用全任务飞行模拟机和计算机基础训练器开展飞行员培训的教学训练机构，具备围绕波音系列主要机型开展飞行员转机型训练、定期复训和飞行检查的综合培训能力；基地设在天津滨海国际机场的飞行训练大队专门用于飞行员本场训练。下设培训空中乘务员的乘务训练中心，中心教员具备高级乘务员职称，具有国际航协教学资格及国际航协（CRM）训练认可的教员资格，除负责国航乘务员的系统培训外，也为国内外航空公司培训学员，还为邮政、饭店、铁路、公路运输、银行、医院、保险、电信等其他行业提供培训服务。

从国航庞大的业务、规模及一流的飞行员和服务可以看到，实现上述愿景是不成问题的。

8. 中国东方航空股份有限公司

使命：让旅客安全舒适地抵达。

价值观：精诚共进。

（资料来源：http://baike.baidu.com/view/229982.htm#5）

China Eastern Airlines Co., Ltd

Mission: Let the visitors arrive safely and comfortably.

Values: Go together with good faith.

（资料来源：http://baike.baidu.com/view/229982.htm）

中国东方航空公司成立于1988年6月，是中国民用航空企业三强之一。东航人创业之初就“开拓创新、深化改革、厉兵秣马、飞向世界”，成功实现了由区域性航空公司向国际性航空公司的转变。其发展历程中值得一提的是2003年。这一年，中国东方航空集团公司在党的“十六大”精神指引下，认真实践“三个代表”重要思想，快速推进主业“五项统一”工作，取得了令海内外旅客与同行瞩目的佳绩；稳妥实施辅业“九大板块”规划，彰显出集团一体化的强大优势；有效开展文化融合和思想教育活动,保证了改革重组的顺利推进。尤其是上半年,面对非典疫情的严峻考验,新东航集团25 000名员工万众一心,筑起牢固的空地防范长城,实现了全体员工和运输旅客"零感染"的目标,体现了新东航集团在非常时期驾驭突发事件的能力。在新的东方航空集团成立一周年的喜庆日子里,又迎来了东航公司"安全飞行十周年"的辉煌时刻。

2004年对于东航也是不平凡的一年。这一年,其正式确定了企业核心价值观——精诚共进,并在东航范围内全面推广。这是东航在企业文化重塑方面迈出的重要一步,开创了东航企业文化建设的新局面。同时,进一步深化改革,整合工作,把全体干部、员工的智慧和力量都凝聚到实现集团振兴目标上来。

9. 南湖国旅

愿景:将最美好的景色,最美丽的回忆,最优秀的旅游服务带给旅游者就是我们的目标。

使命:以文化带动旅游、以服务铸就品牌、以质量赢得市场、以创新引领业界。

价值观:以人为本,关注关爱,共同成长,实现"双赢"。

Vision:To give the most beautiful scenery, the most beautiful memories, the best travel services to tourists is our goal.

Mission:Promote tourism with culture, use service to create brand, use the quality to win the market, To lead the industry with innovative.

Values:People-oriented, concerned about the care, growth together, to achieve "win-win".

(资料来源:http://www.nanhutravel.com/NanHu/information.asp)

南湖国旅从以下几个方面践行着自己的诺言:

不遗余力捐助西部贫困地区。南湖国旅·西部假期与西部贫困地区政府合作,全资筹建、扩建教学楼、宿舍、球场等硬件设施,筹建"西部假期小学"还根据当地教育局提供的名单,对部分经济特贫但成绩优异的学生进行直接资助。与此同步,南湖国旅·西部假期还在游客中倡导"多背一公斤去旅游"的理念,即建议游客们多带"一公斤"学习和生活用品到西部去,送给当地的学生。并从每位游客的团费中抽取20元为西部贫困地区捐资助学。

品质旅游,诚信典范。在2009年11月,南湖国旅·西部假期自我施压,亮出了《品质旅游白皮书》,首次将赔偿标准量化和透明化,以苛刻的自律条件郑重向广大消费者提出"品质旅游六大保证",成为旅游界第一个"吃螃蟹"的旅行社。尝试让这种单个的企业自律成为整个行业的自律。

人才培养,与高等院校共建培训基地。南湖国旅·西部假期与华南理工大学、广州市轻工学院及广东财经大学、广州大学中法旅游学院共同建造了"学生创新实践与就业实习"基地,并为中法旅游学院优秀的旅游管理专业学生提供"南湖国旅·西部假期"奖学金,为旅游行业的人才培养、发展壮大作出贡献。

10. **华侨城集团**

愿景:成为中国最具创想文化和影响力的企业。

使命:通过独特的创想文化,致力于提升中国人的生活品质。

价值观(品牌个性):人本、创造、坚定、卓越。

OCT Group

Vision:To become China's most invasive and influence of corporate culture.

Mission:Through a unique record of culture and efforts to enhance quality of life of Chinese people.

Values:People-oriented, create, firmness, excellent.

(资料来源:http://www.chinaoct.com/about/index.aspx? ModuleNo=3005)

华侨城集团是这样一步步诠释自己的愿景和使命的:

华侨城举办首届春节晚会,一节一会四大赛事构建企业文化平台。

2008年2月1日晚8:08,一场名为"激情炫动春天"的华侨城集团春节联欢晚会在民俗文化村凤凰广场隆重举行。这是华侨城集团第一次举行企业全员参与的春节联欢晚会。春节晚会作为一个常设的企业文化活动被固定下来,与狂欢节和龙舟、游泳、篮球、高尔夫球四项体育赛事一起,形成"一节一会四大赛事",构成了华侨城企业文化的重要平台。

华侨城各企业开展"金牌服务迎奥运"活动,履行央企社会责任。

2008 奥运年,国务院国资委提出在中央企业开展"金牌服务迎奥运"活动,华侨城集团作为一个有高度社会责任感的央企,积极响应国资委的号召,从集团到各分公司,积极部署"金牌服务迎奥运"活动,借奥运会的契机,打造金牌服务,树立业界一流品牌。

进入 21 世纪以来,华侨城依托雄厚的文化旅游资源优势,加大了对文化产业的战略投资,华侨城文化产业也正以其独特的魅力成为行业的典范。2004 年被文化部授予首批"全国文化产业示范基地";2007 年 8 月,又被文化部授予首批仅有的两家"国家级文化产业示范园区"之一。2009 年 1 月,华侨城被中央文明委评为"全国精神文明建设工作先进单位"。

着眼于未来发展的历史使命和愿景目标,华侨城集团致力于企业文化理念和制度变革创新,并前瞻性地实施了区外布局和优质资源战略储备,准备或正在投资建设深圳东部华侨城、北京华侨城、上海华侨城、上海浦江华侨城、成都华侨城、泰州华侨城、深圳欢乐海岸、云南华侨城、天津华侨城和武汉华侨城等大型旅游综合项目。华侨城集团正以更加创新和开放的姿态,并以强大的生机、活力和崭新的形象走向未来,谱写更加辉煌的乐章。

11. **香格里拉集团**

愿景:成为客人、员工、股东和经营伙伴的首选。

使命:每时每刻令客人喜出望外。

经营思想:热情好客香格里拉情。

Shangri-La Group

Vision: To be the first choice of customers, employees, shareholders and business partners.

Mission: To make guest delight every moment.

Values: Shangri-La hospitality situation.

(资料来源:http://www.shangri-la.com/cn/corporate/aboutus/mission/ourphilosophy)

12. 喜达屋酒店管理集团

使命:创造最成功的品牌、最全球化、最能彰显时尚生活方式的酒店企业。

价值观:信任—尊重,协作—创新,义务—履行。

Starwood Hotels & Resorts Management Group

Mission：To create the most successful brands，most of globalization，the most fashionable lifestyle，hospitality companies.

Values：Trust-respect，Collaboration-Innovation，obligation-fulfill.

（资料来源：http://www.starwoodhotels.com/corporate/careers/believe/values.html）

13. 香港海洋公园

愿景：海洋公园力求成为一个世界级具领导地位的主题公园，为游客带来一个既开心又难忘的旅程，将人与大自然紧密联系在一起。

使命：为游客缔造兼具娱乐、教育的难忘经历，并启发长期学习和参与生态保护。

Ocean Park in Hong Kong

Vision：Ocean Park，seeking to become a leading world-class theme park，for the tourists enjoy a happy and a memorable journey，which will closely linked in nature.

Mission：For visitors to create both entertainment and education of the unforgettable experience，and inspired the long-term learning and participation in eco-conservation.

（资料来源：http://www.oceanpark.com.hk/chi_s/main/index.html）

14. 迪斯尼公司

愿景：成为全球的超级娱乐公司。

使命：使人们过得快活。

价值观：极为注重一致性和细节刻画；通过创造性、梦幻和大胆的想象不断取得进步；严格控制、努力保持迪斯尼“魔力”的形象。

Disney Company

Vision：Become a global super-entertainment company.

Mission：Make people happy.

Value：Great emphasis on consistency and detail description；Through creativity，dreams and dared to imagine，it make further progress；Strictly controll and strive to maintain the Disney magic imaginable.

（资料来源：http://www.bokee.net/company/weblog_viewEntry/926358.html）

思考与练习

(1)上述公司的使命具有哪些特征？关注企业哪些方面的业务？

(2)上述公司愿景中陈述的企业核心观念是什么？对未来的期望是什么？

(3)上述公司的价值观体现了企业对哪些利益相关者的关注？最关注的利益相关者是谁？

第五章 旅游企业的成长战略

旅游企业的战略决策并不仅是高层管理者的任务,中层管理者、基层管理者同样需要投入战略管理的过程之中。战略可按三个层次进行管理:公司层战略、业务层战略和职能层战略。不同层次的战略方案解决不同层面的问题,其战略类型也有其各自的立足点。本章将对这三个层次的战略进行分析,并以《锦江国际酒店集团的战略重构》作为本章的阅读与理解资料。

第一节 公司层战略

公司层战略是一家公司在多个行业或产品市场上为了获得竞争优势而对业务组合进行选择及管理的行为。公司层战略要解决的问题,是为了实现长期营利能力最大化,企业应当经营哪些业务,在哪些产业中竞争,在这些业务中它应当完成的价值创造活动,以及如何进入或退出业务或产业。

选择战略时,企业将面临以下基本选择:第一,利用企业内部现有的可用资源,实现内部增长;第二,兼并或收购其他公司,或通过一些合作协议,与其他企业合作发展来实现外部增长;第三,当企业的业务规模(Size)和业务范围(Scope)与其资源、环境不匹配时,企业需要通过公司重构(Corporate Restructuring)获得新生。事实上,对于公司层战略的分类难以截然分开,例如,兼并与收购属于典型的外部增长方式,又是横向一体化战略的方式之一。

一、扩张型战略

(一)增长型战略

企业通常运用安索夫矩阵(Ansoff,1987)分析增长型战略。这个矩阵有产品和市场两个变量。其中,产品是指企业在增长时选择现有产品还是开发新产品,而市场维度,则是指企业在增长时选定现有市场还是开拓新市场。通过产品和市场两个变量,共有四种战略组合:市场渗透、市场开发、产品开发、多元化(见图 5-1)。

市场 \ 产品	现有产品	新产品
现有市场	市场渗透	产品开发
新市场	市场开发	多元化

图 5-1　安索夫提出的四种增长型战略

1. 市场渗透(Market Penetrating)

市场渗透战略,是指通过努力,提高现有产品或服务在市场上的销售量和市场份额。这种渗透可以通过地理上的渗透和营销上的渗透来实现。市场渗透的基本战略理论是:现有产品在现有市场上还有足够的增长潜力,通过渗透可以将这种潜力充分发挥出来。在下述情况下,企业可以采取市场渗透战略:企业特定产品与服务在当前市场中还未达到饱和;现有用户对产品的使用率还可以显著提高;在整个产业的销售额增长时,主要竞争者的市场份额在下降;在历史上销售额与营销费用曾高度相关;规模的提高可带来很大的竞争优势。

2. 市场开发(Market Development)

市场开发战略,是指以现有产品或服务打入新的地区市场。市场开发的战略考虑,基于对新市场和自身实力的信心。新市场可以是新的地理位置或现存市场的新的细分市场。

国际化战略和全球化战略,是典型的市场开发战略。随着中国经济的不断发展,国际著名酒店品牌纷纷抢滩中国市场。

市场开发战略的适用准则是:可得到新的、可靠的、经济的和高质量的销售渠道;企业在所经营的领域非常成功;存在未开发或未饱和的市场;企业拥有扩大经营所需的资金和人力资源;企业存在过剩的生产能力;企业的主业属于迅速全球化的产业。

3. 产品开发(Product Development)

产品开发战略,是指通过开发新型产品或提供新型的服务来拓展企业的业务。从某种意义上来说,这一战略是企业发展战略的核心,因为对企业来说,市场毕竟是不可控制的因素,而产品开发则是企业经过努力可以做到的可控制因素。

产品开发战略的适用准则是:企业拥有成熟产品;产业属于快速增长的高技术产业;主要竞争对手提供可比价格情况下更高质量的产品;企业拥有很强的研发能力。

4. 多元化(Diversification)

多元化战略,是指企业通过新产品和新市场来实现增长的战略。即企业开发新产品来满足新市场的需求。典型的例子是:以特许经营连锁方式进行的连锁饭店的多品牌经营,实行饭店集团向管理公司的转化;分时共享度假。这些都是多元化战略的最好体现。因为多元化战略在大公司采用得越来越多,故本书另辟一部分单独阐述。

(二)多元化战略

多元化战略,又称多角化战略,是指企业同时经营两种以上基本经济用途不同的产品或服务的一种发展战略。多元化战略的出发点在于避免对单一产业的过度依存。Stigler 曾有一个著名的投资理论:“不要把所有的鸡蛋都放在同一个篮子里”。也就是说,通过投资多元化来分散经营风险,可以达到“东方不亮西方亮”的目的。按照多元化的程度,多元化可分为相关多元化与无关多元化。通过多元化战略,企业可以获得协同效应。

1. 相关多元化(Related Diversification)

相关多元化经营战略,是指企业在现有技术、市场与管理经验基础上发展新的业务。它能使企业将其竞争优势运用于多个相关的业务,获取范围经济性和战略协调性。因此,当新发展的业务与现有业务的结合能够增强企业的优势和机遇,并降低企业的劣势与威胁时,企业就会选择相关多元化经营战略。

相关多元化的战略匹配关系能给企业带来优势。战略匹配存在于价值链非常相似,以至能为企业各方面带来机会的不同经营业务之间。它主要从两个方面给相关多元化的企业带来优势。一是产生范围经济;二是增加市场力量。相关多元化战略适用条件和实现方式,都与能否产生这两种优势相关。

相关多元化经营可分为同心多元化与水平多元化。同心多元化,是指企业在原有技术基础上发展新的业务,如,酒店预订业务、旅行社的机票代理业务,以及中型饭店在为商务客人提供优质食宿服务的同时,还为客人提供与商务有关的工厂设备、翻译服务、商务中心等产品。这些就属于同心多元化经营方式。水平多元化,又称横向多元化,是指企业在原有市场和新技术的基础上发展新业务。比如,旅行社的主要业务之一,是为了满足旅游者的需求而要进行大量相关信息的收集工作。其中,交通信息的收集是必不可少的。所以旅行社如果在这方面有拓展,即不仅为旅游者提供交通信息,还为其他消费者群体提供交通信息的话,那么这种类型就属于水平多元化经营方式。

同心多元化经营战略的选择条件,主要有企业参与竞争的行业是属于零增长或慢增长的行业;增加新的但却相关的产品将会显著地促进现有产品的销售;企业能够以有高度竞争力的价格提供新的相关产品;新的相关产品所具有的季节性销售波动,正好可以弥补企业现有生产周期的波动;企业现有产品正处于生命周期中的衰退阶段;企业拥有强有力的管理队伍。

水平多元化经营战略的选择条件,主要有通过增加新的相关产品,可使企业通过现有产品和服务获得赢利的显著增加;企业参与竞争的行业属于高度竞争或停止增长的行业,其标志是低行业赢利和低投资回报;企业可利用现有销售渠道向现有用户营销新产品;新产品的销售波动周期与企业现有产品的波动周期可以互补。

2. 无关多元化(Unrelated Diversification)

无关多元化,是指企业进入与原有行业不相关的新业务。企业经营的各行业之间没有联系，所增加的产品是新产品，服务领域也是新市场。如，旅行社涉足保险业、房地产业、建筑业等。无关多元化的优势，主要是出于寻求有吸引力的财务经济性，以求分散经营风险，最大限度地发挥财务资源的作用，使获利能力更加稳定，增加股东财富。无关多元化战略的适用性，主要是能否产生上述优势。企业主要通过购并来实现无关多元化战略。无关多元化的弱点，是管理难度很大和存在战略匹配利益。所以，无关多元化要想增加股东价值，企业战略家们必须在创建和管理多元化的业务组合方面具有高超技能。

无关多元化经营战略的选择条件，主要有企业的主营业务正经历着年销售额和赢利下降；企业拥有在新行业成功竞争所需的资金和管理人才；企业有机会收购一个不相关，但却有良好投资机会的企业；购并企业与目标企业之间已存在资金上的融合；企业现有产品的市场已趋于饱和；集中经营某个行业的企业有可能受到垄断指控。

从表面上看，多元化战略似乎在利用杠杆原理分散风险，但从更深角度看，即从战略内核和支撑点来分析，实际情况并非如此。多元化经营战略会不自觉地将风险集中于市场开发、技术开发、财务和管理四个层次上。这些过于集中的风险对于多元化经营战略而言便是陷阱。

表5－1列出了中国部分旅游企业集团的业务范围。这些企业集团包括上海锦江国际集团、华侨城集团、国旅集团、中旅集团、中青旅、首都旅游、黄山旅游集团、广东省旅游集团公司和宋城集团。从中可以看出，多数旅游企业集团坚持相关多元化战略。华侨城集团涉及电子通信产业，中旅集团涉足出版和货运等，中青旅业务包括电子产品及通信设备，宋城集团经营高等教育和电子商务。这些都属于较典型的无关多元化。

表5－1　中国部分旅游企业集团业务范围

集团名称	集团业务
上海锦江国际集团	宾馆、餐饮、旅行社、物业管理、俱乐部、商场、房地产开发、车辆服务、洗涤制衣、食品生产及连锁经营等
华侨城集团	旅游业、房地产、电子通信
国旅集团	旅游业、免税品、房地产

续表

集团名称	集 团 业 务
中旅集团	旅行社、酒店、旅游汽车、商贸、出版、货运、劳务输出及投资开发
中青旅集团	旅行社业务、旅游景点基础设施建设及配套开发、旅游客运业务及出租汽车业务、电子产品及通信设备等高新技术的开发及经营
首都旅游集团	酒店、旅行社、汽车运营、会展、餐饮、旅游景点、商业、房地产
黄山旅游集团	旅游接待、服务,旅游商品开发、销售,旅游酒店、旅游运输,饮食服务,旅游资源开发,组织举办与旅游相关的贸易活动,信息咨询
广东省旅游集团公司	旅行社、宾馆酒店、旅游度假区、旅游汽车营运、物业管理、旅游出版社、传媒网络、电子商务及旅游商品配送、免税品管理
宋城集团	旅游休闲、房地产开发、文化传播、高等教育、电子商务

资料来源:郭华.我国旅游企业集团多元化经营战略探讨[J].商讯商业经济文荟,2005,(5).

【相关信息】

多元化经营战略的运用条件

第一个条件:必须具有一定的规模

此处的"规模"不能仅以传统意义的销售额及企业总资产所决定的经营规模和组织规模(雇员人数)来衡量。只要具备产生"规模效应"的能力,即向市场提供大量产品并通过单位产品成本的下降获取市场支配能力,就称之为具有规模。例如,1997 年上海的"散客旅游超市",由 18 家中小旅行社组合而成,以统一的品牌、价格、服务和统一的承诺,通过其分布在上海个各角落的销售网点,从在国内旅游中处于优势地位的大旅行社手里夺取了细分市场,其在散客旅游上大获成功,靠的就是"网络化"规模效应。此外,这种规模可分为内、外部规模经济性。内部规模经济性,是指企业保持在适度规模的基础上,能够更专业化、更高效地开展业务的物质条件和企业管理协调畅通。外部规模经济性,是指随产业的扩大,企业能通过不同形式的联合,即通过数家厂商在某些功能领域的结合,获取外部规模经济收益。

第二个条件:必须具有可转移的核心竞争力

是否具有可转移的核心竞争力,是多元化经营能否成功的关键。服务性行业的主要竞争优势来自于销售人员,但由于饭店的人员流动性大,会带走关键顾客,故竞争优势的保持难以持久,无法形成"不可完全模仿、不可替代的"核心竞争力。但这并不是说饭店就不具备核心竞争力。例如,饭店可通过扩大布局合理的销售网,培育出以品牌为中心的,不断推出新品、精品的核心竞争力,从本质上说,可转移的核心竞争力就是在其产品开发、创新的基础上,在特定专业领域里,提供规范、优质服务的能力。这种能力一旦形成,就会使顾客产生与众不同的感觉,由此形成旅行社的核心竞争力,它可以通过特定经营的方式进行转移并运用于多元化经营中创造效益。如,万豪饭店在经历了20世纪80年代平均每年新开100家左右的新饭店之后,回归饭店管理公司的主业,最终形成拥有15个著名品牌的核心产品群。2000年与希尔顿饭店公司一起被《财富》列入美国500强企业。故而,进行多元化经营时必须考虑到这两个前提条件。

(资料来源:邹统钎等.饭店战略管理:理论前沿与中国的实践[M].广州:广东旅游出版社,2002.)

(三)纵向一体化战略

一体化战略,大体可分为横向一体化和纵向一体化两类。其中,纵向一体化又可分为前向一体化和后向一体化两类。纵向一体化可以获得降低交易成本的效益。在旅游业中,纵向一体化经常发生在餐厅和酒店之间。许多酒店都由餐馆发展而来。一体化战略基于两方面的考虑:一是看好某一产业的长期发展,期望在这一产业链上获取更多的利润;二是通过一体化战略来提升竞争能力,降低经营风险。

1. 前向一体化(Forward Integration)

前向一体化,是指向产业链的下游延伸,即将业务延伸到企业的客户端。如,航空公司投资酒店。再如,作为第三产业的饭店业,其一体化与制造业看似不同,其实本质却是一样的,就像2001年美国圣达特机构出资29亿美元收购了全球最大的客源分销系统之一伽利略,体现了前向一体化发展。借此,圣达特可分享伽利略的全球客源分配系统,利用其品牌优势来控制客源,通过市场交易费用的节约降低单位经营成本并保证产品质量,从而提高企业的竞争力。前向一体化的适用准则为:销售商成本高昂、不可靠、不能满足企业发展的需要;产业快速增长或将会快速增长;前向产业具有较高的进入壁垒;前向产业收入水平较高;企业具备进入前向产业的条件;企业需要稳定的生产。

2. 后向一体化(Backward Integration)

后向一体化,是指向产业链的上游延伸,即将业务延伸到自己供应商的领域内。如,旅行社开发旅游景点;麦当劳在中国培育自有的种植和养殖基地,提供餐厅所需要的食品。后向一体化的适用范围有:供应商成本过高、不可靠、不能满足企业发展的需要;供应商数量少而需求方竞争对手多;产业快速增长;企业具备自己生产原材料的能力;原材料成本的稳定性极为重要;供应商利润丰厚。

纵向一体化可以获得内部化的效益。但是,纵向一体化也存在一些争议。有研究者指出,纵向一体化会存在一种与单一业务扩展类似的风险。如果一个企业实施了纵向一体化战略,而且,企业的主要产品开始过时,在这种情况下,除非企业的价值链增值活动可以保持足够的灵活性,可移植入新的产品,否则整个企业的获利能力将受到影响。

3. 横向一体化(Horizontal Integration)

当今全球战略管理的一个重要趋势,便是实施横向一体化战略的大企业越来越多。横向一体化,是指同业间的扩张。横向一体化战略适用准则有:为获取垄断;企业处于成长型的产业中;规模具有一定优势;企业具有扩大经营规模的能力;竞争对手停滞不前。横向一体化趋势的出现,反映出战略管理者对自身从事多种无关业务能力的怀疑。同业并购比非同业扩张更能产生效率,因为这更能避免重复建设,也使收购者更易于了解被收购者。国际饭店业大规模的收购趋势不失为是横向一体化的一种最好表现。如,喜达屋收购威斯汀饭店集团;万豪收购复兴集团和里兹—卡尔顿;巴斯集团收购洲际集团,创造了其成员饭店涉足90多个国家和地区的纪录。饭店集团或公司之间的这种横向一体化兼并与重组,形成了真正的规模经济和范围经济优势,使其受益匪浅。

企业兼并(Merger),又称吸收合并,指两家或者更多的独立企业合并组成一家企业,通常由一家占优势的公司吸收一家或者多家公司。企业收购(Acquisition),是指一个公司购买或获得另一个公司产权的不平等“婚约”。在这种交易中,除非收购过程中收购公司是以换股票方式进行收购,否则,被收购公司的股东不再是扩大了的公司的主人。

企业并购的原始动因在于:

(1)经营协同效应。即并购给企业生产经营活动在效率方面带来的变化及效率的提高所产生的效益,表现为规模经济效益的取得。

(2)财务协同效应。指并购给企业在财务方面带来的种种收益,表现为由税法、会计处理惯例及证券交易等内在规定的作用而产生的一种纯金钱上的效益。

(3)企业发展动机。即通过并购获得行业内原有生产能力。

(4)市场份额效应。即通过并购可以增加企业对市场的控制能力。

(5)战略动机。即制定较长远的发展战略,有意识地通过企业并购方式进行产品转移。

影响并购成功有六大要素,包括三大硬件和三大软件。三大硬件,是指并购前的业务活动。这对并购后的公司财务表现具有明显的影响,分别是:协同评估(两家公司的业务匹配度)、综合规划和勤奋工作。三大软件,是指在宣布并购前必须研究的人力资源问题,包括管理队伍选择,文化问题及与员工、股东和供货商的沟通。研究表明,强调管理队伍选择以减少因不确定因素带来组织问题的企业,其成功的可能性要大26%;注重解决文化差异问题的企业,其成功的可能性要大26%;注重沟通的公司,其成功的可能性要大于13%,而与员工间沟通不够则会给并购带来更大的风险。

(四)合作与联盟

战略联盟(Strategic Alliances),是一种合作关系,在合作中,两个或多个企业把资源和能力结合在一起,创造出共同的竞争优势[①]。其实质是以合作代替对抗,是更高形式的激烈竞争的开始。比如,澳门文华东方酒店与美国运通信用卡公司、亚洲航空公司进行联合促销,鼓励客人选择酒店套房并使用运通卡结账,由此可获亚洲航空公司从香港到澳门

① 梅森. 战略管理动态观点[M]. 北京:机械工业出版社,2009.

的免费直升机票两张，从而使酒店出租率与亚航直升机业务都得到提高。这实际上就是饭店、航空公司及金融公司等业务关联企业的跨不同行业的战略联盟。[1]

联盟能够在几个方面帮助企业达到目标。联盟不仅通过与其他企业分担风险而分散了经营的风险，而且还能使企业接触到通过非联盟形式所得不到的知识、资源和能力。联盟通过四种方式来奠定竞争优势的基础：联合投资、知识共享、资源互补及有效管理。

1. 联合投资

联盟能够通过推动企业进行投资以增加收益。而这些投资是企业在缺乏一个正式的联盟关系时所不愿作出的。这种优势特别重要，因为当价值链中的活动得到专用性投资支持时，才有可能提高生产率。

2. 知识共享

企业参与联盟的一个普遍的原因，是可以向联盟伙伴学习。然而，学习要求联盟伙伴在转移知识时予以协作。尽管联盟伙伴吸收知识的能力不一定相同，但有两个因素会推动知识的转移：一是联盟伙伴之间的信任和熟悉；二是稳定的信息分享常规。

3. 资源互补

企业的资源和能力是竞争优势的主要来源。当联盟伙伴把其资源和能力组合在一起时，就有可能创造产业内其他竞争者所无法得到的许多资源。如果这些资源和互补的资源和能力结合在一起，那么联盟就可能产生共享优势。最后，如果资源和能力的组合是有价值且稀缺的，联盟就有可能产生比单个联盟伙伴加总之和还要多的利润。

4. 有效管理

联盟可能产生的问题，是一方会利用另一方。为使这一风险最小化，许多联盟要求有正式的保护机制。如，股权投资或正式契约。尽管这些机制代价高昂，却可能仍比正式一体化成本低。然而，一些专家认为，联盟带来的真正的成本节约在于，那些联盟企业依靠自我控制和非正式协议，而不依赖正式的方法来控制其合作伙伴的行为。

战略联盟也有不可避免的局限性，是有风险的。联盟的成员企业可

---

① 转自澳门文华东方酒店的启迪，http//：www. vctnes. com. cn.

能丧失核心竞争优势，可能面临被收购与兼并的风险，盟友间可能出现矛盾与冲突，文化差异可能导致联盟失败，可能存在难以逾越的技术风险，也可能因专用投资而被控制。

【相关信息】

战略联盟的形式

“一个好汉三个帮”，从这句历经沧桑的古语中，我们可以深刻体会到战略联盟的重要性。近年来战略联盟已成为饭店业发展的重要趋势。饭店的发展要同供应商、旅行社、消费者、同行结成战略伙伴关系。战略联盟一般有哪几种形式呢？大体上可以分为两种：一种是在战略层面的联合。西方目前日益增长的联合体即是此类。我国以哈尔滨国际饭店牵头组成的黑龙江旅游饭店联合体，也属于战略层次的联合。各成员公司之间以共同的预订系统和营销系统相联结。具体的产品没有标准化，但致力于服务质量标准的统一。这种联盟多为小的独立公司。另一种是在操作层面的联合，最典型的是俄罗斯饭店公司联合瑞士的摩恩匹克(Mouenpick)、斯堪的纳维亚的萨兹(SAS)、中国香港的柏宁、加拿大的共同福利饭店及澳大利亚的亚太边缘休闲饭店，以便更好地在全球范围内促销其产品。操作层面的联合有一种交叉联合的作用。它是多个生产不同产品但具有类似管理风格及管理哲学的企业联合起来以减少成本、提高利润的方法。战略联盟的最大优势，是能迅速在全球范围内获得多个著名品牌的优势。在目前经营环境日益复杂的情况下，战略联盟可以以较少的投入获得如下利益：各成员饭店的营销成本较小；克服劳动力缺乏，管理人员不足的问题；克服因文化差异带来的困难。

（资料来源：邹统钎等. 饭店战略管理：理论前沿与中国的实践[M]. 广州：广东旅游出版社，2002.）

二、防御型战略

有研究表明，在公司成长历程中会存在一个转型期。转型，即对组织战略、结构和流程进行重大调整，使之与新的现实环境相匹配的过程。公司重构(Corporate Restructuring)、流程再造(Process Re-engineering)、改造(Transformation)、变革(Renewal)所阐述的观点大都与此相关。例如,多元化战略可以分散风险,避免对单一产业的依存。但是,20 世纪 80 年代之后,多元化组织的绩效一度令人不满。此后,多元化战略的趋势逐渐降温。与多元化相对应的公司的规模紧缩和范围紧缩战略出现,表现为收缩、剥离、清算业务的防御型战略。

(一)收缩

收缩战略包括两类:规模紧缩(Downsizing)与范围紧缩(Downscoping)。为了解决企业中出现的管理层级臃肿问题,大企业可以实施规模紧缩。洲际酒店集团关闭了位于伦敦的总部办公室,合并了一些运营部门,将公司全球总部的员工裁减了 800 人。

范围紧缩,通常会涉及出售一些非核心业务或非营利业务。这些业务与企业的核心能力并无关联。如,美国的一家家族企业卓越饭店公司(The Drury Inns. Inc)把不是自己长处的餐馆及其管理外包出去,专心针对商务旅游者,通过发挥其饭店设计、装修上的优势,降低了成本,取得了经营的巨大成功,从 1973 年仅一家饭店到 1999 年拥有了遍布全美 13 个州的 99 家饭店。[①] 抛售与组织战略专一性相关程度较低的资产,可被认为是一种市场撤退。这会引起诸多利益相关者的关注。然而,有证据表明,股票市场上对于企业合理的范围紧缩行为往往持积极的支持态度。

(二)剥离与清算

资产剥离(分拆),是一种与并购相反的行为。剥离的重要表现之一,是资产出售(Sell-off)。在这种情况下,一个业务单元可能出售给另一家企业,或者被内部管理者进行管理层收购。剥离的另外一种形式,是公司分立(Spin-off)。在这种情况下,公司现有股东在分立出去的公司中获得同比例数量的股票。

清算,是指企业为了变现而将全部或者部分资产分割出售的战略。这一行为是对战略失败的承认。虽然在情感上难以接受,但停业清算可能比继续大笔亏损要好。清算的实施应当遵循以下几个原则:第一,企业已经采取了收缩和剥离战略,但未能成功;第二,企业的唯一可选方案就是破产,清算是破产程序之后的行为;第三,企业股东可以通过出售企

① 杨博,韩凌. 卓越酒店家族式企业成功范例. 中外饭店. 2001.

业资产而承担有限责任,从而将损失降至最低限度。

【相关信息】

中国酒店集团扩展战略及路径选择的实证研究①

1. 引言

2006年,按规模评选出中国最大的1000家企业集团。3家旅游与酒店集团名列其中:华侨城名列150位、北京首都旅游集团名列172位、锦江国际集团名列第284位。但是,2006年度中国按竞争力排名的大企业集团500强的名单中却没有一家旅游(酒店)集团。尽管中国酒店管理集团的发展已经起步,但其管理业绩仍然相对较差,而且国内酒店集团和非集团化经营酒店的业绩明显不及国际酒店管理公司管理的酒店(奚晏平,2000)。国家旅游局的相关统计数据显示,在五星级酒店中,2006年国际管理酒店实现的平均房价最高,达到人民币946元,比国内集团管理酒店平均房价(657元)高出44%。这些数据都表明,中国酒店集团需要提高竞争力。

与独立运营的企业相比,企业集团的竞争力来源于其经营职能的协作范围和协作程度。酒店集团亦然。也就是说,判断酒店集团化程度和竞争力的主要标准之一,就是酒店集团在各职能上统一管理的范围和统一管理的程度。基于此,有必要对我国酒店集团在不同职能上的统一管理范围和统一管理程度进行研究。

2. 文献研究

环境变化导致企业战略演变,进而企业组织结构随之发生变迁(Jeffreg Harrison and Cathg, 2005)。对酒店集团战略的研究集中在扩张战略和扩张方式两个方面。与其他企业组织相似,酒店集团的扩张战略一般包括单一化、纵向一体化和多元化三种类型(Jeffreg Harrison and Cathg, 2005)(秦宇,2004)。酒店集团的扩张方式主要有产权扩展和品牌扩展两种,而选择何种扩张方式受到企业核心能力和市场自身可获得的资源的影响(Edgar, Littlejohn and Allardyce, 1994)。近年来,全球范

① 改编自作者发表的论文《酒店集团扩展战略及路径选择的实证研究:基于中国酒店集团的问卷调查》。

围内以特许经营和管理合同为代表的酒店集团品牌扩展方式大规模增长。管理合同和特许经营方式占国外酒店集团扩张方式的66%(Contractor and Kundn, 1998)。尽管传统研究证明管理主要依赖于所有权控制,但研究也表明管理控制在这些模式中的作用仍然很大[5]。在特许经营和管理合同两种方式中,中国酒店的集团化扩展倾向使用管理合同(Pine, zhang and Qi, 2000; Chekitan, Enamilli and Agarwal, 2002)。

不论酒店集团的扩张战略和扩张方式如何,扩张过程中酒店集团对下属酒店职能的管理范围和控制程度,成为酒店集团十分重要的问题(Anttonen, Tuunanen and Alon, 2005)。由于酒店集团可以发挥市场优势和内部成本优势,所以酒店集团规模越大,其利润率就越高(Lafferty and Fossen, 2001)。比如,酒店集团中所属酒店数量增长时,诸如营销、培训等费用可以在更多的饭店中进行分摊,单个饭店运营成本将更低(Brotherton, 2003)。在经济、社会和政治环境的迅速变化中,旅游企业意识到相互依赖的重要性,因此它们展开合作,以利用本企业不具备的稀缺资源。通过将原来借助市场进行的交易转化为酒店集团内部的交易,可以大大降低各个成员酒店之间的交易成本(Lafferty and Fossen, 2001)。

对中国酒店集团扩展战略的研究是近20年才开始的,主要表现在总结行业经验和吸收外来思想方面。戴斌(2004)归纳了中外酒店经营管理的五种主要模式:带资管理、委托管理、特许经营、联销经营、顾问咨询。邹统钎(1999)将国外的研究方法引入中国,对中外酒店集团的管理模式进行比较研究。Pine, Zhang and Qi(2002)在总结中国酒店业发展态势的同时,分析了中国星级酒店的特许经营扩展战略。

中国旅游酒店业的集团化采用了政府推动、合并收购和输出管理三种模式(陈炜, 2005)。奚晏平(2007)认为,中国饭店集团的形成大致分为以下四种类型:一是依靠行政纽带联结本系统的旅游酒店成为集团;二是单体酒店联合体(如中国名酒店组织);三是以委托管理为主的酒店管理公司;四是全资或控股所辖酒店的集团。组建方式不同,酒店集团对成员酒店管理的职能范围也就不同。站在资源基础论的角度,中国酒店集团可以划分为以资本为核心资源的酒店集团、以技术为核心资源的酒店集团、以市场为核心的酒店集团和以成本为核心资源的酒店集团(翁钢民, 2001)。核心资源不同,酒店集团对成员酒店的控制程度也不同。

综上所述,对国内酒店集团扩展过程的研究,事实上可以归结为酒店集团统一管理的职能范围和统一管理的程度问题。其理论根源可以追溯至酒店集团母子公司间的治理关系问题。奚晏平认为,在酒店集团治理安排中,母公司治理与独立公司治理实际上区别不大,而子公司治理则因酒店规模和扩张方式的不同而存在不同的治理安排[1][16]。

从以上对国内外有关酒店集团扩展的文献可以看出,有关酒店集团扩展战略和方式的文献比较丰富。但是,西方的主流文献倾向于对酒店集团的某一种扩展战略或方式展开实证研究,缺乏对酒店发展模式这一问题的具体研究;而本土的研究缺乏实证数据支持,尤其缺乏针对酒店集团扩展过程的研究。因此,对国内酒店集团的扩展战略及其路径进行有针对性的实证研究显得尤为重要(何建民,2004;魏小安,1999;王捷二,2006)。

3. 研究设计

作者先对有关文献进行了梳理,据此提出了若干假设,设计出问卷并展开调查。本研究的对象是中国酒店集团,包括国有酒店集团和民营酒店集团,但不包括跨国酒店集团在中国的分支机构。本研究所指中国酒店集团还包括一些以旅游业为主营业务,且酒店业是其主营业务的旅游企业集团。

(1)研究框架与分析思路。从文献研究可以看出,迄今为止,国内外对酒店集团扩展进程的研究并不多见,而对不同酒店集团扩展进程的类型研究则尤其少见。Edgar, Little John & Allardyce(1994)根据企业结构和组织战略对苏格兰30家最大的酒店企业集团进行了分类;Lant & Baum(1992)则依据认知特征对曼哈顿的72家酒店集团进行了分类。这些研究可为后来的研究者分析酒店集团扩展进程问题提供参考。按照前文的文献研究,根据"统一管理的职能范围"和"统一管理的程度"可将酒店集团划分为战略集中型、紧密职能型、广泛联盟型和松散联合型(见图5-2)。

统一管理的职能范围,是指酒店集团的扩展需要对食品生产、客房

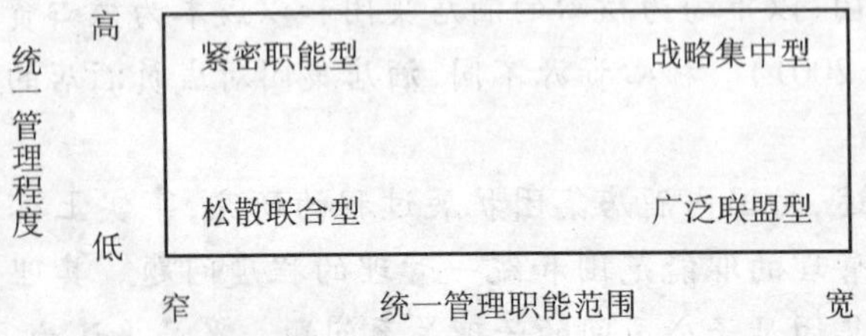

图5-2 按照"统一管理职能范围"和"统一管理程度"划分的酒店集团类型

销售、信息系统与研发、物料采购、人力资源管理、会计与财务、政府与公共关系等职能进行统一管理。由于中国大型酒店企业集团处于成长期，一些酒店在集团化经营初期并没有将这些职能完全纳入统一管理。随着酒店集团化程度不断提高，可以认为酒店集团逐渐增大统一管理的职能范围。与此同时，在集团扩展的过程中，协作程度也逐渐提高。

为了分析酒店集团扩展战略的路径选择，本文试图对酒店集团扩展战略及其路径选择进行分析和比较。由于中国经济高速增长，中国酒店集团扩展的路径主要体现为不断扩大统一管理的职能范围，逐渐提高统一管理的程度。但是，由于中国市场的竞争日趋激烈，也有些酒店集团出现了问题，进而出现缩减投资规模、剥离酒店业务的现象。若酒店集团的统一管理范围和统一管理程度均无显著变化，则可称之为稳定型路径。对于那些统一管理范围与统一管理程度或二者同时有提高的酒店集团扩展路径，可称之为成长型路径。若酒店集团统一管理范围和统一管理程度（两个变量）中的一个或两个下降，则可称之为退化型路径。若统一管理范围和统一管理程度（两个变量）中的一个或两个发生了先增后减或先减后增的情况，则可称之为波动型路径。波动型路径也包括其他不规则的变化。

(2)问卷设计与变量衡量。为了对"统一管理的职能范围"指标进行衡量，本研究采用了一个具有7个变量的量表，受访者需回答在3年前、现在和3年后酒店集团有没有在该项活动上进行统一管理。这7个变量分别是：食品生产、客房销售、信息系统开发与维护、物料采购、人力资源管理、会计与财务、政府与公共关系。若在该项活动进行统一管理，则值为1，否则为0，按时间对统一管理的职能范围进行加总，得到一个结果为1~7分的变量。因为酒店集团至少有一项活动进行统一管理，否则便不能称之为集团化经营的酒店，所以累计值不可能为0。

$S = \sum a_i$。其中 $a_i = 1$ 或 0。1 表示统一管理；0 表示没有统一管理。

对酒店集团统一管理程度的衡量，仍然采用上述7个变量，不同的是，只要求被访者对酒店集团中管理活动的统一程度进行回答。若统一管理的程度很高，则选择5；若统一管理的程度很低，则值为1。当然，也要求受访者分别回答3年前、现在和3年后的状态。酒店集团的统一管理程度则由单项统一管理程度得分之和 $\sum 1_i$ 与职能统一管理 $S(=\sum a_i)$ 得分相除而得，所得范围是1~5。

$$L = \frac{\sum 1_i}{\sum a_i}$$

其中 1_i 为每项管理活动的统一程度。

与此同时，问卷还设计了相应问题，以了解被调查酒店集团和问卷填写人的背景资料。被调查酒店集团的背景资料包括酒店集团名称、酒店所有权性质、酒店集团管理酒店的数量等。其中，酒店集团的所有权性质在问卷分析中用作控制变量。问卷填写人的相关信息包括问卷填写人职位、姓名、酒店业从业时间、电子信箱和联系电话。问卷填写人姓名、职位和酒店业从业时间主要用于判断问卷的真实性；电子信箱和联系电话一是为了便于补充相关信息；二是为了将研究结果反馈给填写问卷的酒店集团和填写人。

除特殊说明外，本研究提供的问题均采用利科特五级变量（Five-choice Likert-type Variable），得到的量表均为利科特五级量表（Five-point Likert-type Scale）。受访者需分别回答3年前、现在和3年后的情况，以其反映酒店集团过去、现在和未来的战略。

4. 问卷调查及研究结果

本次研究的目标，调查对象是2006年中国旅游饭店业协会给出的中国饭店业集团（管理公司）名单中所列的91家酒店集团。在确定问卷发放企业的名单之后，作者于2007年10月19日，向目标调查对象的高层管理者发放问卷89份①，部分问卷则以电子邮件的形式发放。截

① 由于有两家酒店集团找不到合适的人填写问卷，实际发放89份。

至2007年11月30日,共回收问卷54份。以下列条件作为无效问卷的剔除标准:相关类别选项完全一致;存在漏项且每个大类中漏项超过两个的问卷无效①。经过初步分析,在所回收的问卷中有效问卷共51份,有效回收率为57.30%。对于存在漏项但不被视为无效的问卷,漏项值以该项平均值作为缺省观测值。研究工具为SPSS15.0。

(1)样本的代表性及样本特征。作者先对问卷回答者的从业时间进行了频数统计(见表5-2),在51个有效样本的回答者中,有28位回答者在酒店业的从业时间超过15年,占样本酒店集团的54.9%。有11位从业时间在10~15年,占样本酒店集团的21.6%。如果将有10年以上从业时间的问卷回答人加总起来,则占样本酒店集团的76%。从问卷回答者的从业时间来看,此次问卷调查的回答应当具有较好的水平。

表5-2 51个酒店集团样本回答者的从业时长

从业时长	问卷回答者的数量(人)	百分比(%)
5年以下	5	9.8
5~10年	7	13.7
10~15年	11	21.6
15年以上	28	54.9
合计	51	100.0

资料来源:作者对问卷回收结果进行的统计。

从管理的酒店数量来看(见表5-3),在所有51家酒店集团样本中,管理30家以上酒店的集团有17个,占51家酒店集团样本的33.3%;管理20~30家酒店的集团有4个,占51家酒店集团样本的7.8%;管理10~20家酒店的集团有14个,占51家酒店集团样本的27.5%;管理10家以下酒店的集团有16个,占51家酒店集团样本的31.4%。从这些数据可以看出,中国大型酒店集团管理的酒店数量相对分散。

---

① 无效问卷的剔除标准是:相关类别选项完全一致,或存在漏项且每个大类中漏项超过两个。

表5-3　51家样本酒店集团所管理酒店数量的分布

所管理酒店的数量	酒店集团的数量	百分比(%)
10家以下	16	31.4
10~20家	14	27.5
20~30家	4	7.8
30家以上	17	33.3
合计	51	100.0

从所有制类型来看，在所有51家酒店集团样本中，国有酒店集团有38家，占酒店集团样本的74.5%；民营酒店集团有13家，占酒店集团样本的25.5%。

从区位分布来看，经初步统计，51家酒店集团样本来自于广东、北京、江苏、浙江、福建、海南、湖南、辽宁、上海、山东、陕西和天津等12个省和直辖市。其中，广东占14家，北京占8家，江苏占5家，浙江占4家，上海占3家。绝大多数酒店集团分布在东南沿海地区。

中国酒店集团主要集中在中国东部沿海的三个主要地区：包括上海、江苏、浙江等地的长江三角洲地区；北京、天津、辽宁、山东等地的环渤海地区和以广东为主的珠江三角洲地区。中国内地的其他省区，如福建、海南、陕西、湖南等也有一些酒店集团。本研究将目标调查对象和样本所在上述四类地区的区位比重（见表5-4）进行配对均值比较，得到T=-0.000(Sig. =1.000)，表明问卷回收的样本与目标调查对象之间的区位分布不存在显著差异。因而，本次问卷调查所回收的酒店集团样本在区位分布方面具有代表性。

表5-4　问卷目标调查对象和样本的区位比较

地　区	目标调查对象		样　本	
	企业数	百分比(%)	企业数	百分比(%)
长江三角洲	22	24.2	12	23.5
环渤海地区	27	29.7	14	27.5

续表

地　区	目标调查对象		样　本	
	企业数	百分比(%)	企业数	百分比(%)
珠江三角洲	23	25.3	14	27.5
其他	19	20.9	11	21.6
合计	91	100.0	51	100

(2)对统一管理职能范围和统一管理程度的描述性统计

表5-5列示了"三年前"、"现在"和"三年后"样本酒店集团的统一管理活动和统一管理程度的均值和标准差。统一管理活动范围从三年前的5.3137增加到现在的6.2941,到三年后还将增加到6.9020。统一管理程度由三年前的2.2785增加到现在的3.1425,到三年后还将增加到3.9163。由于统一管理的职能范围取值的中位数为4,而不同年度统一管理职能范围的均值远高于4。可以认为,中国酒店集团统一管理的职能范围较为广泛。与此同时,由于统一管理程度取值范围的中位数为3,而"三年前"统一管理程度的均值小于3,"现在"统一管理程度的均值略大于3,"三年后"统一管理程度的均值增长更大。可以认为,中国酒店集团统一管理的程度并不高。

表5-5　中国大型酒店集团统一管理的范围与程度平均值

项　目	三年前		现　在		三年后	
	平均值	标准差	平均值	标准差	平均值	标准差
统一管理活动	5.3137	1.34893	6.2941	0.78215	6.9020	0.36083
统一管理程度	2.2785	0.68717	3.1425	0.57732	3.9163	0.73874

(3)中国大型酒店集团发展的进程

为了检验不同年份的统一管理活动或统一管理程度之差异的显

著性，作者使用了配对 T 检验（Paired Samples T Test）①。例如，比较"三年前"与"现在"的统一管理活动的差异是否显著。若"三年前"的统一管理活动高于"现在"，则 T 值为正，若"三年前"的统一管理活动低于"现在"，则 T 值为负。按照这种方法，分别对"三年前"、"现在"和"三年后"的统一管理范围进行两两比较。这种方法也适用于统一管理程度这一指标。

表 5－6　"统一管理职能范围"和"统一管理程度"不同时间的配对比较

指　标	配对时间	均值	t	Sig. (2-tailed)
统一管理职能	3 年前至现在	－0.9804	－5.643	0.000
	现在至 3 年后	－0.6078	－5.785	0.000
	3 年前至 3 年后	－1.5882	－8.532	0.000
统一管理程度	3 年前至现在	－0.8640	－12.545	0.000
	现在至 3 年后	－1.6379	－14.637	0.000
	3 年前至 3 年后	－0.7739	－9.762	0.000

根据表 5－6 的统计结果，三年前、现在和三年后，中国大型酒店集团逐渐增加统一管理职能的范围，逐渐增强统一管理程度。这种变化十分显著。可以认为，酒店集团扩展的过程也是拓宽统一管理职能范围和提高统一管理程度的过程。

（4）酒店集团扩展模式的类型

本研究依"三年前"的数据将样本酒店集团按统一管理的职能范围和统一管理的程度两个变量进行聚类，得到 4 种不同的酒店集团发展战略类型：战略集中型、紧密职能型、广泛联盟型和松散联合型。广泛联盟型酒店集团最多，达 25 家，而紧密职能型酒店集团最少，只有 4 家。从表 5－7 中可以看到，每一类酒店集团两个变量的聚类中心。

① 配对 T 检验主要用于受试对象处理前后的比较。实际上是先求出每对的差值，如果差值的总体均值为 0，则样本均值也应当在 0 左右波动。通过检验该差值总体均数是否为 0，就可以得知处理前后有无差异。本研究中，每一时间点分别代表一个处理。

参考张文彤．SPSS11 统计分析教程．北京：希望电子出版社．2002．（第一版）p.228．

表5-7 "3年前"51家样本酒店集团的战略类型及其聚类中心

指　标	广泛联盟型	战略集中型	松散联合型	紧密职能型
酒店集团数量	25	7	15	4
统一管理职能范围	6.36	5.29	4.40	2.25
统一管理程度	2.17	3.30	1.99	2.25

根据统一管理职能范围和统一管理的程度对51家样本酒店进行聚类的结果,如图5-3所示。由于统一管理职能范围的实际取值仅限于从1~7的自然数,而且有些样本统一管理职能范围和统一管理的程度完全一致,因此部分样本在图中的位置出现重合。

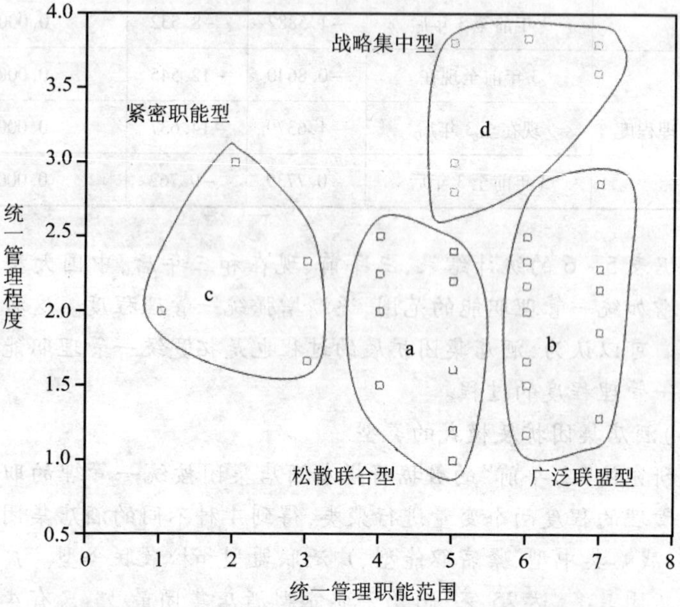

图5-3 "3年前"51家样本酒店的聚类结果

作者还对三年前、现在和三年后4类酒店集团的统一管理范围和统一管理程度分别进行了比较(见表5-8),结果发现,4类酒店集团的统一管理职能范围和统一管理程度均发生了显著增长。可以认为,松散联合型、广泛联盟型、紧密职能型均存在向战略集中型演变的态势。

表5-8 不同战略类型的酒店集团的演变比较

类型	样本数	配对时间	统一管理范围		统一管理程度	
			t	Sig.(2-tailed)	t	Sig.(2-tailed)
松散联合型	15	三年前或现在	-6.487	0.000	-8.411	0.000
		现在或三年后	-4.026	0.001	-4.647	0.000
		三年前或三年后	-12.616	0.000	-7.413	0.000
广泛联盟型	25	三年前或现在	-2.000	0.057	-11.146	0.000
		现在或三年后	-4.000	0.001	-7.048	0.000
		三年前或三年后	-6.000	0.000	-12.333	0.000
紧密职能型	4	三年前或现在	-4.041	0.027	-2.046	0.133
		现在或三年后	-1.414	0.252	-8.809	0.003
		三年前或三年后	-6.971	0.006	-9.484	0.002
战略集中型	7	三年前或现在	-3.361	0.015	-2.407	0.053
		现在或三年后	-1.922	0.103	-3.402	0.014
		三年前或三年后	-9.295	0.000	-3.752	0.009

(5)酒店集团发展战略演变的路径

根据不同时间的统一管理职能范围和统一管理程度分别对51家样本酒店集团进行分类,图5-4表示51家酒店集团三年前、现在和三年后的发展战略类型及其变化过程。图内方框中的数字代表该时间点属于该战略类型的酒店集团数,而方框的中心位置则代表该类型酒店集团统一管理范围和统一管理程度的平均值。图5-4显示,松散联合型酒店迅速减少,由三年前的15家减少至现在的6家,并将于三年后减少至0家;广泛联盟型酒店集团逐渐减少,由三年前的25家减少至现在的8

家,三年后将减少至7家;紧密职能型酒店集团的数量波动较大;战略集中型酒店集团则迅速增长,三年前为7家,现在为17家,3年后达到40家。图5-4还显示,4类不同发展战略的酒店集团均呈现往右上角成长的趋势。也就是说,不管属于何种战略类型,大多数酒店集团均朝向拓宽统一管理的职能范围、提升统一管理的程度这一方向发展。

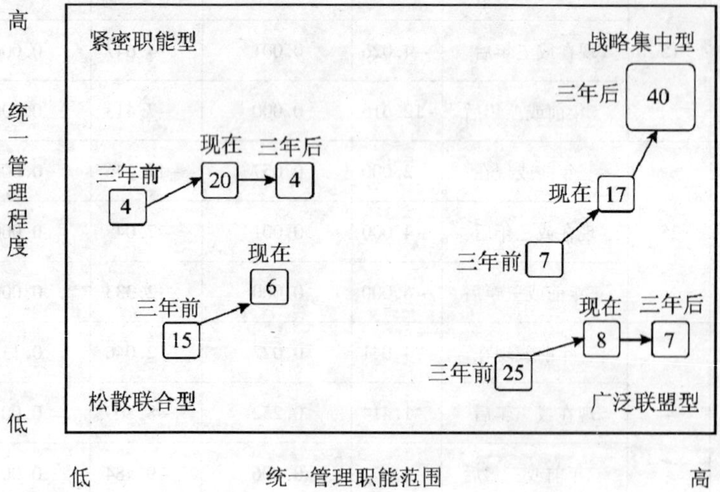

图5-4　酒店集团发展战略的变化态势

任一时间,酒店集团均有松散联合型(a)、广泛联盟型(b)、紧密职能型(c)和战略集中型(d)4种不同的发展战略类型。由于分别讨论了3个不同的时间点,因此,酒店集团可能有64(4^3)种演变路径。本文对酒店集团的实际演变路径进行汇总,如表5-9。

对调查数据进行聚类后的结果显示,样本酒店集团并不存在退化型演变路径。呈稳定型演变的酒店集团有8家,仅占51家酒店集团的15.7%;成长型演变的酒店集团有29家,占51家酒店集团的56.8%;波动型演变的酒店集团也达到14家,占到51家酒店集团的27.5%。总体而言,有72.5%的酒店集团具有稳定或成长型的演变路径。大多数酒店集团发展状态良好。

表 5-9 四种酒店集团发展战略的演变路径

演变路径	稳定型演变	成长型演变	退化型演变	波动型演变
具体类型	b-b-b 3 c-c-c 1 d-d-d 4	a-a-b 1 a-a-c 2 a-a-d 1 a-b-b 1 a-b-d 1 a-c-d 6 a-d-d 2 b-b-d 3 b-d-d 10 c-c-d 1 c-d-d 1		a-c-b 1 b-c-b 1 b-c-c 1 b-c-d 7 c-a-d 1 d-a-d 1 d-c-d 2
样本数量	8	29	0	14
所占比重	15.7%	56.8%	0	27.5%

5. 结论与讨论

本文的研究结论如下:依据统一管理的职能范围及统一管理的程度两个变量,酒店集团可以分为 4 种战略类型,即战略集中型、紧密职能型、广泛联盟型和松散联合型,同时存在稳定型、成长型和波动型 3 种不同的扩展路径。总体而言,有 72.5% 的酒店集团具有稳定或成长型的扩展路径。大多数酒店集团发展状态良好。

本文对中国酒店集团的扩展战略与路径选择进行了实证研究,由于国内尚无有关酒店集团扩展路径的研究,对酒店集团扩展战略的问卷调查也不多见,因而研究内容和方法具有创新性。但是,本文的调查对象主要是酒店管理集团,而非被管理酒店,因而在未来的研究中有必要对被管理酒店进行调查。本研究未讨论酒店集团扩展战略形成及其变化的影响因素。而且由于样本数量所限,本研究也未对不同产权主体的酒店集团分别进行研究。这些都可以作为进一步研究的方向。

第二节 业务层战略

业务层战略,需要对企业在其所选择的市场上竞争的方法和途径进行决策。业务层战略也可以称为竞争战略。成功的商业模式来自于创造出竞争优势和卓越绩效的业务层战略。企业必须决定:顾客需求——企业应当满足什么需求;顾客群体——企业应当满足哪些顾客的需求;独特竞争力——如何满足顾客的需求。这些决策决定着企业如何制定和实施战略,将商业模式付诸行动。战略管理者必须设计出一组基本的战略,以决定如何对产品实行差异化,如何对产品定价,如何进行市场细分及开发产品的范围。

市场的价格需求决定着企业需要采用低成本的竞争手段,而市场的品质需求又决定着企业需要采用差异化的竞争手段。故,低成本和差异化构成企业的两种最基本的竞争手段。一些企业试图兼顾低成本和差异化。这可以称之为最优价值的战略。因此,存在三种竞争手段:低成本、差异化、最优价值。与此同时,将三种竞争手段与市场范围(专注于狭小的竞争市场抑或宽泛的竞争市场)维度结合起来,可以构成六种通用业务层战略:低成本领先、差异化、最优价值、通过低成本实现专一化、通过差异化实现专一化、通过最优价值实现专一化。事实上,尽管后面三个业务层战略实现的手段有差异,但三者都在一个狭窄的利基(Niche)市场上竞争。因此,可以统称为专一市场战略(见表5-10)。

表5-10 通用业务层战略

业务层战略	市场	优势来源	描述
低成本领先	宽	最低成本生产	企业试图以最低的价格为顾客提供产品或服务。这一产品或服务面向非常宽泛的细分市场

续表

<table>
<tr><th colspan="2">业务层战略</th><th>市场</th><th>优势来源</th><th>描 述</th></tr>
<tr><td colspan="2">差异化</td><td>宽</td><td>高质量产品或服务</td><td>企业试图制造的产品或提供的服务比竞争对手的产品或服务更受欢迎。这一产品或服务面向非常宽泛的细分市场</td></tr>
<tr><td colspan="2">最优价值</td><td>宽</td><td>低成本及高质量产品或服务</td><td>企业试图制造的产品或提供的服务对于顾客极具吸引力,但是同时也是以说得过去的低价格进行生产,从而以其成本提供最优的价值。这一产品或服务面向非常宽泛的细分市场</td></tr>
<tr><td rowspan="3">专一市场战略</td><td>通过低成本实现专一化</td><td>窄</td><td>最低成本生产</td><td>在某一具体细分市场中,企业试图以最低价格为顾客制造产品或提供服务</td></tr>
<tr><td>通过差异化实现专一化</td><td>窄</td><td>高质量产品或服务</td><td>在某一细分市场中,企业试图制造的产品或提供的服务比竞争对手的产品或服务更受欢迎</td></tr>
<tr><td>通过最优价值实现专一化</td><td>窄</td><td>低成本及高质量产品或服务</td><td>在某一具体的细分市场中,企业试图制造的产品或提供的服务对于顾客极具吸引力,但是同时也是以较合理的价格进行生产,从而以其成本优势提供最优的价值</td></tr>
</table>

资料来源:[美]杰弗里·S. 哈里森,卡西·A. 恩兹编著. 秦宇等译. 旅游接待业战略管理:概念与案例[M]. 北京:旅游教育出版社,2007.

基本业务层战略的特点,是无论什么样的公司都可以采用这些战略——制造业公司、服务业公司和非营利组织,可以应用于任何产业环境中,是公司对产品、市场和独特竞争力的一致性选择。根据顾客类型及产品价格,可以分为四种基本业务层竞争战略类型,成本领先战略、差异化战略、最优价值战略及专一市场战略(见图 5-5)。

一、成本领先战略

成本领先战略,是指通过规模化生产或依靠独特的生产工艺,在成

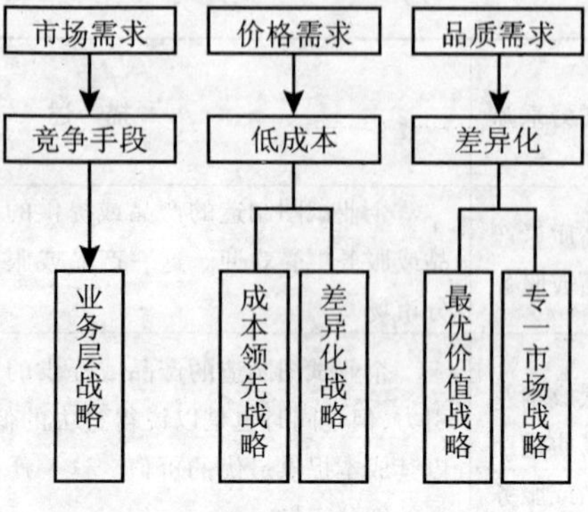

图 5－5　旅游企业的业务层战略

本水平上大大领先于对手，从而获取价格上的竞争优势。在消费者对价格敏感、产品标准性较强、产品品牌效应不显著的情况下，成本领先战略是有效的。该战略往往意味着巨大的生产规模和专业化程度很高的生产设备。成本领先者建立一种成本结构，能够以低于竞争对手的单位成本提供产品和服务。成本领先者无意尝试成为产业创新者，而是将产品定位于吸引"普通"或"典型"的顾客，最高目标是提高效率、降低成本。这一策略在饭店业中应用比较广泛。一些饭店在经营管理过程中特别重视成本控制，把控制成本看成是自己的核心竞争力，为了将成本降到最低，它们会采取一系列措施。比如，假日饭店减少成本的做法有：采用集中采购降低购买成本；在建筑上使用当地的原材料，将水塔放置在建筑的顶部等方法使其饭店的建筑成本比其他饭店低 30% 左右；为减少熨烫费，公司购买不起褶皱的床单；使用节能钥匙，降低消耗。喜来登 Welcomgroup 花园饭店在设计上考虑到自然光源的充分利用。在日间，大多数公共区域以阳光作为光源；将客房的白炽灯换成荧光灯，每年能为饭店节省 15 353 美元；废水再循环用于园艺、冷凝塔、抽水马桶，每年能为饭店节省 35 000 美元。①

成本领先战略的优势：通过成本优势在产业竞争中保护自己，较少受到强大供应商提价的影响；较少受到强大购买者投入品价格下降的影

① IH & RA(1998). "The Gift of Green", Hotel, April,61.

响;大宗采购提高了相对于供应商的讨价还价力量;有能力降低价格与替代产品竞争;低成本和价格是阻止竞争者进入的壁垒。成本领先者有能力收取较低价格,或在同行价格水平下能够实现高于竞争对手的赢利能力。

成本领先战略的缺陷:竞争对手可能降低成本结构;竞争对手可能模仿领导者的做法;成本降低可能会影响需求。

【相关信息】

如家的价值链成本分析

不同驱动因素构成不同的价值链,不同的价值链决定价值活动的成本地位。酒店业的价值活动,一般分为生产与销售、市场营销、采购、人力资源管理、企业基础设施等方面。因此,控制成本驱动因素,重构价值链,寻求一切低成本来源,才可能实现成本领先战略。重构价值链、压缩价值链上的单项活动支出都为如家成本领先优势的形成创造了可能。

1. 物业成本

相对于星级酒店自建物业,租赁和改建旧物业是如家的主要物业成本方式。此举不仅降低了初始固定成本的投入,而且节省了大量的时间。对于酒店来说,物业成本在其成本中占有相当大的比重。高档酒店一般采取自建物业形式,在黄金地段斥巨资买地建楼,从买地到投入运营的时间周期需要2~3年。而如家采取了租赁形式,租用厂房或普通房屋,将其改造成为酒店,避免了过大的固定资产投入。

2. 基础设施

如家的客房设施非常简单,辅助设施也尽量简化,但却不以降低消费者满意度为代价。如,房间床上用品是一般的棉制品;地上一般铺设地板而不用地毯;窗帘也一改一般酒店所采用的落地式,按照窗户大小定做,绝不浪费;没有金碧辉煌而花费不菲的酒店大堂,也没有利用率极低的KTV和桑拿等康乐中心,把能利用的空间都变成客房;只提供简单的早餐服务,如果周围有较方便的就餐场所,连餐厅也可以省略;不提供洗衣、停车等服务。

3. 人力资本

管理层次的减少和客房员工比例的下降使得如家人力成本比一般

酒店低了很多。由于舍弃了多余的服务设施和管理人员，如家比一般酒店少两个管理层次，没有部门经理，也没有领班，大小事基本由店长负责。客房员工比例达到了1：0.3～0.35。也就是说，每100间客房只有30～35名员工，而普通高档酒店每100间客房则要100～150名员工，比如家多出3倍都不止。

4. 营销成本

网络营销、客户预订系统、订房中心、网站、大客户系统、800电话都是如家争夺客源的杀手锏，不仅大大降低了如家的营销成本，同时也为顾客带来耳目一新的感觉和切切实实的方便。如家创始人之一的携程网络，拥有中国领先的酒店预订服务中心。在创立之初，如家依托携程网络使其迅速吸引了人们的眼球。在其后的发展过程中，如家又推出了会员卡，不考虑其带来的订房数量，单是如家日常房费9.2折嘉宾普卡的发行量就达到了20万张，而打8.8折嘉宾金卡的发行量则达到了90万张，购卡收入就近2亿元。

5. 采购成本

采购成本在酒店业成本中占有相当大的比重，而规模增大，赋予了如家对供应商的强大谈判能力。如家以直营店、特许经营、管理合同、市场联盟四种方式同步布点，从2002年在北京开出第一家店，到现在已经有169家店，覆盖城市将近70多个。这是一般星级酒店无法想象和达到的目标。这样的规模赋予了如家和供应商很强的谈判能力，使如家的采购成本平均比市场价格低20%左右。

（资料来源：石春茂，蒲文燕. 论如家快捷酒店的成本领先战略. 审计与理财. 2008. 第06期）

然而，鉴于旅游服务体验的重要性和消费的异质性，旅游企业的管理者往往不愿意承认自己的战略成本领先。他们往往将其企业视作在低成本和差异化间寻求均衡。锦江之星、如家、七天这些经济型品牌的管理者们则除试图提供给客人一个安全、舒适的环境之外，也试图寻找一些差异化的诉求。

二、差异化战略

差异化战略，旨在通过选择顾客眼中重要的特性或区别于竞争对手的能够收取溢价的产品特性而获得竞争优势。这种战略创造出一种在重要方面与竞争对手不同或独特的产品。差异化企业追求尽可能的差异化，专注于品质、创新和客户响应，在众多市场细分中竞争，专注于提供独特优势来源的组织职能。这一战略成功的关键，在于消费者必须愿意为某种产品或服务的独特性付出费用。

差异化战略强调通过独特性创造价值。这与低成本战略恰好相反。万豪提供既能吸引商务旅游者，也能吸引个人旅游者的高质量的顾客体验。这种体验是其他酒店集团所不能提供的。因此，万豪能向其顾客群索取更高的价格。云南丽江的家庭旅馆大量使用免费的无线上网服务。这也让休闲、度假的客人感觉到丽江家庭网络服务的差异化。四季饭店为商务旅游者提供24小时委托代理服务，为顾客提供个性化的预订服务；对那些经常外出的旅游者提供特殊关照。例如，无行李旅行安排，由委托代理人员代购和替换旅行用品，可以减少丢失和遗忘；提供24小时商务服务，其中包括客房内的传真和移动电话的租用；提供家庭式烹饪，保证顾客食品简单但富有营养，推出能量、胆固醇和盐较低的食品；每天下午5:00～8:00大堂免费提供咖啡；为听力障碍者提供数字显示设备；免费提供托儿服务；为早到和晚走的客人提供免费休息室，为客人创造了独特的价值。①

差异化企业的优势：顾客会形成品牌忠诚；强大的供应商不再是威胁，因为企业更关注它所收取的价格而不是生产的成本；差异化企业可以将涨价转嫁给顾客；强大的购买者也不再是威胁，因为产品具有独特性；差异化和品牌忠诚构成了产业进入壁垒；替代产品的威胁取决于竞争对手满足顾客需求的能力。差异化企业可以为独特的产品创造需求、收取溢价，带来更高的收入和赢利能力。

差异化战略的缺陷：很难长期保持在顾客眼中的独特性，敏捷的竞争对手可以快速模仿，专利和先行者优势都是有限度的；很难保持溢价的水平，而且，采取差异化战略的公司也不能忽略其成本情况。当这些公司的成本很高时，企业也许就不能通过相对较高的价格来弥补额外的成本。

---

① 钱炜. 四季饭店 四十年代创新史. 饭店世界，2000.3.

【相关信息】

旅游企业如何实施差异化策略

差异化策略的宗旨,是通过为特定的目标顾客群提供独特的价值来加强企业的核心能力,从而为企业赢得超值利润。旅游企业要选择顾客所重视的、有利于增强企业核心能力的环节实施差异化。

1. 产品差异化

产品差异化,是指某一企业生产的产品,在质量、性能上明显优于其他企业生产的同类产品,从而形成独特的市场。对同一行业的竞争对手而言,产品的核心价值是基本相同的,所不同的是性能和质量。在满足顾客基本需要的情况下,为顾客提供独特的产品,是差异化策略所追求的目标,而实现这一目标的根本就在于不断创新。

寻求产品的差异性,可从以下几方面入手:

(1)质量差异化。通过确定产品不同的质量水平(较低、一般、较高、超级等)来突出差异。产品的横向延伸可以满足不同的顾客需求。

(2)功能差异化。不同的产品可以有不同的附加功能。旅游企业可以借助不同的主题,在一般功能(观赏、休闲、教育、健身)上突出旅游企业社交文化中心的功能、信息中心的功能、会展中心的功能、休闲娱乐的功能、礼仪培训的功能、主题教育的功能、交通网络的功能等。

(3)数量差异化。旅游企业可以通过合理增减旅游产品的宽度、长度和深度,瞄准目标顾客的需求,用不同的数量满足不同的需求,降低顾客的遗憾值。

2. 服务差异化

在旅游市场日趋成熟,消费需求趋于个性化的形势下,企业竞争的关键转向了软件。旅游企业创造差异的丰富源泉,在于无形的服务。旅游企业应注意对不同的顾客提供有针对性、个性化和情感性的服务,突出自我特点。

旅游者的旅游活动主要是一种心理上的感受和精神上的满足。旅游经营者所提供的旅游产品是以服务为主的产品。不同的旅游者在同样的旅游活动中心理感受和精神上的满足程度往往因人而异。它取决于旅游者在旅游过程中的感受与主观愿望之间的比较。旅游者对旅游产品看法的差异性成为决定其是否作为最终消费者的主要因素。从生产者来讲,旅游产品是否为顾客所欢迎,最主要的是能否把自己的产品与竞争对手区别开来,让消费者一见钟情。

在寻求服务差异化时,旅游企业应强化服务意识,在规范服务的基础上追求定制服务,实施服务创新,提升服务艺术,尤其应重视构建服务文化,树立一种理念:要为顾客提供他们想要的服务,把对服务的认识提高到一种文化层次来设计发展。服务文化以服务价值观为核心,以顾客满意为目标,以形成高标准的服务认知和行为规范为职能。它推崇和追求服务的高品位、高境界和高情感。从某种意义上说,创造顾客就是创造差异,有差异才能有市场,才能在强手如林的同业竞争中立于不败之地。

3. 人员差异化

人才,是服务行业最重要的发展资本。旅游企业可以通过培养、吸引高素质的人才来获得竞争优势,发挥不同人才的特长,增强本企业的核心能力。

人员差异化,一般通过人员的综合素质体现出来。因此,旅游企业可以在人员的言谈举止、礼貌礼节、文化素养、服务技能、沟通技巧、精神风貌等方面努力培养和造就特色人才。无所不能的"金钥匙"专家、有创意的营销策划人员、技术娴熟的服务人员和国际型、文化型的"职业管理者"等,都可以提升企业的竞争力。

4. 环境差异化

环境差异化,是指企业通过造就与众不同的外部环境来吸引顾客的关注和偏好,直接体现差异。外部环境通过设计因素和社会因素来体现。设计因素,主要是指通过颜色、结构、材料、形状、风格、声音、气味、标志性符号等来改变企业外形,使企业形象更为突出;社会因素,则是指企业工作人员的举止言谈、穿着打扮、礼节礼貌、精神气质等,都会影响到顾客对本企业服务质量的判断和期望。在服务业中,服务人员是与顾客直接接触的环节。旅游企业通过员工营造出来的人文环境,对旅游企业至关重要。旅游企业要通过营造与经营主旨相一致的环境以突出特色,吸引顾客;要从硬件设施、软件环境及服务等各方面营造旅游企业的特色,突出差异性,以吸引更多的顾客。

5. 价格差异化

(1)价格高低差异化。企业可以根据产品的市场定位、企业实力、产品生命周期等因素，确定价格的高低。旅行社可根据不同的需求推出经济等、标准等和豪华等价位，满足顾客对不同价位的需求。

(2) 定价方式差异化。主要根据旅游产品的特殊性，对旅游产品分时、分地，针对不同的顾客报出不同的价格。这样，可以有效地调节淡、旺季的供需矛盾。

(3) 价格表现差异化。许多旅游酒店在餐厅的菜谱中对海鲜等食品以“时价”一言蔽之，常令顾客有“挨宰”的感觉。企业应通过详尽的明细账单，以明显的量化概念表现价格，增强顾客对价格的预知性和对企业的信任感，体现透明消费的特色。

(4) 价格弹性差异化。旅游企业可根据交易过程来议定价格，根据购买的数量、与购买者的关系实行一定的折扣价格，体现价格弹性，运用价格手段实现促销。

6. 售后服务差异化

由于旅游产品具有产销同步性，一些旅游企业认为企业中不存在售后服务。事实上，售后服务是市场营销的基本概念，是一个不可缺少的环节。企业应该重视售后服务，在售后服务中更多地体现人性化关怀。这是关系营销的重要环节。一些企业建立了严格的客户档案、VIP 回访制度及投诉客人跟踪调查制度，目的是提供良好的售后服务，与客人之间建立情感联系，争取更多的回头客。

7. 过程差异化

过程差异化，是指在市场导向原则下，企业把顾客的整个消费过程作为一个寻求差异化的领域，对产品或服务的提供过程重新认识、重新评价，在不改变产品或服务本身的情况下，把满足顾客在消费过程中所表现出来的个性需求作为获取差异化优势的途径。

实施过程差异化策略，要求企业根据服务的流程，对消费过程进行系统分析，找准顾客消费的关键时刻，即顾客与企业接触时能决定顾客满意程度的关键点、买与不买的关键时刻、进行价值评价的关键时刻、决定是否重复购买的关键时刻、出现纠纷的关键时刻，并根据分析结果，以提高顾客满意度为目标，积极调整企业流程，做到“服务以人为本”。由于人们购买旅游产品的实质是购买一种心理体验，所以，人们特别关注自身对旅游客体的感悟深度，也愿意提高这种感悟的质量。

过程差异化策略正是基于这种考虑，在人们进行旅游消费时带给消费者与众不同的感受，把差异化与体验营销结合起来，在产品中附加体验，用服务传递不同的感觉，用广告传播消费过程中的快乐，让品牌凝聚不同的体验，在瞬息万变的市场中，以一种全新的体验业务强化与同类产品的差异。

（资料来源：董建英，于良．实施差异化策略增强旅游企业竞争力[J]．山西大学学报＜哲学社会科学版＞，2004，＜02＞．）

三、最优价值战略

将差异化和低成本战略结合起来，也许是最理想的创造可持续竞争优势的战略。差异化战略所伴随的，是单位成本的增加。然而，如果伴随差异化战略的实施，销售量得到了大量提升，这也必然会带来成本的节约，长期的效应可能会减少单位成本。

事实上，一部分人倾向于选择高差异化、高质量、高成本的商品和服务；也有一部分人选择高差异化、高质量、高成本的服务；还有更多的购买者是骑墙主义者，选择中等价格和中等质量的产品。因此，商品和服务提供商要在高差异化、高质量、高成本和低差异化、低质量、低成本中进行权衡。

在客房中提供少许额外的服务，使用更好的技术或者在开夜床时在顾客枕头上摆上一块巧克力并不会耗费太多的成本。然而，这些小的措施却能够增强顾客的美好体验，从而使酒店提供的服务在顾客看来更有价值。在这方面做的较优秀的，应属里兹·卡尔顿饭店。其客房服务员和前台工作人员通过细致入微的观察，对客人是否对羽毛过敏、喜好什么报纸、要多少条额外的毛巾等都能看在眼中，可想而知其创造了多少最优价值。

四、专一市场战略

专一市场战略，以差异化、低成本或最优价值战略为基础，是这些战略集中于某一细分市场领域的体现，可以说在其所选择的利基市场上拥有本地化优势（或独特成本优势）的成本领先战略。由于企业在某一领域内的特殊能力，或集中资源把这一领域内的业务规模做得非常大，导致其在成本上具有优势，这是专一市场战略的基础。

在旅游业中,如果没有形成某种形式的差异化,企业将难以使某一具体细分市场的顾客满意。而强调低成本的专一化战略也十分少见。相对于差异化战略,专一市场战略可以在选择的利基市场上创造出比差异化企业更好地满足顾客需求的独特性。例如,我国苏州的新城花园饭店,在新建之初,其市场竞争战略是不与苏州的其他饭店竞争客源,主要客源目标是苏州开发区的商务活动和商务客人,从而成功地在开发区内形成了客源垄断。美国某饭店集团在全美各地开发航空饭店,锁定的市场是航空公司雇员,拥有了固定而又有保证的客源市场。

专一市场战略企业服务于特定的利基市场,在这些市场上拥有差异化优势或低成本优势。具体市场选择的依据可能是地理因素、顾客的类型、产品线的细分。专一市场企业将自己定位为低成本企业或差异化企业。

专一市场战略企业通过提供竞争对手所不能提供的产品和服务来保护自己;实施专一市场战略的企业对于购买者拥有权力,因为购买者从其他地方买不到相同的产品;新进入者的威胁受到顾客忠诚度的限制;顾客忠诚减少了替代产品的威胁;专一市场战略企业与顾客保持密切接触,了解其需求的改变。

专一市场战略企业在面对强大的供应商时表现出了不足。因为它的购买量不大,但它有可能将成本转嫁给忠诚的顾客;由于产量不高,专一市场战略企业的成本高于低成本企业;专一市场战略企业的利基可能由于技术变革或顾客口味的改变而消失;差异化企业可能与专一市场战略企业竞争利基市场。

第三节　职能层战略

公司层战略,是确定企业的规模和业务范围的方略;业务层战略,是应对竞争对手挑战的方略;职能层战略,是旨在改进企业运营效能的战略,改善运营效率、品质、创新和客户响应。实现业务层战略,可带来竞争优势、卓越的赢利能力和利润的增长。简言之,职能层战略是实现业务层战略的措施。图5－6从业务层战略和职能层战略的角度列示了公司竞争优势的来源。

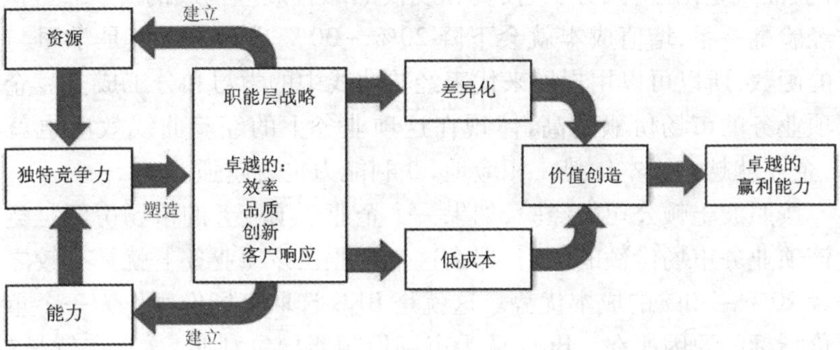

图5－6　竞争优势的来源

一、实现卓越的效率

1. 规模经济性

规模经济性（Economies of Scale），是指与大规模产出有关的单位成本降低。将固定成本分摊给大量产品，通过扩大生产规模促进专业分工。专业化有利于提高生产力，加强员工在某项具体工作上的技能。伴随规模的过度扩张，规模经济性也有可能演变为规模不经济性。规模不经济性，是指与大规模产出有关的单位成本上升。大规模企业官僚主义成本上升，导致管理无效率（见图5－7）。

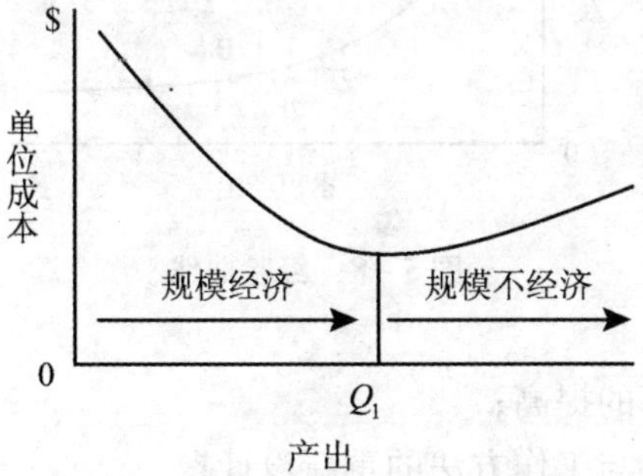

图5－7　规模经济与规模不经济

2. 经验曲线与学习效应

1966年,波士顿公司通过实证研究对经验曲线进行了论证,认为“经验曲线是由学习、分工、投资和规模的综合效应构成的。”“每当积累的经验翻一番,增值成本就会下降20% ~30%。”因为规模是学习与分工的函数,所以可以用规模来代表经验曲线中的学习和分工成分。企业某项业务的市场份额越高,体现在这项业务上的经验曲线效应也就越高,企业就越有成本优势。相应地,获利能力也就越强。

按照波士顿公司的经验,如果一个企业某项业务的市场份额是竞争者该项业务市场份额的两倍,那么这个企业在该项业务上就具有较之竞争者20% ~30%的成本优势。这就是BEC选取市场份额作为一个重要评价指标的原因所在。BCG认为市场份额能导致利润,这其实就是“成本领先战略”。BCG一直认为规模优势很重要。其自己的解释是市场份额大的公司不仅获得了更多的收入,还实现了更高的单位运营利润,优势在于更高的价格(边际利润)及在广告和分销上更低的单位支出。

经验曲线,是指企业在生产过程中,随着产品产量和经验的增加,生产的成本降低。经验曲线揭示的主要规律,是伴随着经验的增加,单位产品(服务)的成本下降(见图5-8)。经验曲线效应,一般有以下几个方面的来源:

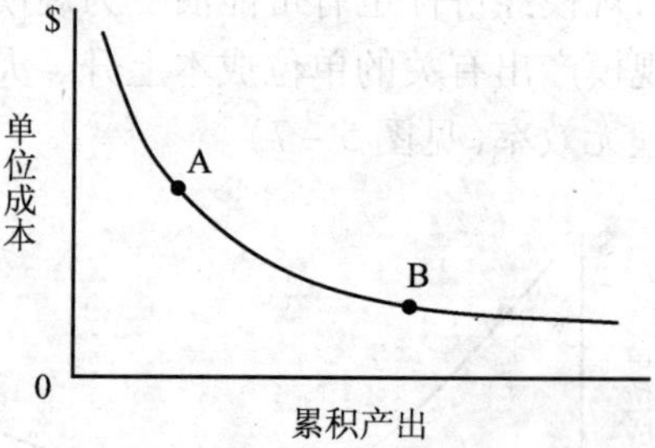

图5-8 经验曲线

(1)劳动效率的提高;

(2)劳动分工与工作方法的重新设计;

(3)新的生产与服务方法的引进;

(4)生产设备效率的提高;

(5)产品和服务的标准化与重新设计;

(6)资源利用效率的提高。①

经验曲线的局限性主要体现在:

(1)竞争对手有可能采取类似战略,加剧竞争,本企业因此不得不提高投资水平。

(2)竞争对手还有可能通过复制本企业的生产制造方法来实现较之本企业更低的生产成本,因为竞争对手的研发成本为零。

(3)技术突破可能会带来更大的经验曲线效应,这对于后入市的公司就非常有利。

管理者不应当满足于来自经验曲线的、以效率为基础的成本优势。经验曲线总会走到尽头,单位成本总有一天会变得很难再降低。新技术令经验曲线效应失效,由于外部环境改变的影响。柔性制造技术令小型制造商能够以低单位成本进行生产。通过定制化同时实现低成本和差异化对于某些技术来说,大量生产不一定能够降低成本。

学习效应,是通过"干中学"所获得的成本节约。员工生产力,通过重复工作学会完成任务的最佳方法;管理效率,经过一段时间学会最佳经营方式。通过学习效应实现整个单位成本曲线向下移动,因为在任何一种产出水平下,员工和管理层都变得更富效率。如果生产系统发生改变,此前的经验变成无用,则学习过程需要重新开始(见图5-9)。

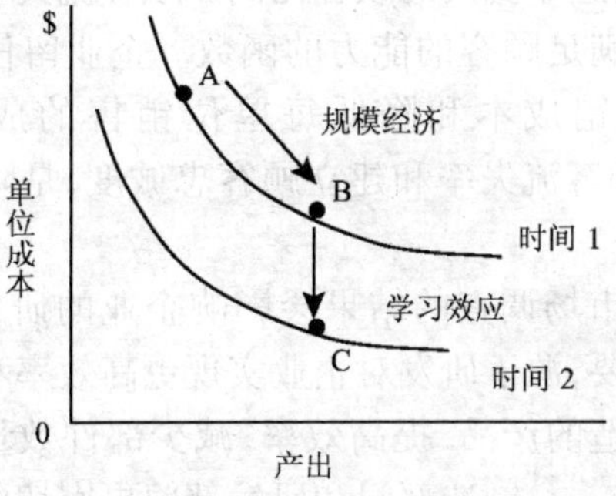

图5-9　学习效应和规模效应对单位成本的影响

① 陈继祥,王家宝.旅游企业战略管理[M].北京:旅游教育出版社,2006.

3. 柔性制造技术和大规模定制

柔性制造技术，是指：减少复杂设备的安装次数，通过更紧凑的工期安排提高每台设备的使用率；改进制造过程各个阶段中的品质控制，提高效率、降低单位成本。大规模定制，是指企业运用柔性制造技术同时实现过去不兼容的两个目标：低成本和通过产品定制实现差异化。成本与产品品种的权衡取舍，如图 5－10 所示。

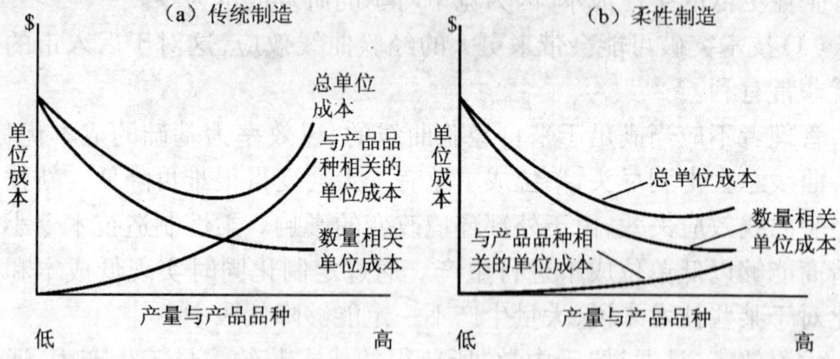

图 5－10　成本与产品品种的权衡取舍

4. 营销与研发

营销战略，是指企业在定价、促销、广告、分销、产品设计等方面的定位。顾客流失率，是指递年流失的顾客比例。顾客流失率取决于顾客忠诚度。顾客忠诚度是满足顾客的能力的函数。企业留任顾客的时间越长，所消耗的固定营销成本和降低每单位销售的成本越多（见图 5－11）。因此，减少顾客流失率和建立顾客忠诚度，是降低成本结构的主要方法之一。

企业市场销售和市场调查的结果会影响企业的研发（R&D）活动。企业对研发活动的需要，源于研发对企业实现更高效率和更低成本结构的意义。设计易于制造的产品，提高效率，减少部件数量——减少装配时间，设计中考虑制造——制造部门和研发部门更密切的配合。通过流程创新降低成本结构，缩短流程的装配时间。柔性制造是竞争优势的重要来源。

5. 物料管理和供应链

物料管理，包括物料采购及将投入品置于生产设施、生产过程和通

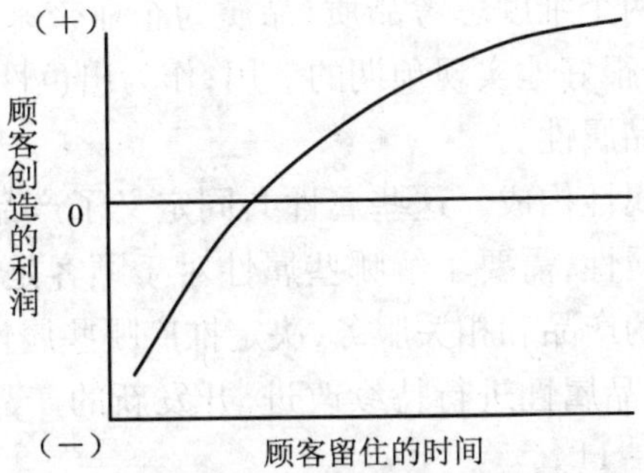

图 5-11　顾客忠诚度和每位顾客利润之间的关系

过分销系统递送到终端用户手中的所有活动。在这一过程中发生了许多成本,改进物料管理能够实现重大的成本节约。“准时制库存管理系统”(Just-in-Time,即 JIT 生产方式),是为了实现库存持有成本的经济化,即部件准时到达制造工厂进入生产过程,零售店的货物只有在销售后才立刻补货。供应链管理,是指管理投入品和零部件从供应商进入企业生产流程的完整流程,能够实现库存最小化和库存周转率最大化。

在现代旅游业中,高新技术的使用对整个行业的效率改进起到巨大的推动作用。如,英国假日饭店集团的 1740 家饭店,在自己内部装有纵向的电脑控制网络。这些分布于 60 多个国家和地区的饭店都并入横向计算机管理网络,统一管理订房和出租。它是第一个成功使用自动化中央预订系统(CRS)提高了管理效率的饭店企业。这个改革措施帮助它从一个小企业,一举变成世界上最大的饭店管理集团公司。可见实现卓越的效率,对于一个服务企业,尤其是旅游企业走上成功之路,具有举足轻重的作用。

二、实现卓越的品质

品质卓越的声誉帮助企业同竞争对手间实现差异化;在制造过程中消灭废品和错误可以减少浪费、提高效率、降低公司的成本结构,提高营利能力。

企业可以从两个维度思考品质,品质为企业带来两种优势:作为可靠性的品质,能够很好地实现预期的效用;作为出色性的品质,能使顾客感受到卓越的产品属性。

产品由一组属性构成。这些属性共同定义了产品的差异性和卓越性。开发卓越的属性,需要了解哪些属性对于顾客是最重要的,据此设计包含重要属性的产品和相关服务,决定推广哪些属性及如何在顾客心目中定位,并对产品属性进行持续改进,开发新的产品属性。与产品相关的属性,见表 5 – 11。

表 5 – 11　与产品相关的属性

产品属性	服务属性	相关员工属性
形　式	订购便利	能　力
特　性	快速供货	态　度
效　用	便于安装	可信度
耐久性	顾客培训	可靠性
可靠性	顾客咨询	响应能力
风　格	维修与保养	沟通能力

三、实现卓越的创新

具有能够带来创新的独特竞争力,是竞争优势最重要的来源。通过创新可以生产新的、更能满足顾客需要的产品,改进现有产品的品质,降低成本。创新可能被模仿,因此必须持续进行,成功的新产品是卓越营利能力的主要来源。而实际上,大多数公司的做法是先听取客人的意见,然后对他们提出的要求作出答复。只有极少数创新能力极强的企业能够由此创造自己和整个行业的未来。它们可以"将客人引到那些他们想去但尚未意识到的地方"。他们"不仅满足客人的要求,而且常常给他们带来惊喜"。迪斯尼乐园的创建充分证明了卓越的创新所能带来的巨大改变。

创新产品失败率高,只有 10% ~20% 的重大研发项目产生商业上可行的产品。创新失败最常见的原因包括:不确定性。量子创新,是远离当前技术,具有高风险度;增量创新,是对现有技术的扩展;商业化过程中的失误,是产品没有很好地适应顾客的需求。定位错误。是好的产品,但市场定位错误,属技术短视、技术痴迷和不能满足市场需求;上市速度缓慢。

四、实现卓越的客户响应

客户响应,是指不危及企业的长期营利能力,在客户需要的时候以他们愿意支付的价格向他们提供所需要的产品和服务。

以顾客为中心,领导者具有说服力,员工执行时态度良好,通过定制满足顾客群体的独特需求,缩短响应时间,提高运行速度,定价有优势。这些都是实现卓越客户响应的有效措施。不同职能部门在实现卓越客户响应中的基本角色,见表 5－12。

表 5－12 不同职能部门在实现卓越客户响应中的基本角色

价值创造职能	基本角色
企业基本架构(领导)	• 领导以身作则,建立整个企业对客户响应的追求
生　产	• 通过实行柔性制造,系统实现定制化 • 通过实行柔性制造,系统实现快速响应
营　销	• 了解顾客 • 将顾客反馈传达到相关的职能部门
物料管理	• 开发能够对预见的未来顾客需求作出快速反应的物流系统(JIT)
研　发	• 将顾客带进产品开发流程
信息系统	• 应用基于网络的信息系统提高客户响应速度
人力资源	• 开发能够让员工像顾客一样思考的培训项目

【阅读与理解】

锦江国际酒店集团的战略重构

(1)锦江酒店股份公司,于2003年11月11日举行临时股东大会,批准锦江国际和锦江酒店股份进行资产置换,据此,锦江酒店股份以对价约为人民币2.076亿元向锦江国际划转18家附属公司、联营公司的股权及一个办事分处的权益,而锦江国际则向锦江酒店股份划转锦江酒店管理的权益,对价约为人民币1.315亿元。此对价乃根据各公司的经评估资产值厘定,而锦江国际已用现金清偿了这些公司的价值差额人民币7610万元。锦江酒店股份向锦江国际划转的股权列载如下:

①上海新亚国际旅行社的100%股权;
②上海新亚集团摄影公司的100%股权;
③上海新亚集团深圳公司的100%股权;
④上海新亚集团房地产经营公司的100%股权;
⑤上海日裕洗涤服务有限公司的100%股权;
⑥上海新亚(集团)联营公司广告公司的100%股权;
⑦上海临青宾馆有限公司的90%股权;
⑧上海新亚集团经贸公司的90%股权;
⑨上海新南经营发展公司的50%股权;
⑩上海新亚信息工程有限公司的50%股权;
⑪上海大众新亚出租汽车有限公司的49.5%股权;
⑫上海亚业房地产经纪有限公司的49%股权;
⑬上海新亚宇宝酒店设备有限公司的49%股权;
⑭上海实业联合集团长城药业有限公司的30%股权;
⑮上海百乐门大酒店的30%股权;
⑯上海天清生物材料有限公司的21%股权;
⑰上海八六三软件孵化器有限公司的14.29%股权;
⑱沙家浜度假村文化娱乐中心有限公司的10.04%股权;
⑲上海市饮食服务学校(锦江酒店股份办事分处)的100%权益。

(2)根据锦江国际2005年4月15日刊发的备忘录,锦江酒店股份向锦江国际划拨下列权益:

①上海市食品(集团)有限公司的100%权益;

②上食食品零售有限公司的94%权益;

③上海五丰上食食品有限公司的49%权益;

④上海五丰上食畜牧有限公司的49%权益;

⑤上海新天天大众低温物流有限公司的18%权益。

(3)根据上海国资委2005年4月19日出具的批文,锦江酒店股份已向锦江国际进一步划拨其对大部分非酒店相关业务所持有的权益。这些权益包括:

①上海乔家栅有限公司的30%权益;

②上海商品城发展有限公司的2.3%权益;

③上海国际信托投资有限公司的0.667%权益;

④上海新鹿餐饮发展有限公司的75%权益;

⑤上海新亚厨房食品有限公司的45.26%权益。

(4)根据上海国资委2005年出具的相关批文,锦江国际已向锦江酒店股份划拨其余大部分酒店相关业务所持有的权益。详细步骤如下:

①锦江国际向锦江酒店股份公司划拨锦江饭店99%的股权,向上海龙柏饭店有限公司划拨锦江饭店1%的股权;

②锦江国际向锦江酒店股份公司划拨上海龙柏饭店有限公司99%的权益,向上海虹桥宾馆有限公司划拨上海龙柏饭店有限公司1%的权益;

③锦江国际向锦江酒店股份公司划拨上海虹桥宾馆有限公司99%的权益,向锦江饭店划拨上海虹桥宾馆有限公司1%的权益;

④锦江国际向锦江酒店股份公司划拨上海白玉兰宾馆有限公司99%的权益,向锦江饭店划拨上海白玉兰宾馆有限公司1%的权益;

⑤锦江国际向锦江酒店股份公司划拨上海市上海宾馆有限公司99%的股权,向锦江饭店划拨上海市上海宾馆有限公司1%的股权;

⑥锦江国际向锦江酒店股份公司划拨上海南华亭酒店有限公司99%的股权,向锦江饭店划拨上海南华亭酒店有限公司1%的股权;

⑦锦江国际向锦江酒店股份公司划拨上海金沙江大酒店有限公司99%的股权,向锦江饭店划拨上海金沙江大酒店有限公司1%的股权;

⑧锦江国际向锦江酒店股份公司划拨上海银河宾馆有限公司99%

的股权，向锦江饭店划拨上海银河宾馆有限公司1%的股权；

⑨锦江国际向锦江酒店股份公司划拨上海锦江达华宾馆有限公司99%的权益，向锦江饭店划拨上海锦江达华宾馆有限公司1%的权益；

⑩锦江国际向锦江酒店股份公司划拨上海锦江青年会宾馆有限公司99%的权益，向锦江饭店划拨上海锦江青年会宾馆有限公司1%的权益；

⑪锦江国际向锦江酒店股份公司划拨上海锦江国际饭店有限公司99%的权益，向锦江饭店划拨上海锦江国际饭店有限公司1%的权益；

⑫锦江国际向锦江酒店股份公司划拨上海锦江金门大酒店有限公司99%的权益，向锦江饭店划拨上海锦江金门大酒店有限公司1%的权益；

⑬锦江国际向锦江酒店股份公司划拨昆明锦江大酒店有限公司75%的股权；

⑭锦江国际向锦江酒店股份公司划拨上海九龙宾馆有限公司59%的股权，向锦江饭店划拨上海九龙宾馆有限公司1%的股权；

⑮华亭集团向锦江酒店股份公司划拨上海华亭宾馆有限公司50%的股权；

⑯锦江国际向锦江酒店股份公司划拨北京昆仑饭店有限公司35%的股权；

⑰锦江国际向锦江酒店股份公司划拨武汉锦江国际大酒店有限公司50%的股权；

⑱锦江国际向锦江酒店股份公司划拨无锡锦江大酒店有限公司25%的股权；

⑲锦江国际向锦江酒店股份公司划拨唐山锦江贵宾楼饭店有限公司10%的股权；

⑳锦江国际向锦江酒店股份公司划拨成都锦和物业发展有限公司30%的股权；

㉑锦江国际向锦江酒店股份公司划拨锦江之星74%的股权；

㉒锦江国际向锦江酒店股份公司划拨锦江旅馆投资80%的股权；

㉓锦江国际向锦江酒店股份公司划拨锦江国际财务80%的股权；

㉔锦江国际和上海锦江国际投资有限公司分别向锦江酒店股份公司划拨和平饭店的89%和10%股权；锦江国际向锦江饭店划转和平饭店1%的股权，对价为现金人民币170万元；

㉕锦江国际和上海锦江国际投资有限公司分别向锦江酒店股份公司划拨和平饭店中90%和10%的权益；

㉖锦江国际向锦江酒店股份公司划拨新锦江大酒店100%的权益。

(5)根据锦江国际集团(香港)有限公司与锦江酒店股份公司2006年3月14日订立的股份买卖协议，锦江国际集团(香港)有限公司已向锦江酒店股份公司售出锦江酒店(香港)约98.61%的股权，对价约7240万港元。此对价乃按照锦江酒店(香港)2005年12月31日的净资产约470万港元另加锦江酒店(香港)2006年3月14日额外发行股本约6870万港元之和的98.61%计算。此对价是双方经公平磋商后厘定的，并已由锦江酒店股份公司以现金清偿。

(6)根据香港锦江旅游有限公司与锦江酒店(香港)于2006年4月10日订立的业务划转协议，锦江酒店(香港)已向香港锦江旅游有限公司售出本身所经营的酒店订房服务业务及该项业务所用的若干资产，对价约为9万港元。香港锦江旅游有限公司是锦江国际的全资附属公司，主要在香港从事旅行社业务。转出业务不属于锦江国际集团核心业务部分，因此，已经出售给锦江国际集团作为重组的其中一环。鉴于转出业务包括向旅行社和个别人士提供不同酒店的订房服务，不仅限于本集团所经营的酒店，故此可与香港锦江旅游有限公司所经营的旅行社业务产生互惠作用。划转对价是双方按照锦江酒店(香港)2006年3月31日的固定资产账面净值，经过公平磋商后协议的。董事认为，上述转出业务不会与本集团的中央预订系统(Jrez)构成竞争，原因是该项业务纯粹是本集团销售星级酒店的渠道之一，根据酒店客房服务总协议，此业务将继续成为本集团其中一个客源。

(7)根据锦江酒店管理、上海锦江国际餐饮投资管理有限公司与锦江国际分别同时于2006年3月2日订立的股份买卖协议，锦江国际已向锦江酒店管理和上海锦江国际餐饮投资管理有限公司分别划转云南锦江国际管理有限公司的35%和5%股权，对价分别约为人民币20万元和人民币30万元，乃按照云南锦江国际管理有限公司2005年12月

31 日的经评估资产净值计算，并已由锦江酒店管理和上海锦江国际餐饮投资管理有限公司以现金清偿。

(8)根据锦江酒店管理、上海锦江国际餐饮投资管理有限公司与锦江对外服务公司分别同时于2006年3月17日订立的股份买卖协议，锦江对外服务公司已向锦江酒店管理和上海锦江国际餐饮投资管理有限公司分别划转锦江(北方)管理有限公司的15%和5%股权，对价分别约为人民币375万元和人民币125万元，乃按照锦江对外服务公司于2005年12月31日的经评估资产净值计算，并已由锦江酒店管理和上海锦江国际餐饮投资管理有限公司以现金清偿。

(9)根据本公司与华亭集团于2006年3月14日订立的出资买卖协议，华亭集团已向本公司划转其对新苑宾馆57%的股权，对价约为人民币240万元，乃按照新苑宾馆于2005年12月31日的账面净值计算，并已由本公司以现金清偿。

(10)根据锦江旅馆投资与锦江国际于2006年3月2日订立的股份买卖协议，锦江国际已向锦江旅馆投资划转其对上海临青宾馆有限公司90%的股权，对价约人民币300万元，乃按照上海临青宾馆有限公司于2005年12月31日的经评估资产净值计算，并已由锦江旅馆投资以现金清偿。

(11)根据锦江旅馆投资与上海锦江乐园有限公司于2006年3月2日订立的股份买卖协议，上海锦江乐园有限公司已向锦江旅馆投资划转其对上海锦乐旅馆有限公司48%的股权，对价约为人民币1010万元，乃按照上海锦乐旅馆有限公司于2005年12月31日的经评估资产净值计算，并已由锦江旅馆投资以现金清偿。

(12)根据锦江酒店股份与锦江国际于2006年4月21日订立的举办者变更协议，锦江国际已向锦江酒店股份划转其对锦江国际教育培训中心(现名上海锦江国际管理学院)的全部股权，对价约为人民币680万元，乃按照锦江国际教育培训中心于2006年2月28日的经评估资产净值计算，并已由锦江酒店股份以现金清偿。

(资料来源：锦江国际酒店招股章程。)

思考与练习

(1) 从资源和核心能力角度分析锦江国际酒店集团战略重构的原因。

(2)锦江国际酒店集团的思路是什么？假设你是二级股票市场的投资者，试分析锦江国际酒店集团如此处理业务的好处。

第六章 旅游企业的扩张方式

制造企业的扩张,主要是产权扩张,而服务企业除产权扩张方式外,还包括品牌扩张等非产权扩张方式。旅游企业属于服务产业,与制造业的扩张存在一些差异。旅游企业的扩张方式也是需要管理者完成的重要决策。因此,在第五章考查旅游企业成长战略之后,本章讨论旅游企业的扩张方式问题,包括产权扩张、品牌扩张、顾问管理和战略联盟等。因为以酒店为代表的接待服务企业的扩张方式最为典型,本章主要以酒店企业为例进行讨论。当然,例证的过程也会涉及旅行社、景区、俱乐部等业态。章后增加了题为《中国旅游上市公司营利能力的影响因素研究》的专题。

产权扩张是旅游企业的重要扩张方式之一。这一点与制造企业一致。产权扩张包括内部扩张和外部扩张。其中,内部成长是最为常见的扩张方式,而外部成长包括了兼并与收购两个方面。品牌扩张,包括管理合同和特许经营。其中,管理合同是酒店产权人与经营者之间达成的一项协议。在这一协议中,所有者雇用经营者作为代理人承担酒店财产管理的全部责任;而特许经营是受许方从特许方那里获得一个企业或一个地区的经营权的协议。顾问管理,一般是指酒店集团仅仅派咨询顾问或管理副手协助酒店筹建开业及日常管理,并按所提供的顾问服务内容与管理咨询形式进行收费的管理方式。而战略联盟,是指由两个或两个以上具有共同战略利益的酒店,为共同开发或拥有市场、共同使用资源等目的,进而实现加强竞争优势的战略目标,通过各种协议、契约而结成的优势互补、风险共担、生产要素水平式双向或多向流动的一种合作模式(秦浩,2006)。它是旅游组织间一种较高水平的合作关系。

第一节 酒店集团的扩张方式

一、产权扩张

酒店集团的产权扩张,包括兴建自有酒店、兼并收购、租赁经营、资产置换和行政划拨等途径(高天明,2006)。其中,兴建自有酒店,是指自己投资拥有所有权并自行管理酒店。这种传统方式在酒店业开始兴起的最初阶段是主流(李建伟,2003)。如,开元旅业集团就是由1988年开业的萧山宾馆发展而来的;广东名冠集团下属的金凯悦酒店管理公司最初管理的几家酒店也都是自己投资建造的,包括东莞的寮布金凯悦大酒店、凤岗金凯悦大酒店、石龙金凯悦大酒店和江门的金凯悦大酒店等。作为扩张手段,自有酒店有很大的局限性。巨大的资金需求会严重阻碍企业扩张的步伐,再加上酒店建设的周期较长,无法适应快速扩张的需求。克服这种局限的方法就是以无形资产为依托的低成本扩张和以资本为纽带的兼并和收购。

并购,是指一家酒店集团以一定的代价来取得另外一家或几家独立酒店的经营控制权和全部或部分资产所有权的行为。中国的酒店行业集中度比较低,并购市场也不发达,加上酒店业产权方面存在的问题,国内酒店业并购的案例不多。泰达旅游是2004年3月在美国通过反向收购上市的,成为中国首家在海外上市的酒店集团。上市之后,泰达集团收购的酒店达40多家。2004年11月以来,“海航”连续收购广州中央酒店、新疆华美达酒店和山西迎泽宾馆等,使得海航酒店集团现有酒店达到13家。

租赁经营,是指酒店集团没有所经营之酒店的物业产权,仅支付租赁费用的一种经营方式。在这种方式中,酒店集团通过与物业所有者签订长期租赁合同确保酒店的持续经营。租赁经营方式近年来在经营型酒店的扩张中使用较多。租赁作为经济型酒店扩张的主要方式,尽管承租的酒店集团不具有完全的产权,仅具备一定年限的处置和收益权。但由于酒店集团承租期往往达数十年,因此,也可以被认为属于产权扩张方式。如家在这方面就是范例。它采取了租赁形式,租用厂房或普通房屋,将其改造成为酒店。

资产置换和行政划拨是酒店集团产权扩张的又一重要途径,对于国有酒店集团尤为重要。资产置换是不同企业集团将酒店资产互换至一家的过程。而行政划拨主要是国有资产管理部门将国有酒店业务划拨至某一酒店集团的扩张方式(戴斌,2006)。

另外,旅游企业通过利用以往年份的利润、贷款和股本在现有企业中的再投资也可以实现扩张。这种渐进式扩张将带来企业容量的增长,雇用人数的增加,最终会给企业带来销售收入的增加,它在现有技术领域范围之内,避免了其他各种增长方式的高成本风险。但是,通过内部积累进行渐进式扩张比外部扩张见效慢,多元化范围较小,对旅游企业中现有的管理技术依赖程度较高。

二、品牌扩张

酒店集团的品牌扩张,包括受委托管理和特许经营(Pineand Zhang,2000;Pineand Qi,2004)。受委托管理,又称为管理合同(或合同管理)。

酒店集团受委托管理,也称委托管理,适用于财力雄厚但专业管理人才及管理技术贫乏的单体酒店。它通过酒店企业与管理集团(公司)签署管理合同来约定双方的权利、义务和责任,以确保管理集团(公司)能以自己的管理风格、服务规范、质量标准和运营方式来向被管理的酒店输出专业技术、管理人才和管理模式,并向被管理酒店收取一定比例的"基本管理费"和"奖励管理费"的管理方式。[①] 目前,各大酒店集团都采取受委托管理这一扩张方式。酒店集团在扩张的经营实践中呈现出新的动向和趋势:管理费减少;合同期缩短;管理公司股权参与;股东参与决策;股东权利和义务的灵活性加大等。

特许经营,是指特许权所有者授予特许权经营者一种获得许可的特权,以从事经营的行为。特许经营模式一般出现在管理集团的成熟阶段,较适合那种既想分享集团规模效益又不想放弃独立经营管理权和所有权的单体酒店。它通过认购特许经营权的方式将所管理集团(公司)

① 王虹云. 中国饭店业扩大世界市场份额探析[J]. 技术与市场, 2005,(6).

所拥有的具有知识产权性质的品牌名称、注册商标、定型技术、经营方式、操作程序、预订系统及采购网络等无形资产的使用权转让给受许酒店,并一次性收取特许经营权转让费或初始费,以及每月根据营业收入而浮动收取特许经营服务费的管理方式。2005 年,如家、锦江之星、新亚、中江之旅等均将特许经营作为重要的扩张手段。

Chekitan,Erramilli & Agarwal(2002)认为,酒店集团的国际化扩张主要包括特许经营(Franchising)和受委托管理(Management Contracts)两种方式,而扩张方式的选择受到公司核心能力和市场自身可获得的资源的影响。酒店集团的能力可以分为五类:组织能力、品质能力、顾客能力、市场进入能力和有形设施建设能力。这五类能力共同对酒店集团的国际化扩展产生影响。在特许经营和受委托管理两种方式中,中国酒店的集团化扩展倾向于使用后者(Pine,Zhang & Qi,2000;Chekitan,Erramilli & Agarwal,2002)。①

【相关信息】

管理合同和特许经营

管理合同和特许经营是当前酒店成长的两大通用方式,更是品牌扩张的两大主要方式,下面对这两种方式进行简单的说明。

管理合同,是酒店所有者与某个经营者之间签订的书面合同。所有者雇用经营者作为代理人全权负责酒店的管理业务;经营者以所有者的名义,从经营所得的收入中支付经营所需的所有开支,获得管理费,上缴剩余利润给所有者。所有者提供酒店的所有资产,包括:土地、建筑、设备、家具及设施设备和运营资本,并承担全部法律与财务责任。

管理合同的雏形,是 20 世纪 60 年代希尔顿集团同波多黎各合作经营 Carribe Hilton 酒店时使用的利润共享租赁。波多黎各的开发部门为吸引国外旅游者,需要建设一座高档名牌酒店。他们要求由著名酒店公司参与酒店的设计、建设和装备这个酒店。波多黎各政府同意把酒店租

① Pine R., Zhang Q. H. & Qi P. The Challenges and Opportunities of Franchising in China's Hotel Industry [J]. International Journal of Contemporary Hospitality Management, 2000, 12(5): 300-307.

给希尔顿公司，只要求获得2/3的经营毛利，也不需要希尔顿公司的任何担保。希尔顿提供的广告促销服务还能得到补偿，只须提供营业前的开销及营业资本。这种协定就是利润共享租赁。

后来希尔顿公司的管理人希尔顿、约翰·豪泽(John Houser)和鲍勃·凯沃瑞(Bob Cavery)把这种租赁逐渐转变成现代的管理合同，要求股东承担全部的经营风险，包括利息及营业资本的提供。管理公司具有经营的全部权利，包括雇用与解聘员工，确定员工工资与客房价格。后来希尔顿认为应让股东支付酒店使用管理公司品牌、系统及专家的费用，因此引进了5%毛收入的基本费用，外加10%经营利润的奖励费的概念，并要求股东按照非营利的原则支付预订费、市场促销费、广告费及一些业务指导费。这些费用合计超过经营毛收入的2%。

特许经营，是酒店的一种营销与分配形式，联号公司授予成员酒店在特定的时间、特定的地点按照规定的方式开展经营业务的权利与特权。与管理合同不同，特许经营则既不是拥有成员酒店，也不是管理成员酒店，特许经营公司只是提供成员酒店权益品牌、各种标准与要求、营销网络、采购网络及质量控制服务。在酒店系统最早使用特许经营的人之一是西萨·里兹。他在1907年允许他的品牌在纽约、蒙特利尔、波士顿、里斯本、巴塞罗那使用。

现代特许经营始于20世纪50年代，酒店业主越来越意识到品牌、形象、声誉、顾客网络、经营方式、预订系统等的价值。酒店集团也认识到特许经营是饭店的一种易获利又相对便宜的方法。50年代，凯蒙斯·威尔逊的假日集团开创了现代酒店特许经营的新局面。起初始于汽车旅馆的特许经营。汽车旅馆的地皮一般比较便宜，建筑非常简单，二层构架矮小的建筑，地基简陋。它们多位于交叉路口、高速公路、地方居民中心等区位。尽管成本较低，假日集团还想方设法让其他旅馆参与投资以实现酒店的迅速扩张，因此开创实施了特许经营方式。只要遵循公司设计的简单营业程序和会计制度就可成为假日集团的成员。餐饮的经营也非常简单，虽然菜价较低，但由于低投资成本、低工资，成员旅馆仍然能获得可观的利润。联号公司让成员饭店参与共同采购计划(采购设备、日常用品、家具等)，从而享受采购数量折扣。成员酒店得到酒店的规划设计、经营规范、品牌、国内广告、预订服务、促销服务，只需交付较低的初始费和百分之几的销售收入，一般是客房收入的3%～4%。假日集团成功后，其他类的酒店也开始纷纷采用特许经营方式。

（资料来源：邹统钎等. 饭店战略管理：理论前沿和中国的实践[M]. 广州：广东旅游出版社，2002.）

三、顾问管理

顾问管理，一般是指酒店集团仅派咨询顾问或管理副手协助酒店筹建开业、日常管理，并按所提供的顾问服务内容与管理咨询形式进行收费的管理方式（高天明，2006）。该模式大多出现在人才资源有限或管理经验欠丰富的管理集团，较适合那种不愿放弃品牌权利而又渴望专业化管理的单体酒店。

四、战略联盟

战略联盟，是指由两个或两个以上具有共同战略利益的酒店，为了共同开发或拥有市场、共同使用资源等目的，和实现加强竞争优势的战略目标，而通过各种协议、契约结成优势互补、风险共担、生产要素水平式双向或多向流动的一种合作模式（秦浩，2006）。它往往是合作伙伴为了达到更大的竞争优势，自愿达成协议而建立的一种组织形式（高天明，2006）。酒店集团战略联盟的不断增加导致了竞争的内在本质发生了变化，酒店在加强竞争的同时开始实现越来越多的合作，合作能力成为竞争的重要内容之一。公司的个体竞争逐渐转变为联盟网络的竞争。例如，酒店联销经营模式，就是伴随着全球分销系统的（GDS）普及和互联网实时预订功能而实现的。酒店联销集团是由众多单体经营管理的酒店自愿付费参加并通过分享联合采购、联合促销、联合预订、联合培训、联合技术开发等资源而形成的互助联合体。

第二节　国内外酒店集团扩张方式的比较

近年来，特许经营无论是在美国和海外都经历了较大规模的增长。Contractorand Kundu（1998）提供了影响国际酒店公司参与模式因素的经验数据。他们发现，受委托管理和特许经营模式占国外酒店经营的66%。这一事实表明，管理控制在这些方式中并没有削弱，尽管传统研究证明管理主要依赖所有权控制。Shane & Spell(1998)和Alon(2004)对特许经营的成功因素有详细论述。Anttonen，Tuunanen & Alon(2005)对酒店集团特许经营方式进行了深入的研究。① 余洁(2000)总结了世界酒店集团的四种管理方式(见表6-1)，认为这些管理方式可以为中国酒店集团所借鉴。

表6-1 跨国酒店集团的扩张方式

扩张方式	特 点	优 点	备 注
产权扩张/直接经营	•在本国或世界各地直接投资建造酒店并经营；购买现有的酒店或控股经营 •以赢得酒店的所有权为前提	•便于管理和控制	•需投入大量资金，自担风险 •需要充足的、有经验的管理人才
租赁经营	•酒店集团与酒店所有者签订承租合同，交付租金即可取得经营权	•减少资金投入	•如采用直接承租，承担较大的经营风险 •如采用利润分成，操作困难，易引起纠纷
受委托经营(合同管理)	•以合同形式明确酒店集团与所有者之间的权利和义务，酒店所有者为法人 •按照酒店集团的经营策略、方式和服务质量统一管理	•无需投入资金 •不必承担风险	•酒店集团一般选择此方式

① Anttonen N, Tuunanen M, Alon I. The International business environments of franchising in Russia[J]. Academy of Marketing Science Review. 2005(5):1-21.

续表

扩张方式	特点	优点	备注
特许经营 （联号合约）	•酒店所有者选择设施、规模、服务质量等符合要求的酒店集团签订联号合约 •联号酒店可使用酒店集团的名称、标志、推销技巧、宣传广告和销售网络 •酒店集团收取管理费和奖励费，派员定期监督服务质量并给予指导和帮助	•对于扩大酒店集团的经营规模潜力较大	•对酒店集团的管理公司要求高，必须发展至成熟阶段才能被酒店业主接受

资料来源：余洁. 旅游酒店名牌产品战略的实证研究[D]. 陕西师范大学博士论文，2000.

对中国酒店集团发展模式的研究是从近20年开始的，主要表现在总结行业经验和吸收外来思想方面。邹统钎（1993）对中外酒店集团的管理模式进行比较研究，但更多的是介绍国外的状况与方法。Pine, Zhang & Qi（2000）在总结中国酒店业发展态势的同时，对中国星级酒店通过特许经营获得集团化成长的机会和挑战进行了分析。① 王虹云（2006）根据中外酒店的发展状况和经营特点，总结、归纳出中外酒店经营管理的主要方式，即带资管理、委托管理、特许经营、联销经营、顾问咨询等五种。② 吴三忙、和文征（2005）对区域性旅游集团组建提出了质疑，认为区域性旅游集团的组建，要么是政企分开政策执行偏离的产物，要么是国有旅游企业经营状况恶化的产物。站在产业结构分析的视角，陈炜（2005）认为，中国酒店产业的供给结构呈现出非常明显的新一轮的产业重组和集团化冲动。中国酒店集团化的模式可动态化、有重点地采用以下方式：

① Pine R., Zhang Q. H. & Qi P. The Challenges and Opportunities of Franchising in China's Hotel Industry [J]. International Journal of Contemporary Hospitality Management, 2000, 12(5): 300-307.

② 王虹云. 中国饭店业扩大世界市场份额探析[J]. 技术与市场，2005，(6).

(1)政府推动型集团。以行政权力为纽带，由政府撮合酒店集团。

(2)合并收购成立的集团。与酒店业相关的房地产商、航空公司等或其他不相关行业通过收购、投资新建等方式组建酒店集团，以加快我国酒店产权多元化的进程。

(3)通过无形资产有形化成立的集团。较大的酒店企业以品牌与管理为纽带，通过无形资产优势盘活存量资产，以委托经营、租赁、特许经营等方式形成酒店集团。①

许建(2006)以张家界酒店为案例，对酒店集团实现方式及其措施进行了案例研究，分别分析了融资管理方式、特许经营方式、虚拟化连锁方式、委托管理方式和文化联合方式的优劣，并给出了加快张家界酒店集团发展的主要措施。余洁(2000)将国内学者对于中国酒店集团发展模式的建设性意见进行了整理(见表6-2)。

表6-2 中国酒店集团的扩张方式

扩张方式	特点	优点	备注
参股管理	• 经济实力较强的酒店集团向其他酒店参股或控股，形成资产利益共同体	• 利于管理和集团化经营 • 较佳的经济和社会效益 • 管理者与被管理者联系稳固	• 酒店集团要承担较大风险
顾问管理	• 酒店集团(管理公司)提供咨询服务，顾问不担任酒店实职	• 管理费用较少	• 难以发挥有效的管理作用

① 陈炜．我国旅游饭店业集团化问题的产业结构视角分析[J]．新疆财经，2005，(1)：79－80．

续表

扩张方式	特 点	优 点	备 注
开业管理	• 协助新酒店做好开业和开展正常的经营管理	• 较多地考虑酒店业主的权益	• 工作量大、责任重、管理难度大
委托顾问管理	• 前期实施全权委托管理 • 若干年后转入顾问管理	• 方式比较灵活	• 环境是变化的
特许权转让	• 酒店所有者向酒店管理公司租赁特有的专业技术和管理人才,使用管理公司的品牌和网络	• 运用管理公司的品牌和促销网络迅速打开市场 • 降低经营成本	• 目前国内酒店集团的知名度相对不高

资料来源:余洁(2000)及作者对相关文献的整理。

从以上文献可以看出,尽管有关酒店集团扩张方式的文献较为丰富,但西方的主流文献倾向于对某一种扩张方式展开实证研究,缺乏对酒店集团扩张方式的系统性分析,而本土的研究缺乏实证数据支持。因此,对中国酒店集团的扩张方式进行系统的、全方位的实证研究显得尤为重要。

第三节 扩张方式与控制权之间的关系

资源基础观点(Resource-based View)主张内部审视(Introspective)的重要性,并认为企业内部资源与能力会引导企业经营的方向,并成为企业利润的主要来源。若将企业视为有形资源与无形资源的集合体,则没有两家企业是相同的(Collis and Montgomery,1995)。差异化的资源是企业竞争能力的源泉。核心能力是"组织由过去到现在所累积的一种知识学习效果。它需要各单位间的充分沟通、参与投入,特别是使不同技能之间能够合作无间并将各种不同领域的技术加以整合,并为顾客提供特定的效应与价值(Prahalad and Hamel,1990)。"酒店集团的扩张方式受酒店集团资源和核心能力的约束。

根据以上研究,产权扩张、受委托管理、特许经营、顾问咨询、战略联盟是酒店集团扩张的主要方式。Laurent(1995)指出,特许经营倾向与服务性资产的特殊性(如品牌)负相关,按照这一观点,品牌资产越丰富,特许经营倾向越弱。Dunning and McQween(1982)指出,国际酒店连锁在海外扩张中偏向采用非股权组织形式。Contractor and Kundu(1998)则通过研究影响跨国酒店集团选择进入模式的主要因素提供了实证证据。

以上五种方式在控制程度上具有逐渐减弱的态势。这可以从 Chen and Dimou(2005)的研究中得到验证。酒店自有产权是一种控制程度最高的扩张方式。这一点十分清楚。"大多数有关酒店业的研究将特许经营和受委托管理共同作为一种混合的市场组织模式,并与企业自有产权的层级制相对应。粗看起来,特许经营和受委托管理具有相似的优势与劣势,但在控制程度方面,它们却具有重要差别。与特许经营相比,受委托管理的酒店集团管理者拥有对无形资产较多的所有权。受委托管理具有一些属于"层级模式"的特征。因为酒店管理者拥有对无形资产包括特定业务资产(Transaction-specificassets)(如开办费)和非特定资产(如电脑预订系统)的所有权,在特许经营方式下,作为特许方式的一部分,使用这些无形资产的权利归属于被特许经营者。而特许经营采取了一种类似于分包的形式。正是控制方面的不同把特许经营和受委托管理区分开来,也显示在酒店集团寻求扩张时需要区别二者(Chen and Dimou,2005)"。与特许经营方式相比,顾问咨询管理对所经营的酒店控制权更弱。战略联盟中酒店受到的约束则更少。因此,可以将产权扩张、受委托管理、特许经营、顾问咨询管理、战略联盟划分为控制权依次减弱的五种酒店集团扩张方式。

【阅读与理解】

中国旅游上市公司赢利能力的影响因素研究①

利润,始终是旅游企业最为重要的问题之一。赢利能力也是衡量企

① 改编自本书作者发表的同名论文。

业当前收益水平和日后收益持久性、成长性的主要标准。它不仅反映公司经营管理水平的高低，也是投资者进行投资决策的重要依据。

尽管2004年末，全国住宿和餐饮业共有企业9.3万家，从业人员429万人，资产总计6975.9亿元，全年主营业务收入3040.3亿元，然而住宿和餐饮业整体亏损却达21.2亿元，经营状况欠佳。根据北京市统计局服务业统计处公布的数据，北京2006年1~2月入境游、国内游、出境游三大旅游市场规模迅速扩张，但旅游业的三大核心行业（住宿业、旅行社和旅游景区）全面亏损近3亿元，出现增收不营利的状态。全国7000家星级酒店中有3000家处于亏损状态。在纳斯达克上市的旅游企业e龙2006年第一季度净亏损1220万元人民币。张家界公司2005年亏损1286万元，而2006年上半年亏损则达6383万元。国家发改委于2008年4月底发布通知严控旅游景点门票提价。一些研究认为，这一措施对于目前已开始向综合开发领域进军的旅游类上市公司影响较小，对于主要依靠门票收入的公司则影响比较大。这些以门票收入为主的资源类旅游企业普遍面临赢利模式转型的问题，除资源性特征之外，哪些因素对旅游企业的利润起关键作用？影响方向如何？如何通过改善旅游企业经营提高旅游企业的赢利能力？这些成为本研究的出发点。

1. 文献研究

国内有关上市公司赢利能力的研究颇为丰富，但还缺乏针对旅游行业系统的和有说服力的研究成果。

宋献中、高志文（2001）研究了企业资产质量与赢利能力的关系，发现资产质量与净资产收益率存在一定的相关关系。李宝仁、王振蓉（2003）从分析方法的角度研究了资本结构与赢利能力的关系，通过对16家上市公司2001年的截面数据进行实证研究发现，企业的赢利能力与资产负债率呈负相关关系。

汤青（2005）利用面板数据（Panel Data）从资本结构、股权结构、公司规模和公司风险四个方面全面分析影响中国上市公司赢利能力的因素，结果发现，资产负债率对公司赢利能力有着明显的负面影响；主营业务收入对公司的赢利水平有着显著的正面影响；公司规模对公司营利能力有一定程度的负面影响；而大股东持股比例和公司风险程度两个指标对公司赢利能力基本上没有影响。黄桐城、杨健（2002）利用Box-Cox变换方法对高科技上市公司的成长流量、行业增长比率、市场份额变化系数等定量指标与公司未来每股收益的相关性进行了定量化分析，并在此基础上提出可将边际成长流量比作为衡量高科技公司赢利能力的评价指标。

潘琰、程小可(2000)认为，上市公司的经营业绩评价可以用计算经营业绩的综合值即主成分评价法来反映。张俊瑞、贾宗武、孙玉梅(2004)采用这一方法对中美上市公司的赢利能力指标进行了实证分析，发现应计制和现金制背景下上市公司的利润质量存在较大的差别，因而对上市公司赢利能力的考查需将二者结合起来。

波特认为，产业结构不同导致不同产业企业之间的利润差异。这种对企业间赢利能力差异的解释被称为产业能力(Industry Competencies)理论(Porter, 1979; 郭朝阳,2002)。舒尔茨将企业风险划分为内部风险和外部风险。企业内部风险，主要取决于企业的经营管理决策。企业外部风险，是指企业赢利或现金流量的稳定性及企业所持有资产的变现性、安全性和流动性。这类风险很大程度上取决于企业的行业性质，而不为企业财务决策人员所左右(Schwartz, 1959; 刘星，张国林，王晓龙，2001)。

尽管国内外文献从多个角度对利润水平的内部影响因素进行了解释，但这些研究要么没有结合旅游的行业特征，要么在样本选择上存在不足。正因为如此，考虑旅游行业特征，利用全部旅游上市公司多个年度的面板数据对旅游企业利润率的影响因素进行研究显得尤为重要。

2. 研究设计

本部分首先对研究变量、分析方法和数据来源进行说明。

(1)研究假设、变量选择与衡量。为了衡量旅游业上市公司的赢利能力，本研究选用摊薄后的每股收益(EPS)作为被解释变量。文献检索发现，总资产报酬率、营业资产利润率、净利润、成本费用利润率、净资产收益率、主营业务利润率、每股收益等指标，均可作为衡量上市公司赢利能力的指标。也有研究为了避免单个赢利指标的不恰当，选择了因子分析法，将各营利指标化简。事实上，尽管因子分析可以浓缩多个指标的大部分信息，但因子化简的过程也损失了部分信息。鉴于此，本研究没有进行因子化简，而仅采用了摊薄后的每股收益(EPS)作为衡量旅游业上市公司营利能力的指标。

根据文献研究，影响旅游业利润水平的因素应该包括以下几个：旅游企业的资源属性、上市公司股权的流通性、上市公司的经营费用、上市公司的偿债能力、上市公司的营运能力、上市公司的成长性等。本研究对这些影响因素的衡量界定，见表6-3。

表6-3　变量、衡量方法及代码

变　量	衡量方法	代　码
旅游业上市公司的赢利能力	摊薄后的每股收益	EPS
企业资源的稀缺性	资源性企业赋值为1，否则为0	RESC
旅游上市公司流通比例	流通股本/总股本×100%	LTGB
旅游上市公司营业费用率	营业费用/主营业务收入×100%	YYFY
旅游上市公司管理费用率	管理费用/主营业务收入×100%	GLFY
旅游上市公司财务费用率	财务费用/主营业务收入×100%	CWFY
资产负债率	负债总额/资产总额×100%	ZCFZ
总资产周转率	营业收入/平均资产总额×100%	ZCZZ
主营业务收入同比增长率	本年度主营业务收入/上年度主营业务收入×100%	SRZZ

若在上市公司年报的主营业务中包括了旅游资源开发、旅游基础设施建设、房地产开发经营、索道经营收入等业务，则本研究认为，此类企业具备资源属性，可将其界定为资源性企业；否则即是非资源性企业。资源属性用变量RESC衡量，资源性企业赋值为1，否则为0。据以上分析可以提出假设H1。

H1：资源类旅游上市公司每股收益要优于非资源类上市公司。

上市公司股权的流通性用流通股本额占总股本额的比例（上市公司流通比例）衡量。由于中国证券市场监管不够，非流通股东最常用的追求资本回报的手段就是转移和挪用上市公司资金，而流通股股东则很难对公司经营产生实质性的影响。陈小悦和徐晓东通过对深交所1996

年、1999 年非金融上市公司的研究认为,流通股比例与企业业绩负相关[11]。上市公司流通比例越大,即上市公司公众性越好,其收益水平则越差。因此,可以提出假设 H2。

H2:旅游上市公司的流通股比例对其利润水平有负面影响。

上市公司的经营费用,包括营业费用、管理费用和财务费用三项。这三项费用都对公司的利润具有直接影响。营业费用、管理费用和财务费用的增加会降低公司的利润水平。为了消除公司规模的影响,本研究采用营业费用率、管理费用率和财务费用率来衡量三项费用的水平。其中,营业费用率,用营业费用占主营业务收入的比重来衡量;管理费用率,用管理费用占主营业务收入的比重来衡量;财务费用率,则用财务费用占主营业务收入的比重来衡量。数据全部取自合并财务报表。可以提出三个假设:H3、H4、H5。

H3:旅游上市公司的营业费用率对其利润水平有负的影响。

H4:旅游上市公司的管理费用率对其利润水平有负的影响。

H5:旅游上市公司的财务费用率对其利润水平有负的影响。

旅游上市公司的偿债能力可以用资产负债率表示。资产负债率,为负债总额与资产总额之商。文献研究发现,负债对利润水平的影响有两种相反的作用。一方面,负债比率的增加会直接增大企业的财务成本,使公司利润水平降低。另一方面,由于负债的资金成本率往往低于股东权益的资金成本,负债比例的增加可使企业较多地利用负债的杠杆效益,因而导致每股收益水平的上升。MM 理论已对此进行了阐述[12]。由于中国旅游企业一向负债较高,可以认为已经超过了最优债务水平。因此,可以提出 H6,假设旅游上市公司利用较多的负债,其收益将小于其成本。

H6:资产负债率较高的旅游上市公司,利润水平较低。

旅游上市公司的营运能力,可用总资产周转率来衡量。总资产周转率为营业收入与平均资产总额之商。公司的营运能力越强,其资源利用效率越高,利润水平也就应该越高。因此,可以提出假设 H7。

H7:旅游上市公司的营运能力越强,利润水平也越高。

企业的成长性是影响企业利润水平的重要因素。旅游上市公司的成长性可以用其主营业务收入的同比增长率来衡量。成长性较好的公司，其利润水平也应该越高。因此，可以提出以下假设。

H8：旅游上市公司的成长性越高，利润水平也越高。

（2）分析方法与数据来源。本研究以2001年底以前在上海和深圳证券交易所上市的全部旅游类企业为研究对象，利用2001～2005年5个年度的面板数据（Panel Data）进行计量检验。面板数据可使置于回归分析的样本量更多。因此，自由度较高。截面变量和时间变量的结合信息能够显著减少缺省变量带来的问题。考虑到研究对象全部为旅游企业，故可假定无截面效应。另外，旅游业受外界环境影响较大，故可假定模型在时序上有固定（Fixed）效应。基本模型如下：

$$EPS_{it} = C + \beta_1 RESC_{it} + \beta_2 LTGB_{it} + \beta_3 YYFY_{it} + \beta_4 GLFY_{it} + \beta_5 CWFY_{it} + \beta_6 ZCFZ_{it} + \beta_7 ZCZZ_{it} + \beta_8 SRZZ_{it} + \beta_t + \varepsilon_{it}$$

此处下标i表示企业序号（i =1、2…23）；t表示时间（t =1、2…5）；β_t表示截距项，因时间不同而不同；ε_{it}为残差。

所有数据取自万得（Wind）资讯的相关数据库。万得数据库报出了27家旅游上市公司的报表。其中ST东海、锦江股份、黄山旅游、锦江投资由于分别在内地和境外上市，报表一致，因此予以剔除，保留其余23家公司。如果该数据库提供的数据有缺省，则以北京大学中国经济研究中心色诺芬上市公司财务指标数据库的相应数据进行补充。

本文的分析工具是SPSS统计软件包。为方便计算，本研究没有考虑通货膨胀对本研究的影响，上述数据处理方法对模型的解释能力不会造成大的影响。

3. 对中国旅游业上市公司赢利能力影响因素的实证分析

本文使用面板最小二乘法（Panel Least Squares）对2001～2005年23家旅游上市公司的面板数据进行拟合。利用SPSS软件，通过对解释变量的相互回归及对容忍度（Tolerance）和方差膨胀因子值（VIF）的检验，并未发现解释变量间存在共线性关系。

利用Eviews软件，对样本数据的相关变量进行OLS回归。DW统计量的值为1.9753，查表可知不存在误差序列自相关。最终结果，见表6－4（R^2 =0.5271，Adjust R^2 =0.4630，F =14.7662，Prob. =0.0000）。虽然主营业务收入增长率指标在方程中并不显著（t =1.5152，Prob. =0.1327），但考虑到此指标的理论意义，本文仍然将其保留。

表 6-4 数据处理结果

Variable	Coefficient	Std. Error	t-Statistic	Prob.
C	0.509680	0.105556	4.828505***	0.0000
RESC	0.080506	0.035697	2.255242**	0.0262
LTGB	-0.003767	0.002188	-1.722028*	0.0880
YYFY	-0.002408	0.001035	-2.326979**	0.0219
GLFY	-0.006411	0.001284	-4.994413***	0.0000
CWFY	0.011308	0.002376	4.758347***	0.0000
ZCFZ	-0.005313	0.000975	-5.451431***	0.0000
ZCZZ	0.126870	0.059291	2.139777**	0.0347
SRZZ	0.000219	0.000144	1.515203	0.1327

注：***、**、*分别表示在0.01、0.05和0.1水平上显著。

资料来源：根据数据进行的统计。

根据以上数据拟合结果可以看出，旅游上市公司的资源属性对其赢利水平具有显著的正影响。资源类旅游上市公司每股收益要显著优于非资源类上市公司（Prob. =0.0262），假设H1得到验证。

上市公司股权的流通性对其赢利水平有显著的负影响，也就是说，公众性越好的上市公司，其利润水平较低。这与陈小悦、徐小东等人对中国上市公司的研究一致[11]，验证了假设H2。

营业费用率对旅游上市公司的每股收益具有显著的负影响（Prob. =0.0219）；管理费用率对旅游上市公司的每股收益具有显著的负影响（Prob. =0.0000）。这分别验证了假设H3和H4。

财务费用率对旅游上市公司的每股收益具有显著的正影响（Prob. =0.0000）。也就是说，尽管财务费用的增加会直接减少公司的利润总额，但财务费用率越高，却可以为旅游上市公司带来更高的每股收益。这与假设H5相悖。究其原因，可能是因为对负债的有效利用增加了企业的价值。

与此同时，资产负债率对旅游上市公司的每股收益具有显著的负影响（Prob. =0.0000）。资产负债率较高的上市公司每股收益较低，验证了假设H6。实证结果对假设H5的拒绝和对假设H6的接受值得进一步讨论。

总资产周转率对旅游上市公司的每股收益具有显著的正影响(Prob. =0.0347)。旅游上市公司的营运能力越强,其资源利用效率越高,利润水平也越高,验证了假设H7。旅游上市公司主营业务收入同比增长率对每股收益具有正影响,但并不显著(Prob. =0.1327)。成长性较好的旅游上市公司,其利润水平也相应越高。

4. 锦江国际(集团)有限公司的赢利模式与影响因素

本部分以锦江国际(集团)有限公司为案例,对旅游类上市公司的赢利模式与影响因素进行研究。锦江国际(集团)有限公司是我国规模最大的综合性旅游企业集团之一,隶属于上海市政府,由上海市国有资产管理委员会代理出资人的权利和义务。集团以酒店、餐饮服务、旅游客运业为核心产业,并设有酒店、旅游、客运物流、商贸、食品、教育、地产、金融等8个事业部,控股(或间接控股)锦江酒店(H2006)、锦江股份(600 754、900 934)、锦江旅游(900 929)、锦江投资(600 650、900 914)4家上市公司。2006年在全球旅游酒店集团300强中排名第22位、名列亚洲第一位,获"中国最具影响力本土酒店集团"称号,成为中国最大的旅游酒店集团。

2006年,锦江国际(集团)有限公司全年实现主营业务收入260亿元,比2005年增长16.59%;利润总额10.85亿元,比2005年增长18.5%;国有净利润5.25亿元,比2005年增长22.23%(见表6-5)。

表6-5 2005~2006年锦江国际(集团)有限公司经营业绩

年 份	主营业务收入(亿元)	利润总额(亿元)	国有净利润(亿元)
2005	223	9.2	3.6
2006	260	10.85	5.25
增长率(%)	16.59	18.5	22.23

资料来源:作者根据对锦江酒店集团的调研制表。

同时,锦江国际(集团)有限公司控股的锦江酒店[①]、锦江投资、锦江

① 2006年锦江国际将大部分酒店业务剥离后在香港上市(锦江酒店香港联交所代码为2006HK),原上交所上市公司"锦江酒店(A股600754,B股900934)"改名为"锦江股份(A股600754,B股900934)"。

旅游三家上市公司经重组整合,2004 年业绩大幅提升,主营业务收入分别达到 8.640 万亿元、25.32 亿元、10.08 亿元人民币。至 2006 年,其主营业务收入分别为 30.30 亿元、26.70 亿元和 13.45 亿元人民币。每股净资产分别由 2005 年的 3.27 元/股、3.44元/股、3.59 元/股增长至 2006 年的 3.38 元/股、3.63 元/股、3.70 元/股。每股收益分别由 2005 年的 0.32 元/股、0.46 元/股、0.17 元/股增长至 0.36 元/股、0.49 元/股、0.18 元/股。主营业务收入、每股净资产和每股收益均有大幅增长(见表 6-6)。

表 6-6 锦江国际(集团)有限公司控股的三家上市公司经营业绩

项目 / 年份 / 上市公司	主营业务收入(亿元)			每股净资产(元)			每股收益(元)		
	2004	2005	2006	2004	2005	2006	2004	2005	2006
锦江酒店	8.64	28.08	30.30	/	3.27	3.38	/	0.32	0.36
锦江投资	25.32	32.80	26.70	3.19	3.44	3.63	0.366	0.46	0.49
锦江旅游	10.08	12.02	13.45	3.45	3.59	3.70	0.33	0.17	0.18

资料来源:根据上市公司公报和锦江国际(集团)有限公司的相关资料整理、制表。

锦江国际(集团)有限公司的经营业绩在过去几年中持续增长。其影响因素包括以下几个方面:

(1)锦江国际(集团)有限公司是上海的大型国有企业,拥有较为强大的政府背景。这为其业务重组、上市融资进而实现良好的业绩提供了平台。事实上,这也是锦江国际(集团)成功扩张的资源因素。

(2)锦江国际(集团)有限公司赢利能力的成长还有赖于其营业费用和管理费用率的削减。在过去几年中,锦江国际(集团)有限公司致力于削减内部经营和管理成本。

(3)锦江国际(集团)有限公司在削减内部经营管理成本的同时,也合理运用了负债。例如,锦江国际酒店(集团)股份有限公司分别于 1987 年和 1998 年发行两期债券,共融资 3.6 亿元人民币;分别于 1993 年和 2006 年发行股票,共筹资 31.2 亿元(见表 6-7)。锦江债券和股票市场的双重融资行为让锦江国际(集团)有限公司实现了债务的杠杆效益。

表6-7 锦江酒店集团通过债券和股票市场的四次融资行为

年 份	金额(亿元)	备 注
1987	0.8	第一期金融债券融资
1993	11.2	新锦江A股上市
1998	2.8	第二期金融债券融资
2006	20	锦江国际酒店板块香港H股上市

资料来源:作者对锦江酒店集团的访谈结果。

(4)锦江国际(集团)有限公司具备较好的成长性和营运能力。这些为其赢利能力的快速增长奠定了较好的基础。

5. 结论与讨论

从方程模拟和案例分析的相关数据均可以看出:资源类旅游上市公司的利润水平要显著优于非资源类上市公司;公众性越好的旅游上市公司其利润水平越低;营业费用率和管理费用率对旅游上市公司的利润水平具有显著的负影响;财务费用率对旅游上市公司的利润水平具有显著的正影响,但资产负债率却对利润率产生负影响。与其他行业企业一致,旅游上市公司的营运能力和成长性,均对公司的利润水平产生正影响。

本研究对旅游业上市公司赢利能力的组织内部影响因素的研究结果,具有重要意义。但与此同时,也在以下方面存在局限性:

(1)对影响因素的选择不够全面,没有包括组织外的影响因素,而环境因素必定对旅游上市公司的赢利能力产生影响。另外,已选定的影响因素在指标衡量方面也存在可以改进之处。

(2)方程的模拟仅包括23家旅游上市公司2001~2005年的数据,在时间序列方面可以延长。囿于数据的一致性,本文没有进一步修正。

(3)旅游业包括餐饮、住宿、旅行社、景区等子行业,其利润率的影响因素也存在差别,受样本局限,本文没有区别对待。这些都有待进一步研究。

(参考文献见书末)

思考与练习

(1)旅游企业的资源属性如何影响旅游企业的扩张方式和赢利模式?

(2)营业费用、财务费用和管理费用与旅游上市公司的关系如何?

第七章 旅游企业国际化扩展

面对国际化的竞争，旅游企业的管理者们要面临许多挑战。本土企业要应对跨国旅游企业的战略部署；走出国门的旅游企业要面对不同的经济、政策法律环境和风俗习惯。然而，这些差异也可为跨国企业创造更多的机会。雷迪森饭店公司的总裁杰伊·魏策尔说："企业要想在全球范围内成功发展，光靠头脑发热是不行的，而是需要高瞻远瞩。"本章将讨论企业国际化经营的一般理论，深入分析旅游企业国际化经营的动因，并对旅游企业国际化经营模式和区位选择进行阐述。最后讨论"奥运"如何促进酒店业向国际化发展。

第一节　企业国际化经营

在研究企业国际化经营之前，我们首先要分清楚两个容易混淆的概念："国际化"与"全球化"。"国际化"，用来描述那些跨国界进行交易活动的商业经营。"全球化"，不仅仅是简单的国际化，比国际化的层次更高、意义更广泛。随着世界经济的不断发展，很多企业的业务已经从国内转向了国际市场，经营业务向国外延伸，促成了企业的国际化经营，并随着企业之间竞争的日趋激烈，企业国际化经营已经成为当今世界的一种主导趋势。

一、利用国别反应程度和协作程度对跨国公司战略的分类

Porte(1986)对跨国公司战略进行了划分，并假定了图 7－1 所示的框

架。两个分析维度分别是子公司之间协作程度(Coordination),以及子公司对经营所在地的当地化反应(Responsiveness)。这些适应当地环境的反应(Prahalad & Doz, 1987)可能就是将公司价值链的重要环节置于特定国家,这也是大多数东道国政府希望通过鼓励外来直接投资达到的目标。

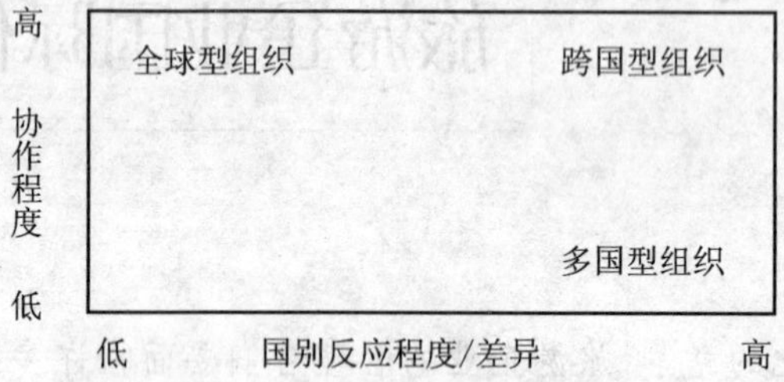

资料来源:Michael E. Porter, Competition in Global Industries, Boston, MA, 1986,转引自 Jarillo & Martinezk, Different Roles for Subsidiaries: The Case of Multinational Corporations in Spain(Srategic Management Journal,1990).

图7-1 跨国组织的不同类型

研究者们又区分了三种实施不同国际化战略的组织。全球型组织(Global Organization)面向世界市场,通过标准化的产品设计,全球范围内的规模制造和对经营的集中控制而获取规模经济性,许多日本公司是其典型代表。多国型组织(Multinational Organization)通过使其产品差异化来满足不同市场的需要,这是许多欧洲跨国公司(如 Nestle,Philip)所采取的战略。最后,跨国型组织(Transnational Organization)试图协调不同国家子公司的经营活动,以获得规模、范围等方面的经济性,同时保持对不同市场兴趣和偏好的反应的灵活性。Bartlett 指出,在效率和反应能力需要兼顾才能赢得竞争的环境下,这将是最优的战略及结构。

Bartlett and Ghoshal(1989)进一步对多国型、全球型、跨国型三种组织形态进行了对比研究,描述了三种形态跨国公司母子公司之间的关系。其中多国型组织,类似分权的联邦,母公司管理层认为海外子公司是独立的事业体,资产和决策权都分散给地方,并通过非正式的母子公司之间的关系及简单的财务控制来规范。跨国型组织,类似协调的联邦,母公司管理层认为海外子公司附属于母公司,但许多关键资产和决策权仍然分散在母公司之外。母公司通过正式管理规划与控制系统来规范母子公司之间的关系。全球型组织,则类似于集权的中枢,母公司管理层视子公司为通往全球市场的传送带,大部分战略性资产和决策权都集中在母公司。三者在资产与能力、海外子公司角色和技术研发方面的特征,见表7-1。

表7-1　多国、全球、跨国型组织的组织特征

组织特征	多国型组织	全球型组织	跨国型组织
资产和能力的配置	地方分权及位于不同国家的子公司自给自足	中央集权及全球规模	分散广泛、互相依存、专门化经营
海外子公司的角色	发现并利用当地机会	执行母公司战略	不同国家间子公司的差异化,组成全世界的整合运作
技术的研发和推广	每个海外子公司自行发展	由总部发展并持有技术	世界各子公司共同开发并共享知识

资料来源:Bartlett & Ghoshal, *Managing Across Border* , 1989.

二、一体化、当地化与跨国公司业务类型

Prahalad & Doz(1987)系统地提出了跨国公司使命的概念,其主要分类标准,包括全球活动的一体化(Global Integration)、全球性战略协调(Global Coordination)和当地化经营(Local Responsiveness)。其中,一体化,是指在持续经营的基础上,对分散在不同地域的活动进行集权管理;战略协调,是指在实施战略过程中对跨越各国国界的资源配置进行集中管理;而当地化经营,是指主要针对地方性的竞争和消费需求,由某一子公司自主作出的资源配置决策。①

Prahalad and Doz 以考宁玻璃(Corning Glass)公司为案例,对跨国公司战略进行了研究,发现跨国公司的经营业务可分为三种类型:

---

① 一体化和当地化框架与整合—回应框架具有相同的意思。

(1)全球化经营领域,是指那些全球一体化经营压力大,而当地化经营压力小的业务;

(2)当地化经营领域,包括那些当地化经营压力大,而全球化经营压力小的业务;

(3)多国经营领域,主要是指一体化和当地化压力均比较大的业务领域(见图7-2)。

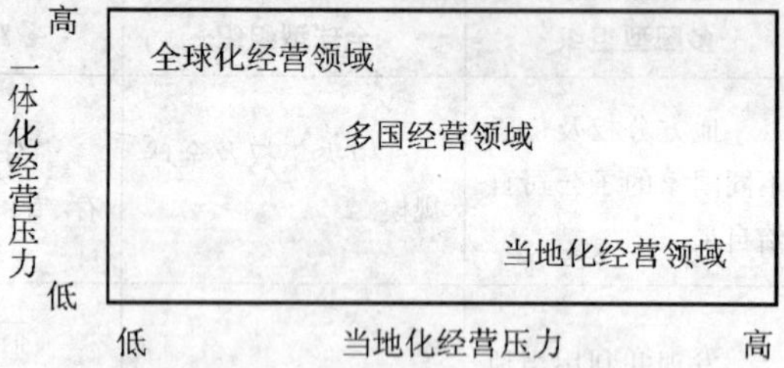

资料来源:帕拉哈拉德,伊夫·多茨编著. 王文彬译. 跨国公司使命[M]. 北京:华夏出版社,2001.

图7-2 跨国公司业务类型

Porter模型主要分析产业的战略特征,Bartlett则着重于跨国公司的层次,Prahalad and Doz则综合了前人所做的研究。然而,正如Bartlett and Ghoshal(1987)指出的,为了形成良好的整体战略,每个企业会对其不同子公司实施不同的战略。因此,对于跨国公司对外直接投资所形成的子公司进行研究时,应该采用一个有别于母公司的分析框架。

通过对企业国际化战略分类和业务类型进行研究,可以清楚地看到,在当今国际化市场条件下,企业的国别反应程度和协作程度将各种拥有国际化业务的企业划分为不同的战略类型,企业根据一体化与当地化压力的不同程度,形成了不同的企业类型。其本质就是通过不同战略的制定,选择适应本企业能力与资源的企业类型,进而在国际化经营过程中占据有利的竞争地位。

以企业国际化经营的相关理论为基础,在接下来的章节中,我们将针对旅游企业的特点,对旅游企业国际化的动因和经营模式进行进一步的研究。

第二节 旅游企业国际化的动因

从哥伦布发现美洲新大陆时起,欧洲商人们就开始寻找国外的市场。为了追求更大的市场份额,达到资源的优化配置,现代企业开始了国际化经营的进程。到了20世纪50年代,现代企业的国际化经营已经成为了世界经济发展的重要标准。同一般类型企业一样,旅游企业也存在着大规模的国际化经营现象。本节中我们将对企业国际化的动因和旅游企业国际化的动因进行研究。

一、企业国际化经营的一般动因

跨国企业海外投资的动机,因东道国、产业类型及企业不同而千差万别,采取的经营战略也多种多样。邓宁(Dunning,1993)分析FDI区位选择时,将发达国家与发展中国家相区别考虑,二者均显示出决定因素随时间的变化趋势。邓宁将跨国公司国际化经营的战略动机分为四种:寻求资源(Resource-seeking)、寻求市场(Market-seeking)、寻求效率(Efficiency-seeking)和寻求战略资产(Strategic asset-seeking/capability-seeking)。他认为,前两种动机多为企业国际化经营初级阶段的主要战略动机,后两种则多为企业国际化较高阶段的战略动机。从国内外大量文献及研究结论来看,中国外商直接投资动机方面,市场寻求型直接投资所占比重迅速提高,但生产成本仍然是引资的重要因素(见表7-2)。

表7-2 跨国公司对外投资动机

跨国公司FDI投资动机	公司战略目标	主要区位因素
资源寻求型	获得竞争者所没有的资源使用特权	原材料 低成本、非技术劳动力 技术劳动力 技术、创新及其他创新型资产 物质基础设施

续表

跨国公司 FDI 投资动机	公司战略目标	主要区位因素
市场寻求型	保护已占有的市场，与竞争者抗衡，排除占领新市场的竞争或潜在竞争	• 市场规模与人均收入 • 市场成长情况 • 进入区域或全球市场 • 国内消费偏好
效率寻求型	作为区域经济或全球生产合理化的一部分，获得加工专业化优势	成本 • 资源成本 • 劳动力转移成本 • 其他投入成本，如运输、通信 • 区域一体化协议成员国
战略资产寻求型	母公司制定全球公司战略，在全球范围内获得竞争优势	• 劳动力成本 • 技术优势 • 市场成长

资料来源：Dunning(1993), John H. Multinational Enterprises and the Global Economy.

企业国际化经营的目标，包括寻求全球领导地位、寻求支配地位、寻求增长扩展、寻求市场、寻求要素优势、寻求综合优势、寻求均势和寻求生存等几个方面。以跨国公司对外直接投资战略目标的投资分类为例，包括：主动型、诱发型和迫动型对外直接投资。跨国公司的总体战略动机，可以概括为不断强化自身实力，寻求和取得竞争优势，以求得生存和发展，乃至取得作为国际企业的领导地位（毛蕴诗，1997、2001）。具体来看，我们可以大致将企业国际化的动因总结为以下几点：

（一）占有当地资源

这是企业国际化经营的一个很重要的动因。资源是企业生存和发展的必备条件，在很多行业的竞争中，资源的竞争占了很大的比例。在机械化生产的今天，很多企业的生产能力相差并不大。因此，谁获得了更有利的资源，谁就能在竞争中取得胜利。国际化经营可以在本地资源缺乏的时候，选择其他地区的资源，而其他地区丰富的资源往往还是廉价的。这样既可获得可观的资源，又可有效节约成本。例如，日本的很多制造企业就将机器的零部件装配转移到中国和东南亚，利用这些区域低廉的人力资源。还有很多世界知名汽车制造企业将轮胎的制造工厂转移到印度尼西亚等国,充分利用了当地的橡胶资源,并且节约了运输成本。酒店集团的国际化扩张,在很大程度上也表现为对他国资源的占有,其中表现最为突出的就是对人力资源的占有。

(二)充分发挥生产、服务、管理技术的领先优势

在本地处于成熟或衰退期的产品,在其他的经济欠发达地区可能还处于成长期。这些产品的生产技术虽然在本地已经没有什么竞争优势,但到了国外可能就处于明显的领先地位。企业利用这种地域经济发展水平的差异,将本地已经十分成熟的生产技术,转移到其他地区,并在当地开展生产活动,生产的产品在当地市场依然十分受欢迎。这种技术的空间转移,对当地市场是一种补充,充分利用了企业的技术优势,很好地达到了企业资源优化配置的目的。正如一些学者所言,资源的全球配置即是企业的国际化经营。全球战略管理只不过是将战略管理在更广泛的空间内的简单运用。国际酒店管理集团在中国的扩张行为充分地印证了这一点。他们通过先进管理技术的输出,为中国的酒店提供现代化的管理方式,而委托国际集团管理的酒店,往往在同档次的酒店中房价更高、服务水平更好,更受消费者的青睐。

(三)抢占市场,提高市场份额

占据更高的市场份额,才能在竞争中获得更高的利润。世界经济全球化使得生产同类产品的企业都站到了全球的市场上。在全球市场上,企业面临的是平等的竞争。本地市场的饱和促使企业不得不打入国际市场,同国际上其他生产同类产品的企业一同抢占国际市场。很多企业在其他地区建立工厂、生产产品,将本地生产的产品进行出口。这些国际化的经营方式,最终都是要达到提高产品市场份额的目的。

在抢占市场份额的过程中,拥有知名品牌和拥有明显竞争优势的企业往往会表现出一定的优势。但是很多地区会通过法律法规对进入者设置壁垒,以保护本地企业的发展。例如,中国农产品的出口,在一段时间内被欧美很多国家提出疑义。他们认为中国的农产品不符合当地制定的标准,进而提出退回的要求。随着企业国际化进程的不断推进,这种壁垒最终都必然会被瓦解。企业必须通过提高自身的生产能力和建立品牌来适应国际市场的形势变化。

（四）核心能力的转移

企业的核心能力，是企业生产发展的根本，是企业在长期经营管理中积累的经验和能力的总和。核心能力具有扩展性，可以被运用到企业的所有业务当中。因此，很多企业在生产水平上处于绝对优势的时候，就会选择将核心能力转移到其他的地区和生产领域，以扩大企业的经营范围，进一步提高企业的能力和知名度。微软将自己生产 PC 软件的核心能力转移到其他国家就是一个典型的事例。另外还有包括百胜集团、可口可乐公司及德国的西门子等企业，都将自己的核心能力进行转移，形成了跨国竞争的优势。

总而言之，企业出于对资源的需求，对能力输出的愿望及市场占有率等原因，将自己的业务进行国际化的扩张。在这一过程中，企业获得了利润，也提高了自身的竞争力。但是，国际化的竞争环境也给企业带来了很大的挑战。

二、旅游企业国际化的影响因素

前面我们了解了一般企业的国际化动因，包括对资源的需求，对市场份额的争夺和提高效率等。旅游企业的产品以服务产品为主，且具有企业自身的属性和特征。那么是什么原因促使以服务为主要产品的旅游企业进行国际化经营的呢？

（一）国内旅游市场更为开放

根据入世的要求，我国旅游行业于 2005 年全面开放。“开放”就意味着我国的旅游企业必须接受世界范围内旅游企业的挑战。虽然开放给我们带来了更广泛的客源市场，使我国国内的旅游资源得到了更加充分的利用，但是其他国家和地区的旅游企业同样可以进入我国的旅游市场，与我们的企业进行资源的竞争。国内旅游企业面临着国内市场的损失和国际旅游资源的补充。我国旅游企业只有积极参与国际市场竞争，开发和利用国际资源，才能争取到国际旅游市场份额，弥补国内旅游市场的损失。

（二）中国旅游企业自身改革和发展的需要

虽然国内旅游企业在长期的经营管理中已经有了长足的进步，但是不得不承认，中国的旅游企业在能力上与国外知名企业还有着很大的差距，改革与发展依然是中国旅游企业当前的主题。

国内的旅游企业现在在体制和管理上依然存在着很大的问题。因此，在竞争力上根本无法与国外的旅游企业抗衡。以酒店管理业为例，世界知名的酒店管理企业中，中国的企业根本就无法与国际知名品牌相比，在合同管理与特许经营的前十位中，中国无一企业入围。因此，中国旅游企业必须通过国际化经营，借鉴国际知名企业的经验，提升服务管理水平和竞争能力，建立有序的市场制度。

(三)旅游产品特性和旅游消费行为的影响

旅游产品的异质性，导致旅游产品的消费者有欲望去寻求不同地区旅游产品的不同体验。消费者的这一行为是由于各地不同的文化和社会背景所引起的。例如，中国的游客想去游览泰姬陵，如果中国的旅行社不能提供去往印度的旅游产品，那么游客的需求就被抑制，旅行社也不能从中获得利润。简而言之，国内游客对国际旅游的需求，需要旅游企业国际化。

(四)旅游市场的拉动

出境旅游市场的形成与发展，促进了旅游企业的国际化进程。随着中国经济的快速发展，国民生活逐渐富裕，旅游需求也日益增长，尤其是出境游的需求不断攀升。这一增长给中国旅游企业国际化发展提供了巨大的潜力。2008 年，我国居民出境人数达到 4584.44 万人次，比上年增长 11.9%。其中，因公出境 571.32 万人次，比上年下降 5.3%；因私出境 4013.12 万人次，比上年增长 14.9%。经旅行社组织出境旅游的总人数为 1090.91 万人次，比上年增加 103.49 万人次，增长 10.5%。① 出境旅游市场的拉动直接为中国旅游企业的国际化创造了条件。旅游市场的拉动作用，是旅游企业国际化经营的根本动因之一。

【相关信息】

中国旅游业直面 WTO

近年来，我国旅游业获得了突飞猛进的发展，旅游环境进一步优化，

① 资料来源：国家统计局 2008 年中国旅游业统计公报。

产业地位也进一步提高。2000年我国旅游业总收入达4519亿元人民币。其中入境旅游人数达8344.39万人次，国际旅游外汇收入162.24亿美元。2000年外国旅华人数首次突破千万人次大关，创历史新高。2001年全年入境旅游人数达8700万人次，旅游外汇收入达175亿美元，分别比上年增长4.2%和7.9%；日本、韩国、东南亚、北美、俄罗斯和西北欧等主要客源市场的来华人数增幅达4.1%～22%；全年国际、国内旅游总收入达4960亿元，比上年增长9.7%，并继续高于全国国民经济总体增长速度。

中国加入世界贸易组织，无疑将为我国旅游业进一步开放和发展带来机遇。随着整个国际、国内政治、经济形势的发展，2002年我国旅游业将继续保持较高的增长速度。中国友好、热情、安全、独特的旅游形象更加深入人心。入境旅游、国内旅游、出境旅游三足鼎立大发展的局面会持续下去，未来旅游业的发展前景十分乐观。

加入WTO意味着游戏规则的改变，服务贸易条款最重要的两点，是“最惠国待遇”原则与“透明度”原则。中国旅游企业，将在更加透明的环境中与外国同行进行平等竞争，往日的政策性保护、政策性亏损等经营环境将不复存在或越来越少，随之而来的将是机遇与挑战并存的新环境。

1.**“平等”带来的机遇**

(1)外部经营环境宽松化。大量外资的涌入首先带来的是竞争的加剧，不但是旅游企业，与旅游业相关的辅助产业，如建筑业、运输业、商业、金融保险业和邮电业等，同样也面临着来自国外企业的巨大压力。压力带来的动力，会使各个企业加快改革步伐，通过兼并、联合、改制、改造、租赁等措施，形成产品和服务质量高、有竞争能力的企业或企业集团，参与国际竞争，从而改善旅游企业发展的外部环境。另外，随着国内旅游市场的不断发展和日益成熟，也有利于国内旅游企业改善经营状况，进而提高整个旅游业的国际竞争力。最后，无论是我国企业进入其他WTO成员方拓展旅游业务，还是外国游客和企业进入我国消费与投资，都将更加自由。这无疑给我国发展国际旅游业创造了更加宽松的外部环境。对此，旅游企业必须尽快熟悉WTO的运行规则，提高市场敏感度和运行信誉度，在速度中求生存，在信誉中求发展，在合作中求壮大。

(2)海外旅游市场多元化。从地域角度看,我国的国际旅游市场具有广泛而集中的特点。目前,我国的国际客源已遍及世界170多个国家和地区,但同时又高度集中在少数几个客源国。加入WTO后,我国旅游企业可以直接到海外建立机构,开拓海外市场,参与国际市场竞争。随着我国旅游产品国际知名度的不断提高,对国外游客的吸引力也得以增强,有助于促进我国海外旅游市场的进一步多元化。实践已经证明,无论是传统的主要客源国,还是那些新兴的客源国,都将有更多的游客把我国作为旅游目的地。对此,旅游企业必须正确认识自己的实力、能力和市场需求特点,认真细分国际旅游市场,选择有潜力也有能力去占领的市场,靠特色和优质服务创品牌。

(3)经营管理水平国际化。加入WTO后,国外旅游企业大量进入中国旅游市场,一方面,使我们可以更方便地学习国外旅游企业的先进管理方法和经验,加快旅游产业化进程;另一方面,在外企的巨大竞争压力下,迫使我国旅游企业要更加主动地加快内部改革,提高服务质量和服务效率,积极开展市场营销,以提高企业的经营管理水平。对此,旅游企业必须转变观念,在虚心学习国外先进管理理念和方法的同时,要勇于变革,实现管理水平的跳跃式发展。

2.**"竞争"带来的挑战**

(1)资本实力。现在,国际旅游业已进入资本实力竞争阶段,近几年,跨国集团有深入渗透我国旅游业的趋势。加入WTO后,海外资本除大举进入我国中高档饭店市场外,旅行社业、旅游资源开发、度假地建设、低档饭店市场、旅游基础设施等行业也面临着跨国集团的兼并、收购、合资、控股,不同的产权交易方式将对我国旅游业现有的资源存量实施较大规模的重组活动。这对我国实力尚小的旅游企业,尤其是对目前仍处于"小、散、弱、差"的旅行社业来说,威胁尤甚。对此,旅游企业要面对现实,加强管理,挖掘内部资金潜力;另外,要学会将外部资源为我所用,通过资本经营壮大实力。

(2)服务规范。服务性是旅游业的一大特性,向游客提供优质服务,是旅游企业在竞争中求得生存和发展的关键。国外旅游企业在长期的竞争中已经形成了独特的服务理念和文化底蕴,拥有比较成熟的服务管理规范。国外企业大量涌入国内市场,从长远来看,无疑有助于国内旅游业服务质量的改善。但在短期内,国外旅游企业靠其高效、优质的服务将吸引更多游客,从而反衬出国内旅游企业的服务质量和管理的种种不足,可能会造成其客源减少,经营状况恶化,经济效益下滑,使原本就不够强的实力进一步削弱。对此,我国旅游企业必须摒弃价格竞争,进入质量和标准的竞争,谁能开创服务规范上的新标准,谁就能在市场上获得先动效应,取得竞争优势。

(3)人才资源。对于直接对客服务的旅游业来说,人才是最重要的资源。当前我国旅游企业在人才方面享有的优势更多是来自于对高质量人才支付低水平的劳动力价格。加入WTO以后,这种"价廉物美"的人才可能会出现一轮较大的流动潮。国外企业提供的高薪、出国培训及优越的工作环境等条件,对国内旅游企业人才的保留将极为不利。为此,旅游企业必须转变人才观念,在人力资源管理上具有战略头脑,要引才、用才、养才、蓄才并举,要有人才发展规划,要努力为人才能力的发挥创造条件和环境。

(4)旅游商品。旅游商品生产与销售是赚取外汇的一种重要手段。目前,我国从事旅游商品生产和销售的企业各自为政,既没有统一的管理机构,又无统一的管理标准。旅游商品从设计、生产到销售都相互脱节,哄抬物价现象严重,假冒伪劣商品充斥市场。同时,开发设计又缺少创新,花色、款式和型号比较单一,质量差、包装水平低,难以满足旅游者的要求。另外,我国旅游商品的销售服务,特别是售后服务水平也亟待提高。加入WTO后,外商很容易凭借其雄厚的资本实力、先进的开发生产能力和优质的服务进入有中国特色的旅游商品市场,导致整体市场价格下降,并降低赢利空间的同时加剧竞争。对此,旅游企业首先必须认识旅游商品开发的重要性和紧迫性。其次,要转变开发理念,在设计、包装上开拓思路,从民族特色上狠下工夫,适应旅游商品实用性、纪念性、礼品性、工艺性的特点和要求。最后,要增强服务意识,做好售后包装、托运及一系列跟踪服务工作,真正让旅游商品成为宣传旅游企业的有形载体。

综上所述,在加入WTO后国际旅游市场平等的竞争环境下,旅游企业面临的挑战中孕育着机遇,机遇中隐含着挑战,寻求机遇,直面挑战是最好的选择。

（资料来源：徐虹，张超. 中国旅游业直面 WTO［N］. 国际经贸消息，2002-1-29.）

第三节 旅游企业国际化经营的模式

一、国际服务贸易

20 世纪 70 年代以前，国际服务贸易在世界经贸关系中还不是一个引人注目的领域。关税及贸易总协定组织的多轮谈判都还没有考虑到要涉及这一议题。只是在此以后，国际服务贸易的发展潜力和重要性才开始为人们所重视。

国际服务贸易，是指通过跨境交付（自一成员领土内向任何其他成员领土提供服务）、境外消费、商业存在（商法人或者商人）、自然人流动等形式跨越中华人民共和国国境提供服务的贸易。狭义的国际服务贸易，是指发生在国家之间的服务输入和输出活动。广义的国际服务贸易，包括有形的劳动力输出、输入和无形的提供者与使用者在没有实体接触情况下的交易活动。其内容包括：国际运输、国际旅游、跨国银行、国际融资公司及其他金融服务，国际保险和再保险，国际信息处理、传递和计算机及资料服务，国际咨询服务，建筑和工程承包等劳务输出，国际电信服务，广告设计和会计管理等项目服务，国际租赁、维修，保养与技术指导等售后服务，国际视听服务，教育、卫生、文化艺术的国际交流服务、商业批发与零售服务及其他官方国际服务等。

国际服务贸易可分为国际核心服务和国际追加服务两大类。国际核心服务，是为消费者单独购买，能为消费者提供核心效用的服务。国际追加服务，是指随附商品实体出口而提供的追加劳务。它呈现以下四个特点：

（1）服务贸易在国际贸易中的比重加大；

（2）国际服务贸易的范围不断扩展；

（3）各国的国际服务贸易发展不平衡；

（4）各国对国际服务贸易的重视和研究在加强。

二、旅游企业国际化经营的内涵

旅游企业的国际化经营，是指旅游企业为了寻求更大的市场、寻找更好的资源、追逐更高的利润而突破一个国家的界限，在两个或两个以上的国家从事生产、销售、服务等活动。旅游企业的国际化经营受到外界各个方面因素的影响。其中包括：贸易体制环境、政治法律环境、经济环境和社会文化环境。

贸易体制对旅游企业国际化经营的影响主要体现在关税上。企业产品的出口要受到进口国关税的影响。过高的关税可能会影响到企业的利润。进口国也会通过其他方式，如产品标准等设置进入壁垒，阻止其他国家产品的进入。另外，支付方式也会影响到企业产品的输出，汇率的变动有时甚至会使出口企业的利润大打折扣。

政治法律对旅游企业国际化经营的影响不言而喻。企业不仅受到本国政治法律因素的约束，更要遵守东道国的法律条例。两国之间的政治关系，直接影响到经济合作关系。这对于企业来说也是至关重要的。如果旅游企业不了解东道国的法律，或者不遵守东道国法律的约束，就会产生不必要的法律纠纷。这样，不仅影响企业产品的输出，更会阻碍旅游企业的国际化进程。

经济环境对旅游企业国际化经营的影响是十分复杂的。经济体制是旅游企业必须了解的。因为，经济体制的不同会导致各国对待其他国家企业的态度不同，企业必须针对经济体制的不同，制定相应的经营策略。输出国和输入国的经济发展水平不同，也会影响到旅游企业的国际化经营。企业必须生产适合他国经济发展水平的产品，这样才能拥有市场。选择国际化经营的国家，旅游企业必须考虑国际收支的影响，经济开放的国家欢迎其他国家企业的投资，旅游企业可以优先考虑这些国家，在政策上也可能会得到更多的支持。

社会文化的影响，主要体现为不同的人口结构、价值观、风俗民情等因素。社会文化方面的影响对于旅游企业来说，可能比上述三种因素更为重要。因为旅游产品本身就具有服务产品的属性，而服务产品受到社会文化方面的影响是十分明显的。旅游企业必须在以上三个影响因素都确定的情况下，着力探索社会文化方面可能带来的影响，并针对这些影响制定本企业的经营战略。

三、旅游企业国际化经营的模式

制造型企业的国际化经营,最明显的途径就是产品输出。但是,旅游企业的产品是以服务产品为主,因而这一策略并不合适。那么旅游企业国际化经营主要采取哪些模式呢?国际上现有旅游企业的国际化经营模式主要有以下四种:

(一)旅游国际贸易中的企业组织和接待

旅游跨国贸易,是指我国旅游企业与目的地旅游企业通过各种契约所建立的旅游客源组织和目的地接待体系。如果旅游企业通过正式的合作契约参与到这种组织和接待体系中来,便可认为这一旅游企业在进行国际化经营。这种形式按照组织和接待分工的不同,又可以分为组织型旅游企业和接待型旅游企业。旅游企业通过各种契约建立的旅游客源组织与目的地的接待关系,事实上相当于国际贸易。

国际旅行社所从事的,其实就是一种旅游国际贸易中的企业组织和接待工作。旅行社与客源地组织签订接待协议并负责客源地游客在本地的一切活动的组织、策划和安排。这就是一种国际化经营的形式(见表7-3)。

表7-3 发达国家旅行社业跨国并购情况一览表

收购时间	采取收购的旅行社	被收购的旅行社	兼并方式
1995	美国运通 American Express	德国 West LB 旅行社	收购
1995	德国途易 TUI(国际旅游联合会)	荷兰国际旅行社 Holland International	合并
1997	美国运通 American Express	比利时 BBL 旅行社	合资

续表

收购时间	采取收购的旅行社	被收购的旅行社	兼并方式
1997	汤姆森旅游集团 Thomson Travel Group	瑞典 Fritidsresor 旅行社	收购
1998	英国航空旅行社 Airtour	比利时太阳旅行社 Sun International	收购
1998	英国航空旅行社 Airtour	德国弗洛兹旅行社 Frosch Tourisik Group	收购
2000	德国普鲁赛格旅行社 Preussage(即 TUI)	美国汤姆森旅游集团 Thomson Travel Group	收购
2001	德国 Conder 集团 Conder Group	托马斯·库克旅行社 Thomas Cook	收购

注:德国的 Conder 公司是从德国 TUI 手中收购的托马斯·库克旅行社。

资料来源:陈继祥,王家宝.旅游企业战略管理[M].北京:旅游教育出版社,2006.

(二)国际合作性契约协议(特许经营与管理合同)

国际合作性契约协议,是指旅游企业利用其所拥有的知识、技术和技能等无形资产,与国外企业签订非股权性契约安排获取收益的经营形式。这种形式在我国酒店管理行业中十分常见,在本书第六章中我们也有所介绍。国外的知名酒店管理企业,如“圣达特”、“万豪”等,与我国的酒店开发商(产权方)签订管理合同,由外方对酒店进行管理,酒店管理公司从中获得管理费用(见表 7-4、7-5)。

这种国际化的经营方式减少了资金的投入,提高了企业的知名度,经营的风险很低,但是控制力较弱。

表7-4 2008年全球酒店特许经营前10名

排名	饭店名称	特许经营数量(家)	总饭店数量(家)	总量全球排名	所属国家
1	温德汉姆饭店集团 Wyndham Hotel Group	7 016	7 043	1	美国
2	精选国际饭店集团 Choice Hotels International	5 827	5 827	2	美国
3	洲际饭店集团 IHG (InterContinental Hotels Group)	3 585	4 186	3	英国
4	希尔顿饭店集团 Hilton Hotels Corp.	2 774	3 265	6	美国
5	万豪国际饭店集团 Marriott International	2 079	2 999	7	美国
6	雅高集团 Accor	1 129	3 982	5	法国
7	万塔吉集团 Vantage Hospitality Group	845	845	11	美国
8	卡尔森国际饭店集团 Carlson Hotels Worldwide	840	1 013	8	美国
9	喜达屋饭店集团 Starwood Hotels & Resorts Worldwide	437	942	9	美国
10	拉昆达酒店管理集团 LQ Management LLC(La Quinta Inn)	337	337	13	美国

资料来源：*HOTELS*，经作者本人整理。

表 7－5　2008 年全球酒店合同管理前 10 名

排名	饭店集团	管理合同数量(家)	饭店总数量(家)	总量全球排名	所属国家
1	万豪国际饭店集团 Marriott International	968	2 999	7	美国
2	常住饭店集团 Extended Stay Hotels	686	686	15	美国
3	洲际饭店集团 IHG (InterContinental Hotels Group)	585	4 186	3	英国
4	雅高集团 Accor	567	3 982	5	法国
5	希尔顿饭店集团 Hilton Hotels Corp.	440	3 265	6	美国
6	喜达屋饭店集团 Starwood Hotels & Resorts Worldwide	436	942	9	美国
7	里兹多饭店集团 The Rezidor Hotel Group	289	361	20	比利时
8	卢浮宫饭店集团 Group de Louvre	248	856	10	法国
9	NH Hoteles NH 酒店集团	248	341	22	西班牙
10	Interstate Hotels & Resorts IHR 酒店与度假村公司	226	226	26	美国

资料来源：*HOTELS*，经作者本人整理。

（三）旅游企业在他国的商业存在

旅游企业在他国的商业存在，是指服务提供者在他国领土内设立商业机构，直接为该国境内的消费者提供服务，又可称做是旅游企业的对外直接投资。旅游企业的国际投资，包括新设合资企业、新设独资企业、收购等方式。新设合资企业，是指两个或两个以上的公司，为实现一个共同的商业目标而签订的合资协议。新设独资企业，是指旅游企业从零开始在海外设立子公司。新设企业，又称为绿地投资（Greenfield Investment）。旅游企业在他国的商业存在十分常见，截至2008年底，中国内地接受港、澳、台地区及外商投资的星级饭店数量达到561家，客房数12.1575亿间，共实现营业收入252.61亿元；上缴营业税16.16亿元。①

（四）与他国旅游企业的战略联盟

国际联盟实质上是以合作代替对抗，是更高形式、更为激烈竞争的开始。旅游企业的国际联盟现象十分多见，因为旅游企业所掌握的资源相对较少，需要联盟来共享资源，提高竞争力。如，航空业中的星空联盟（Star Alliance）、寰宇一家（The Oneworld）都是战略联盟的产物；酒店业中的金钥匙组织，同样是通过战略联盟的形式获得资源共享的平台，使旅游企业在国际化经营中更有竞争力。

当然，旅游企业的国际化经营不仅是机遇，同样也是挑战，既有利，又有弊。企业必须根据自我能力来选择国际化经营模式。旅游企业国际化经营各种模式的优点和缺点，见表7－6。

表7－6 旅游企业国际化经营形式的优点与缺点

国际化经营形式	特 征	优 点	缺 点
旅游国际贸易中的组织和接待	旅游接待 组织客源 旅游产品分销	扩大市场范围 增加产品销售	对外汇表现较为敏感 对国际政治环境反应敏感

① 资料来源：国家统计局2008年中国旅游业统计公报。

续表

国际化经营形式	特征	优点	缺点
在他国的管理技术存在（契约式合作）	特许经营 合同管理 品牌网络	投资小 集中于核心经营活动	控制权小
在他国的商业存在（资本或者股权投资）	直接投资 控股 收购兼并	保持一定的控股权 充分使用当地客源 使用当地资源	投资大 风险高
与他国旅游企业建立战略联盟	产品研究和开发 非正式联盟 合资合作企业	灵活多变 减少风险 扩大新市场	不容易控制 决策推迟 核心技术有可能被竞争对手获得

世界经济的不断发展带动着旅游行业的不断前进，旅游企业在前进的浪潮中，不仅要不断地完善自我，更要看准行业的发展趋势。国际化发展已经成为旅游企业发展的必经之路，企业必须选择适合本企业的经营模式，制定抵抗各国企业竞争的战略。

第四节　旅游企业国际化经营的区位选择

区位优势理论，源于 Webber 提出的工业区位论及国际贸易理论中的资源禀赋理论和比较优势理论。毛蕴诗（1998）认为，东道国的区位优势可能体现在原材料的筹供，劳动力成本，市场规模、结构与特点，贸易壁垒及政府政策等方面。Dunning 认为，在研究跨国公司对外直接投资活动中，应该在所有权优势（Ownership advantages）和内部化优势（Internalization advantages）的基础上引入区位优势（Location advantages）。

跨国公司进行 FDI，必然要受到区位因素的影响，只有东道国的区位优势明显时，跨国公司才会进行 FDI。随后，邓宁把区位特征变量进一步归纳为:资源禀赋及市场分布,劳动力、能源、原材料、零部件、半成品等投入的价格、质量和生产率,国际交通和通信成本,投资刺激和投资障碍,进口控制,商业、法律、教育等基础设施条件,心理距离(如,语言、文化、习惯等的差异),R&D、生产和销售的集中化程度,经济体制、政府政策及资源配置的制度框架。除上述因素外,近年来学术界越来越强调集聚经济的重要性。与东道国企业相比,外国投资者在所处的投资环境中处于劣势,对一个风险回避的企业来说,它往往投资于那些基础设施条件较好、市场大而稳定、具有各种集聚效应,且为人们所熟悉的地区(Dunning,1998)。

可以通过例证说明这些问题。一个不稳定的政府会极大地增加投资损失的可能性;一个缺乏效率的交通运输系统会减少需求,因为人们不能方便地抵达酒店、娱乐场所或其他的运营资产;欠发达的教育系统只能提供低技能的劳动力,这些劳动力也许不具备提供高服务水平的素质;增长缓慢的 GDP 可能意味着旅游消费的停滞不前;低税率地区会提升旅游企业税后净利润水平,高税率会让税后利润减少。最后,货币是否能自由汇兑也影响到区位吸引旅游企业外商直接投资的吸引力,因为这决定着旅游企业所赚利润是否能便捷地汇回其母国。

【阅读与理解】

奥运促进酒店业向国际化发展

自20世纪80年代初期以来,国际化就是北京酒店业演化的主导脉络。早期,以建国饭店为代表的产业主体,致力于学习西方国家的微观运营模式和市场运作体系。2001年中国加入世界贸易组织以后,投融资、公司治理、业态创新等,产业组织层面的国际化进程趋于加速。对于北京酒店业而言,2008年奥运会,则从深度和广度两个方面为国际化发展提供了极为稀缺的历史机遇,也是对这一长期进程的集中检验。

从客源结构上看,国际化大都市的发展战略为北京酒店业带来了大量的商务客源,加上传统的观光和都市休闲市场,北京酒店业已经积累了丰富的国际酒店业服务经验和人力资源基础。尽管如此,奥运期间集中到访的世界性客源还是对北京酒店业的产品结构、服务流程、外语、信息系统、工程改进等领域提出了巨大的挑战。事实上,围绕奥运服务

“绿色、科技、人文”的主题，北京许多酒店正在开展一系列的改建、升级和培训工作，形成了北京酒店业提升国际化水平的主旋律。

就资本和管理要素而言，北京已成为国际产业投资机构和酒店品牌运营商最关注的城市之一。目前，已有20多家国际酒店管理集团的30多个品牌进入北京，产品线涵盖了从豪华、中档到经济型的细分市场。它们在带来全球预订系统、管理信息系统等管理技术、环保理念和全球化发展战略的同时，还充分注重与本土文化的融合。奥运期间，包括“艾玛克”在内的国际餐饮供应商的进入，以及首旅集团与它的战略合作，将为北京酒店餐饮业提供难得的国际化模式现场运作机会。

在国际化发展和奥运服务耦合的进程中，一批有代表性的本土酒店企业正在从体制、理念、模式和运营体系等方面构建“走出去”战略，在可以预见的未来，北京酒店业的国际化将从单一的客源和要素输入型转向输入输出并存型的格局。

奥运服务是一项短期的任务，国际化则是长期的历史进程。笔者以为，面向可持续发展的未来，北京酒店业在国际化进程中也要注意不同档次酒店结构的均衡及绿色理念、业态创新与融合等问题，以期构建起与全球酒店业同步的文化导向和技术推动的发展模式。

（资料来源：戴斌. 人民日报海外版，2007－10－17.）

思考与练习

（1）客源结构与资本和管理要素，给北京的酒店业国际化发展提供了哪些有利条件？

（2）奥运会给企业的国际化带来了哪些机遇？

（3）你认为在体制、理念和运营模式上，酒店业应作出怎样的改革、创新，以适应国际化的发展趋势？

（4）结合实际，除本章介绍的企业国际化动因和本文介绍的奥运会之外，还有哪些因素能够促进旅游企业的国际化进程？

第八章 旅游企业战略实施与评价

在企业决定采取何种战略之后，战略管理的过程远未结束，战略决策需要转化为战略行动。战略管理的过程包括：战略分析、战略选择、战略实施与评价等步骤。成功的战略决策不足以保证成功的战略实施。越来越多的战略管理者和管理学家开始将工作重点转移到战略实施的过程中。许多战略管理者认为，战略制定只是一种意向的战略（Intended Strategy），真正的战略应该是一个动态过程。事实上，战略实施比战略制定更为困难。战略实施会影响到旅游企业的所有职能部门和业务领域。在前几章探讨了战略分析和战略选择之后，本章首先介绍旅游企业战略实施的内涵；在此基础上，强调旅游企业战略在实施过程中如何与组织结构匹配；分析影响旅游企业战略实施的主要因素；讨论旅游企业战略评价和控制过程。最后，列举了《南方航空的组织变革成合力》，希望借此增进读者对本章内容的理解。

第一节 旅游企业战略实施的内涵

旅游企业在战略管理过程中，首先，要对环境进行分析；其次，要对战略进行分析和选择。一旦确定了可行的战略方案，旅游企业就需要思考如何付诸实践，以及如何控制实施过程。再好的战略如果得不到贯彻执行，就不能称之为有效的战略。

一、旅游企业战略的制定与实施

战略制定和战略实施有着密切的联系，二者是旅游企业战略管理的有机组成部分，也是整个旅游企业战略管理过程的两个不可分离的阶段。战略制定，要考虑战略实施中可能存在的困难，并对这些困难作出充分的准备，以保证战略实施的顺利进行；战略实施，要遵循战略制定的目标和方针，不能偏离战略制定的方向。二者相互联系、相互制约。旅游企业战略实施比战略制定要更加直接地面对现实的经营环境，所以战略实施比战略制定更为困难（见表8－1）。

表8－1　旅游企业战略制定和战略实施的区别

项目 区别	战略制定	战略实施
配置资源时间	行动前配置资源	行动中配置资源
关注焦点	注重效能	注重效率
操作过程	思维过程	行动过程
所需技能	直觉与分析技能	激励与领导技能
协调范围	对几个人进行协调	对众多人进行协调

战略制定对于不同规模的企业、营利或非营利组织等都没有太多差别。然而，不同类型、不同规模企业的战略实施却存在着相当大的差别。战略实施要求采取诸如改变销售区域、增加新部门、关闭设施、雇用新员工、改变定价策略、拟订财务预算、调整员工福利政策、建立成本控制程序、改变广告策略、建设新设施、培训新员工、在不同部门间调配管理人员、建立新的管理信息系统等措施。这些措施在制造企业、服务企业与政府机构之间存在着明显的差异。

二、旅游企业战略实施的原则

为了保证旅游企业战略实施符合战略制定的目标，并且能够顺利有效地进行，战略实施的过程要遵循以下四条原则：

（一）方向明确，突出重点

战略制定须通过一系列的环境分析后进行，为战略实施提供指导方向，并在战略实施过程中始终贯彻执行所制定的战略，以战略制定的方向为指导，从全局和长远的高度考虑企业的发展。方向明确，集中体现了旅游企业战略实施与战略制定之间的指导关系，因此旅游企业在制定战略过程中，也同样要考虑实施过程可能遇到的困难，制定出可行的战略。另外，战略的实施要遵循重点突出的原则，每个战略的制定都会有一个大体的目标。这个目标可以分解为几个不同的小目标。在战略实施过程中，必须抓住影响目标实现的关键因素，有针对性地进行战略实施。这样，才能达到事半功倍的效果。所以说，旅游企业在实施战略时，首先，一定要对所制定的战略进行详尽的分析，并且要把握好战略实施的环境，这样才能抓住关键，有的放矢。

（二）统一指挥，统一领导

战略实施必须统一指挥和统一领导的主要原因，是企业的管理人员作为企业战略的制定者，对于企业战略的理解更为深刻，掌握本企业战略的有关信息和资料也比较全面。相对于企业员工而言，他们对于战略实施的要领更为了解，是企业战略实施的指挥者。因此，旅游企业在战略实施过程中一定要遵循统一指挥和统一领导的原则。企业管理人员在战略实施过程中要对员工进行有效的培训和指导，且须以身作则，必要时还要亲力亲为。这样才能让员工理解企业的战略，更好地执行，将自身工作与企业绩效有机地结合起来。

虽然统一指挥和统一领导从表面上看，比较容易做到，但实际上，在旅游企业中，很多时候却达不到这样的要求。阻碍这一原则发挥效用的主要原因，是权责不清和管理层级混乱。很多时候，企业管理的层级关系比较混乱，经常导致员工不清楚自己的上级到底是谁，在工作中可能会同时接到两个截然不同的指令，使得员工不知所措，在出现问题的时候，员工也不清楚到底应该向谁汇报，最终导致企业信息传递的效率降低，战略实施受阻。

由此可见，企业在遵循统一指挥和统一领导原则之前，必须优化内部的组织结构，使得管理者权责分明，这样才能有效地进行战略的实施。

(三)权变原则

旅游企业在制定战略之前要进行环境分析,但是环境是一个变数很大的因素,可能在企业战略制定与战略实施过程之间,环境已经发生了变化。在这种情况下,如果企业依然按照原有的战略执行,就可能会导致实施受阻,最终使企业遭受失败。权变原则,是指旅游企业在实施战略时,必须对环境进行实时监控,并根据环境的变化进行适时的战略调整。2008 年全球范围的金融危机造成了中国进出口商品交易会参展商和观众数量锐减。针对这一环境变化,广州市各大五星级酒店纷纷将自己酒店的房价作出调整。虽然调整后的房价较之前几年同期有明显下降,但却保证了开房率维持在一个较为稳定的水平。广州饭店企业根据经济环境的变化调整房价的战略,体现了战略实施的权变原则。

环境的监控,须贯彻战略实施的始终,因为环境的变化是无法预测的,只有对环境进行持续有效的监控,才能及时地根据环境的变化,对实施的过程进行调整。旅游行业是一个对环境十分敏感的行业。环境的变化对企业战略实施的影响极为明显。因此,旅游企业必须实时关注环境的变化,执行有弹性的战略实施。

(四)适度合理原则

所谓适度合理原则,是指旅游企业战略实施的结果基本符合企业目标的制定。受到环境不断变化的影响,企业对于未来情况的估计可能是不充分的,制定出的战略也不一定是最优化的,而且实施过程中,企业的内外部环境对战略也会有很大的影响。在实际操作中,旅游企业不可能按部就班地、机械化地进行战略实施,必须在一定范围内进行必要的修改和调整。企业管理者必须有创造性的思维,不断地根据环境的变化,更好地执行决策。

企业的组织结构是为企业战略的实施而构建的,但是组织结构是相对稳定的,一经构建就很难有所更改。因此,旅游企业利用现有的组织结构进行战略实施,须对任务进行灵活、有效的分配,使各个层级和部门能够通力合作,共同完成企业的既定目标。组织结构很难能够恰到好处地符合战略实施的要求,因此,只要战略实施过程基本符合既定的战略目标要求,就可以说战略的实施是成功的。

只有把握好战略实施与战略制定之间的关系,并严格遵循战略实施的基本原则，旅游企业才能在战略实施中克服各种困难，最终实现战略目标。

三、旅游企业战略实施的资源配置

资源配置(Resource Allocation)是旅游企业模式实施中的一项重要管理活动。在战略管理尚不成熟的小型企业中，资源配置往往受到领导者个人意志的支配。通过战略实施的资源配置，可以促进资源按照战略目标设定的优先顺序来进行调配。事实上，对于旅游企业而言，若不按照战略目标配置资源，战略管理就无从谈起。

本书第三章已经提到，所有企业至少拥有5种用以实现预定目标的资源：财务资源、人力资源、知识和学习资源、实物资源及一般性资源。将资源配置到特定的事业部门或职能部门，并不意味着战略可以成功地实施。在实施战略过程中，一些因素会阻碍资源的有效配置。这些因素包括：过分强调资源保护、过于强调短期财务目标、组织内部政治事务、含混不清的战略目标、不愿承担风险和缺乏足够的知识等。

与此同时，任何资源配置计划的真正价值，都在于实现旅游企业的战略目标。资源配置需要通过管理者的计划、组织、领导与控制等管理过程来完成。这一过程是动态的。因此，初始的资源配置并不一定能够保证战略实施的成功，相反，战略管理过程与资源配置过程相伴相生。因此，战略管理本身，有时也被称为资源配置的过程。

四、旅游企业战略实施的模式

在旅游企业实际的经营管理过程中，一般有5种战略实施的模式：

(一)指令型模式

指令型模式，简言之，就是高层管理者制定战略，下级管理人员实施战略。这是一种较为简单而有效的战略实施模式，但采用这种模式是需要一定条件的。一般来说，以下几种情况采用指令型模式较为合适：首先，高层管理者有权威，可以依靠权威发布各种号令；其次，战略较为容易实施，资源丰富、信息充足；再次，环境变化因素较少；最后，人员素质较高。

具备上述条件的战略实施过程，采用指令型模式比较合适，但指令型模式也有一定弊端。其最大的弊端就是战略制定者与执行者分离。我们在前文已经提到,战略的制定与实施是密切相关、不可分离的,如果战略的制定者与执行者出现分离情况,就可能引起战略方向产生偏差,最终导致旅游企业的战略实施失败。下层管理者及员工必须无条件地严格执行上级发布的指令,没有主动权,因而,会极大地降低员工的士气,导致工作的低效率。

(二)变革型模式

变革型模式,又称为转化型模式,是由指令型模式转换而来。战略的制定者在战略实施过程中,对企业的组织结构、计划体系、信息系统和人事制度等方面进行调整,以适应战略实施的要求。虽然这种模式给企业战略的实施带来了灵活性,可以让企业灵活应对环境带来的不确定性因素,但是它也存在着很大的弊端。与指令型模式相比,变革型模式在搜集信息方面存在着很大的缺陷,各个部门的利益对战略计划有很大的影响,而且还会导致实施没有动力等问题。变革型模式在战略实施过程中还会产生一些新的问题,灵活性的战略不利于那种面临多重变化和不确定性的企业,从企业的长远利益考虑,这样的企业不适宜选择变革型模式。

(三)合作型模式

合作型模式,就是高层、基层管理者和作业人员共同制定战略目标,共同实施。这种模式避免了指令型模式把战略制定与战略实施分离的弊端,在战略制定时,高层管理人员召集所有基层的管理人员及员工,对企业的战略共同进行商讨,最终寻找到最合适的企业战略。这种模式受到基层管理者和员工的欢迎,在执行过程中使员工更有动力,且集体的智慧总是会高于个体,因此成功的可能性非常大。不过,参与协商的人员过多,必然会导致低效率,对于时间和人力、物力的投入较多,可能会引起成本的升高。

(四)增长型模式

增长型模式,是指高层管理者仅提出战略实施的基本原则,鼓励中下层管理者制定和实施自己的战略。这种模式的特点,是能够促使企业高层管理者考虑如何激励下层管理人员制定实施战略的积极性及主动性,为企业效益的增长而奋斗。即高层管理者要认真对待下层管理人员提出的一切有利于企业发展的方案,只要方案基本可行,符合企业战略发展方向,在与管理人员探讨了解决方案中具体问题的措施以后,应及时批准这些方案,以鼓励员工的首创精神。

增长型模式可以说是指令型模式与合作型模式的结合体,综合了二者的优点,但是它也存在一定的问题:第一,增长型模式对于企业的高层领导者要求很高。他们必须能够把握住机会、限制住威胁,且对下属具有足够的影响力。第二,下属的视野具有局限性。因此,他们所提出的方案,可能具有较大片面性。这些可能会阻碍到实施的进程。

(五)文化型模式

文化型模式,是旅游企业的高层管理者运用文化手段,不断向全体员工灌输战略思想,使所有员工在共同文化的基础上参与战略实施。这种模式同样存在着一定的问题,文化的灌输不是一朝一夕就可以完成的,需要长期的熏陶和积累,对企业员工的素质要求很高,否则达不到预期的效果,另外企业文化不是万能的,其作用的发挥需要以掩盖企业其他问题为前提,因此企业不能只靠企业文化来支撑,必须同时关注企业存在的其他问题。

在20世纪60年代以前,企业界认为管理需要绝对的权威。在这种情况下,指令型模式是必要的。20世纪60年代,钱德勒的研究结果指出,为了有效地实施战略,需要调整企业组织结构,由此,就出现了变革型模式。合作型、文化型及增长型三种模式出现较晚,但从这三种模式中可以看出,战略的实施充满了矛盾和问题。在战略实施过程中,只有调动各种积极因素,才能使战略获得成功。上述五种战略实施模式在制定和实施战略上的侧重点不同。指令型与合作型更侧重于战略的制定,而把战略实施作为事后行为,而文化型及增长型则更多地考虑战略实施问题。实际上,在企业中上述五种模式往往是交叉或交错使用的。

第二节　旅游企业战略实施的组织结构匹配

企业战略决定着组织结构(Chandler,1962)。这主要有两个方面的原因。第一,组织结构在很大程度上决定着目标和政策的建立。例如,在地域多元化的组织中,目标和政策也是分地域表述的;而在按产品线建立的组织结构中,目标和政策在多数情况下则是按产品线表述。第二,结构决定着企业的资源分配。如果企业按顾客群体建立,则资源分配也将按此进行;若企业按职能建立,则资源就按职能划分进行分配。

因此,企业组织结构是实施战略的一个重要工具。一个好的企业战略需要通过与其相适应的组织结构去实现,才能起作用。在实际的生产经营活动中,旅游企业要顺利地完成战略的实施,必须将企业的战略与组织结构结合起来,综合考虑。这样才能使战略的实施获得强有力的支撑。战略实施与组织结构的匹配程度,直接影响着旅游企业的战略实施效果。

一、战略与结构的匹配

钱德勒(1962)指出,战略与结构关系的基本原则,是组织结构要服从于组织战略,即经营战略决定组织结构的类型变化。组织结构决定了企业的资源配置方向,战略的变化往往要求组织结构随之发生变化。

组织结构要服从战略的要求。准确地说,组织结构的设置就是为了进行战略的实施,不同的环境要求企业制定不同的企业战略,不同的企业战略又需要不同的组织结构予以配合。组织结构的变革,往往由于现有的组织结构已经不再能够适应企业的战略要求,当企业的环境相对稳定的时候,组织结构相对稳定,支持着企业战略的实施,而当企业环境发生变化或企业将发生重大转折时,组织结构同样面临严峻的考验。

战略的实施要以组织结构为支撑。组织结构的合理设计,可以提高组织的信息传递效率,优化组织内部的人力资源配置,最终为战略的有效实施提供保障。

战略的变化将带来组织结构的相应变化。结构的再设计,应该有利于贯彻企业的战略意向,或者说,结构服从于战略。离开了战略或使命,就不可能设计有效的组织结构。钱德勒(1962)发现了在企业成长和战略调整过程中,伴随时间的变化,企业组织结构发生变化的一般过程

(见图 8－1)。

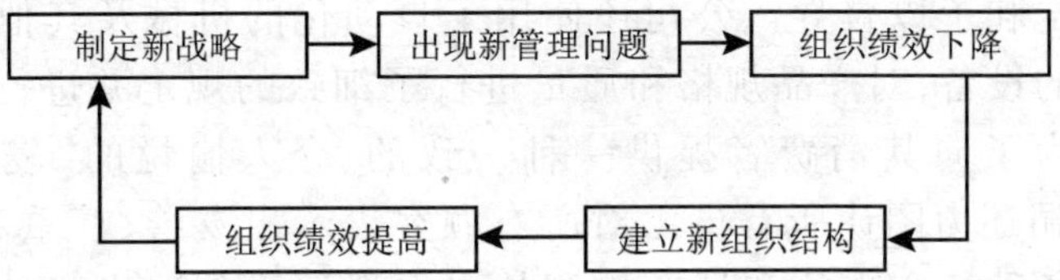

资料来源：Alfred Chandler, Strategy and Structure[M]. Cambridge, MA: MIT Press, 1962.

图 8－1　战略与结构的关系

二、旅游企业组织结构与战略实施的关系

旅游企业的组织结构和战略实施需要匹配才能保证战略实施的有效进行，那么除此之外，组织结构与战略的实施还有哪些关系呢？一般来说，旅游企业的组织结构与战略实施存在以下四种关系：

(一)旅游企业经营战略规范着企业的组织结构形式

企业的组织结构要服从于企业经营战略。在经营过程中，企业通过对企业组织结构的规范来适应战略的实施。当企业面临的环境发生变化时，企业必须根据环境的变化进行战略调整，同时改变组织结构，才能保证战略的有效实施。

(二)实施旅游企业经营战略有赖于战略和组织结构的匹配

旅游企业需要根据自己的经营战略类型，设置恰当的组织结构与之匹配。单一的经营战略，应该按照职能来划分部门。例如，生产旅游纪念品的企业，如果是采取多种经营战略的企业，需要按照产品的类型进行部门的划分，并注重各个部门之间的协调作用；如果一个酒店既提供餐饮服务和客房服务，又提供车队和旅行社等服务，那么就要建立以产品类型为根据的职能部门；如果旅游企业采取的是多元化的经营战略，那就必须建立高度的分权部门。如，岭南集团就是一个多元化经营的企业。它的组织结构就有高度的分权性质。只有这样才能有效地开展业务。

为了确保所有麦当劳餐厅所提供的产品都具有一致的质量，麦当劳

公司采用了集权式的规划过程、集中设计了培训项目、集中对供应商进行认定和予以督导。公司还使用了自动化的机械及其他一些专门设计的设备,对产品规格和质量进行了细致的规定并进行系统的检查。为了向其消费者提供一种一致的、令人愉悦的"麦当劳体验",公司还力图让所有员工对所有顾客表示出友善、尊重和细心,并通过各种社会交往和社会控制技术在餐厅中创造出一种愉快的气氛。虽然有人将麦当劳的整齐划一讥讽为平庸,但是这家公司所取得的成功却是巨大的。

(三)战略上的实质性创新决定组织结构上的重大变革

环境的变化会引起战略的调整,战略的调整又牵动着组织结构的变革。在环境相对稳定时,旅游企业的战略不需要进行大的调整。组织结构也可以相对稳定。即使是变革也只是小范围的浮动,不会对整个的战略体系产生很大的影响。但是旅游行业是一个对环境十分敏感的行业,当环境发生重大变化时,旅游企业必须根据环境的变化转变战略,进行战略的创新。这时,组织结构也必须进行重大的变革来配合战略的制定和实施。

(四)旅游企业战略的前导性与组织结构的滞后性

对于环境的敏感性导致了旅游企业对于环境变化的反应非常快,随之改变的就是企业的战略。战略的改变速度远远超过组织结构的变化。因此,旅游企业的战略是前导性的,而组织结构却是滞后性的。组织结构常常慢于战略的改变。因为,新旧结构的交替需要一定的时间过程,而旧的组织结构具有一定的惯性。所以说,旅游企业战略的调整可能会很快地完成,但是对于组织结构的更替,则需要慢慢来,不能操之过急,否则便可能无法适应战略的变化。旅游企业必须提高自身的能力,尽量缩短改变组织结构的时间。这样才能在战略实施中占得先机。

【相关信息】

企业组织结构的类型

企业的组织结构是战略实施的重要支撑,对企业的发展具有十分重要的作用。组织结构可以大致分为以下六个类型:

（一）直线制

直线制，是一种最早也是最简单的组织形式。其特点，是企业各级行政单位从上到下实行垂直领导，下属部门只接受一个上级的指令，各级主管负责人对所属单位的一切问题负责。厂部不另设职能机构（可设职能人员协助主管人的工作），一切管理职能基本上都由行政主管自己执行。直线制组织结构的优点，是结构比较简单，责任分明、命令统一。缺点，是要求行政负责人通晓多种知识和技能，亲自处理各种业务。这在业务比较复杂、企业规模比较大的情况下，把所有管理职能都集中到最高主管一人身上，显然是难以胜任的。因此，直线制只适用于规模较小、生产技术比较简单的企业，对生产技术和经营管理比较复杂的企业并不适宜。

（二）职能制

职能制组织结构，是各级行政单位，除主管负责人外，还相应设置一些职能机构。如，在厂长下面设置职能机构和人员，协助厂长从事职能管理工作。这种结构要求行政主管把相应的管理职责和权力交给相关的职能机构，各职能机构有权在自己的业务范围内向下级行政单位发号施令。因此，下级行政负责人除接受上级行政主管人指挥外，还必须接受上级各职能机构的领导。

职能制的优点，是能适应现代化工业企业生产技术比较复杂、管理工作比较精细的特点；能充分发挥职能机构的专业管理作用，减轻直线领导人员的工作负担。但其缺点也很明显。它妨碍了必要的集中领导和统一指挥，形成多头领导；不利于建立和健全各级行政负责人和职能科室的责任制，在中间管理层往往会出现有功大家抢、有过大家推的现象。另外，在上级行政领导和职能机构的指导和命令发生矛盾时，下级就无所适从，影响工作的正常进行，容易造成纪律松弛，生产管理秩序混乱。由于这种组织结构形式的缺陷明显，现代企业一般都不采用职能制。

（三）直线—职能制

直线—职能制，也叫生产区域制，或直线参谋制。它是在直线制和职能制的基础上，取长补短，吸取两种形式的优点而建立起来的。目前，绝大多数企业都采用直线—职能制组织结构形式。这种组织结构形式是把企业管理机构和人员分为两类：一类，是直线领导机构和人员，按命令统一原则对各级组织行使指挥权;另一类,是职能机构和人员,按专业化原则,从事组织的各项职能管理工作。直线领导机构和人员在自己的职责范围内有一定的决定权和对所属下级的指挥权,并对自己部门的工作负全部责任。而职能机构和人员,则是直线指挥人员的参谋,不能对直接部门发号施令,只能进行业务指导。

直线—职能制的优点,是既能保证企业管理体系的集中统一,又可在各级行政负责人的领导下,充分发挥各专业管理机构的作用。其缺点,是职能部门之间的协作和配合性较差,职能部门的许多工作要直接向上层领导请示报告才能处理,一方面,加重了上层领导的工作负担;另一方面,也造成办事效率低下。为了克服这些缺点,企业可设立各种综合委员会,或建立各种会议制度,以协调各方面的工作,起到沟通作用,帮助高层领导出谋划策。

(四)事业部制

事业部制,最早是由美国通用汽车公司总裁斯隆于1924年提出的,故有"斯隆模型"之称,也叫"联邦分权化",是一种高度(层)集权下的分权管理体制。它适用于规模庞大、品种繁多、技术复杂的大型企业,是国外较大的联合公司所采用的一种组织形式。近几年,我国一些大型企业集团或公司也引进了这种组织结构形式。事业部制是分级管理、分级核算、自负盈亏的一种形式,即一个公司按地区或产品类别分成若干个事业部,从产品设计、原料采购、成本核算、产品制造,一直到产品销售,均由事业部及所属工厂负责,实行单独核算,独立经营。公司总部只保留人事决策、预算控制和监督大权,并通过利润等指标对事业部进行控制。也有的事业部只负责指挥和组织生产,不负责采购和销售,实行生产和供销分立。但这种事业部正在被产品事业部所取代。还有的事业部则按区域来划分。

(五)模拟分权制

这是一种介于直线—职能制和事业部制之间的结构形式。

许多大型企业,如,连续生产的钢铁、化工企业,由于产品品种或生产工艺过程所限,难以分解成几个独立的事业部。又由于企业的规模庞大,以致高层管理者感到采用其他组织形态都不容易管理。这时就出现了模拟分权组织结构形式。所谓模拟,就是要模拟事业部制的独立经营，单独核算，而不是真正的事业部。实际上，只是一个个“生产单位”。这些生产单位有自己的职能机构，享有尽可能大的自主权，负有“模拟性”的盈亏责任，目的是要调动他们的生产经营积极性，达到改善企业生产经营管理的目的。需要指出的是，各生产单位由于生产上的连续性，很难将它们截然分开。以连续生产的石油化工为例，甲单位生产出来的“产品”，直接成为乙生产单位的原料，这当中无须停顿和中转。因此，它们之间的经济核算，只能依据企业内部的价格，而不是市场价格。也就是说，这些生产单位没有自己独立的外部市场。这也是其与事业部的差别所在。

模拟分权制的优点，除调动各生产单位的积极性外，就是解决企业规模过大、不易管理的问题。高层管理人员将部分权力分给生产单位，减少了自己的行政事务，从而把精力集中到战略问题上来。其缺点是，不易为模拟的生产单位明确任务，造成考核上的困难；各生产单位领导人不易了解企业的全貌，在信息沟通和决策权力方面也存在着明显的缺陷。

（六）矩阵制

在组织结构上，把既有按职能划分的垂直领导系统，又有按产品（项目）划分的横向领导关系的结构，称为矩阵组织结构。

矩阵制组织，是为了改进直线职能制横向联系差、缺乏弹性的缺点而形成的一种组织形式。其特点表现在围绕某项专门任务，成立跨职能部门的专门机构上。例如，组成一个专门的产品（项目）小组去从事新产品开发工作，在研究、设计、试验、制造的各个不同阶段，由有关部门派人参加，力图做到条块结合，以协调有关部门的活动，保证任务的完成。这种组织结构形式是固定的，人员却是变动的，需要谁，谁就来，任务完成后就可以离开。项目小组和负责人也是临时组织和委任的。任务完成后就解散，有关人员回原单位工作。因此，这种组织结构非常适用于横向协作和攻关项目。

矩阵结构的优点，是机动、灵活，可随项目的开发与结束进行组织或解散。由于这种结构是根据项目组织的，任务清楚、目的明确，各方面有专长的人都是有备而来的。因此在新的工作小组内，能沟通、融合，能把自己的工作同整体工作联系在一起，为攻克难关、解决问题而献计献策，由于从各方面抽调来的人员有信任感、荣誉感,使他们增加了责任感,激发了工作热情,促进了项目的实现。它还能加强不同部门之间的配合和信息交流,克服了直线职能结构中各部门互相脱节的现象。

矩阵结构的缺点,是项目负责人的责任大于权力,因为参加项目的人员都来自不同部门,隶属关系仍在原单位,只是为了"会战"而来,所以,项目负责人对他们的管理困难,缺乏足够的激励手段与惩治手段。这种人员上的双重管理是矩阵结构的先天缺陷;由于项目组成人员来自各个职能部门,当任务完成后,仍须回到原单位,因而容易产生临时观念,对工作有一定影响。

矩阵结构适用于一些重大攻关项目。企业可用来完成涉及面广的、临时性的、复杂的重大工程项目或管理改革任务。特别适用于以开发与实验为主的单位。如,科学研究,尤其是应用性研究单位等。

三、旅游企业战略实施的组织结构匹配

提及战略实施和组织结构,我们始终在谈匹配,因为只有二者匹配了,才能保证企业的健康发展。企业的各种战略对应着怎样的组织结构,什么样的组织结构可以适应组织的战略要求,是企业经营者在经营管理中需要考虑的问题。

(一)业务层战略

1. 成本领先战略

成本领先战略的本质,是通过降低企业生产成本,在竞争中打败竞争对手,以获得更高的经营利润。降低成本,主要依靠扩大生产规模和提高生产能力,占据更大的市场份额。因此,相应的组织结构应该是高度的专业化分工,强调专业化、正规化和集权化。旅行社的大规模扩张是成本领先战略的充分体现。

在组织层级上,实施成本领先战略的旅游企业应该考虑扁平组织结构。这样,有利于成本的控制。企业还应该设置一些成文的标准,以控制企业的生产成本。

2. 差异化战略

差异化,对于旅游企业来说十分重要,并且大部分旅游企业都采用这种战略。为顾客提供不同于竞争对手的产品和服务,是实施差异化战

略的企业所追求的。对于差异化企业的员工来说,他们的营销能力和创新能力是产品差异化的来源。因此,企业不能像实施成本领先战略的企业那样,拘泥于硬性的标准和规定。家庭旅馆的产生无疑是一种住宿设施的产品差异化创新,包括女性酒店在内的多种个性化主题酒店,也都是对住宿设施的一种创新,都体现了企业的差异化战略。

高度集权的组织,是不可能有快速市场反应能力的。因此,形成产品和服务的差异化,企业对市场的反应能力便必须加快。这就一定需要相对扁平化的组织来作为支持。

3. 最优价值战略与专一市场战略

实施最优价值战略和专一市场战略的企业,往往针对的目标市场很确定,并且范围较小。这就导致了生产成本的大幅度上升。这种企业的战略实施过程必须在满足市场要求的同时,对企业成本进行有效的控制。较小型的旅游企业可以选择有机式的简单结构,以保证企业的灵活性。这对企业的成本控制和满足市场要求都较为适合。而规模较大的专一市场战略企业,必须将直线式的组织结构转变为职能式,才能使旅游企业的销售收入持续增长,并从中获得丰厚的利润。

(二)公司层战略

1. 相关多元化战略

相关多元化,要求各个业务部门之间共享资源。这就使得部门之间的协调和配合变得极为重要。因此,实施相关多元化战略的企业,适宜采用事业部结构中的合作式组织结构,以方便各个部门之间的沟通,使其相互之间的协调更加有效率。相关多元化企业采用合作式组织结构也存在着一定的问题。比如,财务方面比较难以控制,资源共享也会导致绩效难以评估。因此,对于这些问题,企业必须建立相关的协调机制进行有效的协调和沟通,以保证企业的正常运转。

在实施相关多元化战略的旅游企业中,激励制度十分重要。企业必须将公平放在第一位,因为合作式组织结构的各部门之间存在着合作关系,企业必须衡量好各个部门对绩效的贡献,否则就会降低劳动积极性。另外,权力的分配也会影响到绩效水平,企业亦应提高重视程度。

2. 无关多元化战略

实施无关多元化战略的企业,各个事业部门之间存在着竞争关系。

这种竞争在旅游企业中主要是资源的竞争。在各个企业经营效率不断提高、规模不断发展壮大的同时，企业活力也在竞争中不断增强。无关多元化的企业往往需要采取事业部结构中的竞争形式，部门之间的竞争多于合作。

企业总部扮演的角色应该是中立者，除财务审计等必要联系之外，总部应该尽量减少与各个部门之间的沟通，以增加各个事业部门的主动性。

3. 国际化经营战略

实施国际化经营战略的旅游企业，需要了解当地旅游市场的状况及社会文化等因素。为了实施国际化经营战略，旅游企业必须采取地理区域性的组织结构。每个地区都设有一个机构，这个机构就相当于一个区域部门，所有的部门统归总部掌管。

4. 全球战略

旅游企业的产品种类丰富，目标市场面向多个国家，因此，实施全球化战略对于旅游企业的长远发展来说是十分必要的。很多旅游企业在本国壮大之后，都会选择面向全球发售产品，提供服务。这就要求旅游企业采取综合性的组织结构，在各个区域之间采取地理区域性结构，在每个区域内部实施产品分区性结构。这样的组织结构有利于企业全球化战略的推广，是国际化旅游企业长期发展的必经之路。

旅游企业在实施不同战略时，需要采取不同的组织结构与之匹配。不同的组织结构在效率上有所不同，企业必须以高效率为追逐的目标，适当地调整自身的组织结构，以适应战略的实施。

第三节　影响旅游企业战略实施的主要因素

在本章第二节中，我们探讨了旅游企业战略实施与组织结构之间的关系，战略实施要与组织结构匹配，不同的企业战略应该对应不同的企业组织结构。影响旅游企业战略实施的因素除组织结构外，还有企业资源、企业文化和组织变革。在这一节中，我们将对这些因素进行一一讲解。

战略实施的过程不是一帆风顺的,旅游企业必须注意到在战略实施过程中对企业产生影响的各个因素。资源需要重新进行整合,组织结构和文化要适应战略的实施。另外,战略的实施必然引起组织的变革。战略实施并不是一个一次性的过程,旅游企业需要不断地适应变化着的环境,适时地作出相应的调整。这样才能保证企业的正常运转和长远发展。

一、企业资源

资源对于企业战略实施的作用不言而喻,没有资源,战略就无从谈起。资源与战略实施之间的关系主要有以下几种:

(一)企业的资源是战略实施的前提和基础

资源对企业的战略有保证作用,资源保证战略的顺利实施。企业管理者在制定战略的同时,要保证企业资源可以达到战略的要求。很多时候,必要资源的估计会产生偏差,这样就会引起战略实施缺少必要的保障。对现有资源的评估必须准确,只有熟悉了解自己企业的资源水平,才能制定出恰当的战略。资源对于旅游企业的重要性更加明显,一个旅游景区中,旅游资源几乎是整个产业体系的核心,没有了景区,一切经营活动便都无从谈起。

(二)战略可以促使企业资源的有效利用

即使企业拥有十分充分的资源,也不能保证战略的顺利实施。因为很多企业的管理者会出现滥用企业资源的现象,不但没有获得企业应得的利润,而且可能会丧失更多获得利润的机会。在企业战略的指导下,管理者可以充分合理地利用企业资源,挖掘有潜力的企业资源,为企业赢得最多的利润。

(三)战略可以促使企业资源的有效储备

资源的一个重要性质是变化属性。也就是说,企业资源在一定程度的利用之后会发生变化。这种变化有利于管理者对资源进行有效的组合。在战略实施过程中,资源可能会附带产生新的资源。一种资源的使用,还有可能会使它成为能被其他战略实施使用的必要资源。这就是所谓资源的有效储备,这个过程是在企业战略实施和资源互动过程中完成的。探讨了战略和资源的关系之后，企业需要根据战略的需要对资源进行有效的调整，以达到战略与资源的匹配。

Johnson 和 Scholes(1998)的研究表明，企业资源规划大致可以分为三类。[①] 第一，无变化战略。有些战略不需要对组织现有的资源基础进行变动。例如，企业需要增加一定的资金投入，以满足适度的扩张或用来招募新员工及保留现有的人力资源，以防某些方面人才、技能的短缺。这种战略有时也需要处置一些资产或在人力资源方面做一些适当的缩减。第二，增加资源战略。有些战略则需要增加资源来满足组织成长的需要。这种战略通常包括：重新配置内部资源和从组织外部资源供应商处购买新资源。前者，指资源在组织内部的转移，即调遣人力资源或者出售一些非核心业务，以便在其他增长领域里进行再投资；而后者的获取途径，主要有劳务市场、不动产市场和财务市场等。第三，减少资源战略。有些战略涉及减少资源，以便更成功地管理收缩业务的活动。经过资源审核，组织如果发现资源过量(如过多的员工、过多的飞机及过多的位置不利的酒店资产等)，便应采取措施适当减少资源。多余的资本或实物资源经常可以成功地再次投入到其他更有活力的商业领域中，同时，还须解雇剩余的人员。

二、企业文化

旅游企业的企业文化，是企业提倡的精神、价值观和行为规范的总和。在战略管理过程中，旅游企业战略与企业文化有着十分密切的关系。

首先，旅游企业文化是战略成功的必要条件。没有企业文化的旅游企业是不能够长期生存的，企业文化不仅仅是战略成功的必要条件，也是企业生存的必备条件。旅游企业必须在经营管理过程中重视企业文化的作用。

其次，企业文化突出企业特色。在制定和实施战略过程中，企业文化可以有效促使企业管理者制定出适合本企业发展的个性化战略，并可激励和鼓舞员工进行战略的实施，提高企业战略实施的效率。

① 本文转引自奈杰尔·埃文斯等. 旅游战略管理.

另外,企业文化和战略需要合理的匹配。企业文化是企业在长期经营过程中所形成的,具有刚性,很难改变的理念。旅游企业在制定战略时,必须考虑到这一点,制定出与企业文化方向相一致的战略。如果企业文化已经不适应经营的需求,那么企业需要对新旧文化进行更替,否则企业文化将成为战略制定和实施的障碍。

企业战略发生变化,要求企业组织要素也随之变化,如果企业文化也进行相应调整,就会产生不同的效果。企业文化与企业战略的相互适应性有四种情况,如图 8 -2 所示:

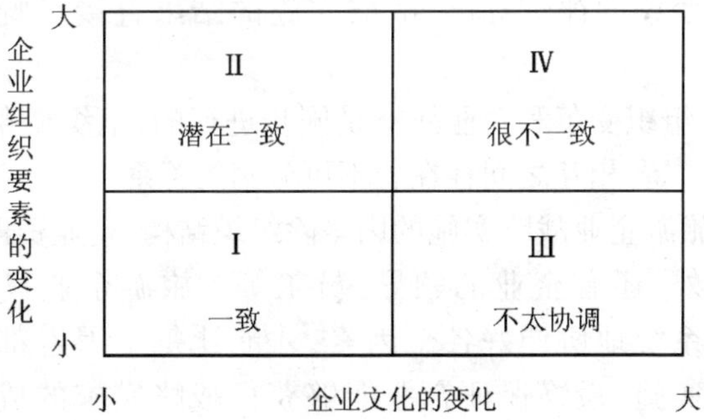

资料来源:刘庆元,刘宝宏. 战略管理:分析、制定与实施[M]. 大连:东北财经大学出版社,2001.

图 8 -2　企业文化与战略的相互适应性

从图 8 -2 中可以看出,企业文化与组织要素的变化可能存在四种情况。情况Ⅰ:企业实施一个新的战略,企业文化可以适应战略要求,不需要做大的调整;情况Ⅱ:企业实施一个新的战略,企业文化需要发生大的调整,但这些调整与原有文化保持着潜在的一致性;情况Ⅲ:企业实施一个新的战略,企业文化不发生大的变化,但这些变化与原有文化是不很协调的;情况Ⅳ:企业实施一个新的战略,企业文化发生很大的变化,并且这些变化与原有文化很不一致。

三、组织变革

组织变革,是在组织的内外部环境及资源发生变化的时候,组织根据这些变化进行相应调整的过程。战略是针对变化而言的。因此,企业的战略与变革有着密不可分的关系。

战略的制定意味着企业变革的开始,因为每一次战略的制定都意味着企业要朝着一个新的目标发展。这就需要对企业的资源、环境进行重新评估,对企业的组织结构进行调整,是企业组织变革的开始。企业的战略一经制定,接下来就要实施。实施的过程就是组织变革的过程。企业在战略实施中针对所制定的战略进行有效的资源配置、组织结构的变更、各部门的信息协调等。所有这些,其实本质上都是组织变革的内容。战略实施之后要进行战略的评估。评估的标准也是组织变革的评价标准,战略实施的结果直接影响到组织变革的效果。

总之,组织变革和企业战略是同步进行的,组织变革贯穿于战略管理的始终,二者相互之间存在着不可分割的关系。

影响旅游企业战略实施的因素除组织结构、企业资源、企业文化、组织变革之外,还有企业的领导、员工等。旅游企业只有在战略实施的过程中系统地协调好各个因素,才能让每个因素都能很好地服务于战略的实施,最终保证企业能够获得战略实施的成功。如果忽略了某一个因素带来的影响,那么便可能会阻碍战略的实施,甚至导致战略实施的失败。

第四节　旅游企业战略评价

战略管理过程作出的决策,对企业具有显著而持久的影响。错误的战略决策会给企业带来严重的后果。而且,当企业环境变化时,设计完美、实施得当的战略会变得过时。因此,高层管理者系统地检查、评价和控制战略的实施,是战略管理过程中的必要条件。本节中,我们将介绍关于旅游企业战略评价的内容。

一、战略评价的基本活动

战略评价的基本活动,主要包括考察企业战略的内在基础,将预期业绩与实际业绩进行比较并采取纠正措施,以保证行动与计划的一致。

(一)考察企业战略的内在基础

对企业内部环境的评价是十分重要的。哲学中说内因是发展的动力,外因是发展的条件,企业内部环境在很大程度上影响着企业的战略。内部环境一旦发生变化,企业战略就可能会受到严重的影响。只是关注企业内部环境的现状是不够的。企业还必须预测未来的发展趋势,只有牢牢把握住企业内部环境的发展趋势,才能有效地进行战略的制定和实施。战略评价的一项重要任务就是对环境变化趋势的监测。

(二)将预期业绩与实际业绩进行比较

业绩,是评价战略的关键因素。企业实施战略是为了达到预期的业绩,甚至是超过预期的业绩。业绩也是一个衡量战略的标准。传统的评价方法中,对于业绩的评价是十分重要的。企业往往可以通过业绩来寻找战略制定和实施过程中出现的问题,进而对出现的问题进行纠正。

(三)采取纠正措施以保证行动与计划的一致

执行不力或者资源的限制等原因,可能会引起业绩上的偏差。企业要通过对自身的分析,确定出现偏差的原因,并针对这一原因采取相应的措施。影响企业业绩的因素很多,因此引起偏差的原因也可能是多种多样的。企业必须分析各个因素对业绩的影响程度,有针对性地提出改进的对策。

二、战略评价的准则与内容

战略评价需要对具体情况做具体分析,有一定的灵活性,但是同样也需要遵循一定的准则。英国战略学家理查德·鲁梅特提出了战略评价的四条标准:一致、协调、优越和可行。协调与优越主要用于对公司的外部评估,一致与可行则主要用于内部评估。

(一)一致

一个战略方案中不应出现不一致的目标和政策。理查德·鲁梅特提出了帮助确定组织内部问题是否由战略间的不一致所引起的三条准则:尽管更换了人员,管理问题仍持续不断,并且这一问题是因事而发生，而不是因人而发生的，这就可能存在着战略的不一致；如果一个组织部门的成功意味着或被理解为另一个部门的失败，那么战略间就可能存在着不一致；如果政策问题不断地被上交到最高领导层来解决，那么就可能存在着战略的不一致。

（二）协调

协调，是指在评价时，既要考察单个趋势，又要考察组合趋势。在战略制定中将企业内部因素与外部因素相匹配的困难之一，在于绝大多数变化趋势都是与其他多种趋势相互作用的结果，对此必须综合考察。例如，企业生产力的下降，可能是由于人员素质降低引起的，也可能是管理人员的管理水平不到位，或者还有可能是社会大环境发生变化引起的社会生产力的整体下降。企业在战略评价时必须遵循协调的原则，综合考察引起问题的因素。

（三）可行

一个好的战略，必须做到既不过度耗费可利用资源，也不造成无法解决的派生问题。对战略的最终的和主要的检验标准是其可行性，即依靠自身的物力、人力及财力资源能否实施这一战略。企业的财力资源是最容易定量考察的，通常也是确定采用何种战略的第一制约因素。人员及组织能力对于战略的选择，在实践中更为重要，但定量性却差一些。因此，在实施评价战略时，很重要的一点就是要考察企业在以往是否已经展示了实行既定战略所需要的能力、技术及人才。可行性分析是影响企业战略实施结果最重要的因素。详尽的可行性分析不但可以保证企业对于自身情况有所熟知，对环境的变化有较好的应变能力，更是企业减少因为冒进思想而产生的不必要的损失。无论是定量分析还是定性分析，企业都必须实事求是，否则不切实际的分析必然会导致可行性的信度降低，进而影响到战略的制定和实施。

（四）优越

战略必须能够在特定的业务领域使企业创造和保持竞争优势。竞争优势通常来自如下三个方面：优越的资源是企业战略实施的坚实基础。企业能力的差距相对较小时，谁占有了优越的资源，谁就拥有竞争的主动权。尤其是在旅游企业的竞争中，对于资源的争夺就更为重要了。良好的技能是生产力提高的保证。这是企业在长期生产经营中积累起来的,而非一朝一夕可以获得的,因此,企业在日常的生产经营中要注重生产技能的培育,要给予员工更多的培训机会,提高他们的技能。管理技能的培育也十分重要,企业可以通过引进其他企业先进的管理技术或管理人员,来实现管理技能的突破。良好位置的主要特征,是它能使企业从某种经营策略中获得优势,而不处于该位置的企业则不能类似地受益于同样的策略。因此,在评价某种战略时,企业应当考察与之相联系的位置优势特性。

战略评价主要包含两大内容:环境监测和业绩度量。环境监测,主要是对影响企业战略制定和实施的内外部环境进行监测。外部环境,包括政治环境、经济环境、社会文化环境、技术环境;内部环境,包括资源、能力等方面。

环境监测的内容主要有两方面:一是对环境进行分析;二是对环境的变化进行监控。环境分析,其实就是战略分析要做的工作,企业利用环境分析的工具,对影响企业战略制定和实施的内外部环境进行罗列和鉴定,确定有利因素和不利因素,进而根据环境因素进行战略部署。对环境变化的监控,则是战略评价内容中的关键。因为企业面临的环境不是一成不变的,甚至往往是很容易发生变化的。尤其是旅游企业,对环境的敏感度非常高,也十分脆弱。在环境发生变化时,企业战略会受到极大的影响。因此,旅游企业必须时时对环境进行监测,对可能发生的环境变化进行假设和预测,并提出应对环境变化的有效措施。这样,才能使战略实施在不断的变化中始终处于前进的状态。

业绩度量,如同上文所提到的,是将预期业绩与实际业绩进行比较,进而寻找到引起差距的因素,并对不利因素进行控制和调整。

战略评价贯穿于整个战略管理过程的始终,不仅要对战略的分析和制定进行评价,还要对战略的实施过程和结果进行评价。只有客观、公正地对企业战略管理过程进行评价,才能让企业看到自己的不足及管理过程中应该注意的问题,并及时改正,以确保企业的健康快速发展。

第五节 旅游企业战略实施控制

战略控制,主要是指在企业战略实施过程中,检查企业为达到目标所进行的各项活动的进展情况,评价企业绩效,把完成情况与既定目标进行比较,寻找偏差并分析产生偏差的原因,纠正偏差,使企业战略更好地与企业当前所处的内外环境、企业目标协调一致,使企业战略目标得以实现。

战略实施控制,是战略管理的最后一个步骤,也是贯穿于战略管理始终的元素。旅游企业的战略实施控制,就像一个汽车方向盘一样,对企业的前进方向进行及时的纠正,以保证企业可以沿着正确的道路前进。

一、旅游企业战略实施控制的内容

战略控制的内容主要是回答两个问题:在变化的环境中,企业的战略是否还适用?既定战略方案的执行效果如何?对这两个问题的回答及其整改措施即是旅游企业战略实施控制的内容。

(一)战略的正确性与适用性

战略的正确性与适用性,对于企业战略是十分重要的,因为战略管理是一个长期的循环过程。企业的行为都会受到战略的影响,只有执行正确的适合企业的战略,才能保证企业的长期健康发展。在战略的执行中,旅游企业要不断检查战略制定的假设是否有失误,如果出现失误,要及时纠正,以免引起更大的失误。在没有重大失误的前提下,企业应关注环境的动态变化,因为这些变化可能给企业带来战略实施的障碍。企业必须抓住这些变化带来的不利因素,有针对性地调整战略。

(二)战略实施是否偏离既定方向

目标一经确定就很少会作出修改。旅游企业战略管理的目的,就是通过战略管理的过程,将现实的行动与既定的目标连接起来。在实现目标的过程中,往往会出现方向的偏离,可能并不是企业的所有行为都会有效地支持目标的实现,所以企业要通过战略控制,纠正偏离既定方向的行为,使企业朝着既定目标前进。战略控制的内容和它们之间存在的关系,如图 8 -3 所示。

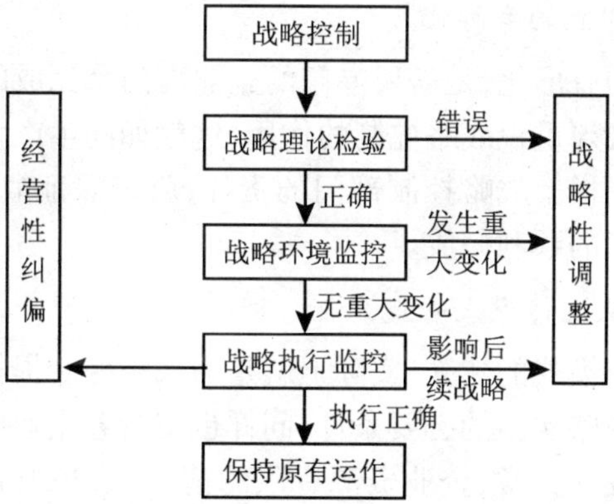

资料来源:陈继祥,王家宝. 旅游企业战略管理[M]. 北京:旅游教育出版社,2006.

图 8 -3 战略控制内容及流程

二、旅游企业战略实施控制的前提

战略控制的有效进行,有赖于企业资源、能力和组织结构的支持,只有这些方面达到要求,才能使控制过程具有时效,战略的实施才能更加有效果。良好的战略实施控制需要以下几个条件的支持:

(一)战略思想、战略意图、战略逻辑必须明确而且形成固化的检查工具

旅游企业的管理者和员工在战略实施之前,必须对战略思想、战略意图和战略逻辑有深刻、正确的理解。因为这是企业战略的方向,如果方向错误了,就会出现事倍功半的效果。企业面对的环境是复杂多变的,在多变的环境中,管理者需要运用固化的检查工具,对企业环境存在的问题进行分析,对战略的实施进行控制。

(二)企业目标与战略原理的宣传和理解

战略制定和实施并非企业的 CEO 或是几个管理层的人员就能够完成的,而是需要全员的参与和共同努力。管理控制同样不能让管理层和

员工脱节，下层员工对企业经营环境和能力水平的敏感度是最高的。旅游企业要抓住这样的优势，加强企业目标和战略原理的宣传和理解，形成良好的战略控制群众基础。

(三)控制职能的有形化

控制职能的有形化，是需要专门的企业部门来完成的，因此，控制十分重要。企业必须重视战略控制的作用，这就如同生产食品的企业需要一个质检部门一样。战略控制部门的责任，就是保证战略管理的出品，即保证企业目标的顺利完成。

(四)体系及运作模式的建立

体系及运作模式的建立，实际上就是为战略控制提供组织基础。组织结构是支持战略实施的必要条件，同样也支持着企业的战略控制。旅游企业在环境变化无常、企业资源有限的情况下，必须有强大的组织结构作为支撑。这样，才能更好地实施战略的控制。

(五)企业文化保障

企业文化对于企业战略管理的作用是无形的，虽然它不能提供实质上的产出，但它却是员工工作斗志、行为规范、企业信念和价值观的集中体现。企业文化是战略控制的有力保障。

三、战略控制模式

传统的战略控制模式，可以理解为战略形成、战略实施、战略评价与控制和再次战略形成的循环过程。这样的控制模式只能称为一种“事后的纠偏”，无法寻找到战略实施过程中企业暴露的问题。因此，我们不提倡这种亡羊补牢式的控制模式。

现代的战略控制模式是事前控制、事后控制和随时控制的结合。

(一)事前控制

在战略实施之前，要设计好正确有效的战略计划，该计划要得到企业高层领导人的批准后才能执行。其中，有关重大的经营活动必须经企业领导人的批准同意才能开始实施，所批准的内容往往也就成为考核经营活动绩效的控制标准。这种控制多用于对重大问题的控制，如任命重要人员、重大合同的签订、购置重要设备等。

由于事前控制是在战略行动成果尚未实现之前,通过预测发现战略行动的结果可能会偏离既定的标准。因此,管理者必须对预测因素进行分析与研究。一般有三种类型的预测因素:

- 投入因素。即战略实施投入因素的种类、数量和质量,将影响产出的结果。
- 早期成果因素。即依据早期的成果可预见未来的结果。
- 外部环境和内部条件的变化对战略实施的控制因素。

(二)事后控制

这种控制方式发生在企业经营活动之后。只有在企业经营活动之后,才能把战略活动的结果与控制标准相比较。这种控制方式工作的重点,是要明确战略控制的程序和标准,把日常的控制工作交由职能部门人员去做,即在战略计划部分实施之后,将实施结果与原计划标准相比较,由企业职能部门及各事业部定期地将战略实施结果向高层领导汇报,由领导者决定是否有必要采取纠正措施。

(三)事中控制

事中控制,即过程控制。企业高层领导者要控制企业战略实施中的关键性过程或全过程,随时采取控制措施,纠正实施中产生的偏差,引导企业沿着战略方向进行经营。这种控制方式主要是对关键性的战略措施要进行随时控制。

以上三种控制方式所起的作用不同。因此,它们在企业经营中可能随时都会被采用。企业需要根据具体情况进行选择,确定适合企业形势的控制方式。

在控制系统中,预警是一个重要环节。如果对于环境的监测,能够提前预测到可能发生的战略问题,并及时警告和解决问题,便可节省很多时间和资源。

战略预警系统具有如下特征:第一,全面性。战略预警管理的全面性,包含两层意思:首先,战略预警管理是企业全面预警的概念;其次,战略预警管理是战略全过程的预警管理。第二,诊断性。这是预警管理共有的特征,能在企业战略管理过程中进行病理诊断,从而达到"有病治病,无病强身"的功能。第三,预控性。由于战略是对公司未来的规划,所以,战略本身具有超前性。因此,战略预警管理同样具有早期控制性,而且它还能提前对战略问题或战略危机进行预测,防患于未然。第四,规范性。我们肯定了战略的确定需要高级管理人员的直觉、主观和经验的判断,但是,战略是理性分析的产物,战略管理与生产管理、营销管理和财务管理等一样,都可以而且必须是程序化的决策。战略应该是通过高度系统化的计划方式和理性的分析方法而得到的"必然产品"。第五,动态性。战略预警管理是对战略制定、实施和评价过程的波动与失误的管理,因而具有动态性。

战略预警系统主要由安全经营预警系统、风险预警系统和竞争力预警系统组成。分别对企业的经营环境状况、风险预防能力和竞争力状况进行监测和预报。

【阅读与理解】

南方航空的组织变革成合力

中国南方航空股权有限公司(下称"南航")董事长刘绍勇的办公室里并没有过多的装饰品,一架空中巨无霸空客A380模型尤为抢眼。

南航是国内率先引进A380型飞机的公司。然而A380的高额成本却一度成为股东质问的焦点。"现在恰逢购买时机,如等到大家都买了之后,再引进就晚了。"刘绍勇当时极力辩解,"未来A380用于北京飞美国、欧洲航线,仅路程缩短一项就可比B777节省20%~25%的成本,南航对于A380经营有信心。"

现在,刘绍勇依然非常坚信自己的决策。阿联酋航空公司于2006年率先使用A380飞中国航线,另外15家公司也表示有飞往中国香港、北京、上海、广州四地的飞行计划,2009年将达到每周128班。这些数据他记得异常清楚。

2007年8月,46岁的刘绍勇被调往南航担任董事长之前,他是主管空中交通管制和安全管理的中国民航总局副局长。刘绍勇说:"年龄并不代表什么,重要的是如何去做事。"他在民航业历练已久,曾任中国民用航空总局飞行标准司司长,2000~2002年任中国东方航空股份有限公司总经理,同时又是国家一级飞行员。刘绍勇既有宏观视野又有航空企业管理经验,上任时被认定是"绝对的业务型领导"。"工作变动很突然。接到这一任命之前,我刚从外地开会返回,只有半天的准备时间。"刘绍勇说,"我并没有什么远大理想,唯一理想就是无论安排我做什么,我都要全力把它做好。”

2005年,南航先后完成了对新疆航空公司和北方航空公司的注资收购。目前,南航拥有18家分(子)公司,在国内设有17个营业部,在国外设有38个办事处。

对于未来,刘绍勇却希望放慢脚步。南航多年来注重外部扩张和联合重组,现在希望向自我扩张型企业转化。2005年,在民航业关注的大事——深航争夺战中,南航并没有现身。“目前南航内部刚完成调整。经过衡量,我们选择了三个字:不参与。留着这20亿元,我们可以在北京买飞机扩建基地。这对整个公司发展反而有利。”

之前,南航是以服务中低端客户为主,现在刘绍勇希望完善客源结构,增加国际客源。他希望A380和787型飞机的引进,能够树立其高端形象并带来高端客源。但5架A380飞机只占南航总飞机数的1/5,资产却占南航总资产的1/6,其对南航的重要性不言而喻。如何有效利用,是刘绍勇心头的大事。

“现在航空业不看美国,看欧洲。因为,欧洲的航空公司转型非常快。”刘绍勇赞同不破不立。他刚上任时所面临的大事,正是如何加强对下属全资、控股企业的核心控制力和强化内部执行力。

南航最近撤销客运部,设立市场营销委员会,对运力网络资源实施集中统一管理。但部门调整、人员融合不是短期之事,如何摆脱换汤不换药的局面,仍待观察。

有一次,坐头等舱的刘绍勇下飞机时让旅客先走,受到尊重的旅客问他是不是南航领导。刘绍勇对此深有感触,召开大会希望员工抛弃以往官本位思想,使南航从产品导向型企业向顾客导向型企业转化。

“以后我坐飞机不要安排在A座,要给花钱买票的顾客优先安排。没有经济舱我更开心,我是飞行员,到时我还可以去驾驶舱。”

刘绍勇坦言:“现阶段是南航的特别困难期,每一步的走向都非常关键。”

受高油价影响,南航中报显示2005年上半年净亏损9.07亿元,每股亏损0.21元。第三季度实现净利润900万元。11月,南航载客量和货邮量分别增长50.7%和59.6%。但对于今年业绩的预测,刘绍勇却闭口不谈。

7月，南航曾发布一项紧急声明称："南方航空集团公司过去有委托理财事项，目前尚未到期，存在一定风险。"而业内普遍认为南航集团委托汉唐证券的11亿元投资恐怕已难以收回。这势必也会对上市公司造成一定影响。

（资料来源：摘自2008年12月30日《第一财经日报》。）

思考与练习

（1）南方航空公司的组织变革有哪些具体措施？

（2）南方航空的组织变革对企业战略有哪些影响，具体表现有哪些？

（3）从资源利用的角度看，南方航空有哪些可取的措施？

（4）通过本文对中国南方航空股权有限公司董事长刘绍勇的描述，你觉得在战略制定和实施过程中，企业领导者扮演着什么样的角色？

参考文献

［1］Bartlett, C. A. and S. Ghoshal. Managing Across Borders: the Transnational Solution. Harvard Business School Press. Boston,1989.

［2］Brent, R. J. R. (1984) Assessing the impact of hallmark events: conceptual and research issues. Journal of Travel Research,23(1): 2－11.

［3］Brotherton Bob. The international hospitality industry: structure, characteristics and issues. Bosston: Butterworth-Heinemann,2003:17.

［4］Burkart, A. J. and Medlik, S. Tourism: past, present and future. William Heinemann Ltd,1981.

［5］Dai, G. Q. (2005) The impact of mega-events on urban development and urban tourism: Case study on '99 Kunming Expo. Beijing: China Tourism Press.

［6］Dunning, J. H. (1977). Trade, Location of Economic Activity and the MNE: A Search for An Eclectic Approach In: Ohlin, Bertil, Heselborn, Per Ove, Wijkman, Per Magnus (Eds.), International Allocation of Economic Activity[M]. London: The Macmillan Press.

［7］Gee Y. Chuck, Choy J. L. Dexter, and Makens C. James. The Travel Industry, The AVI Publishing Co.,1984.

［8］Getz, D. Event studies: theory, research and policy for planned events. Oxford, UK: Butterworth－Hainemann,2007.

［9］Go F. M. and Jenkins C. L.. Tourism and Economic Development in Asia and Australasia[M]. Wellington House, London,1997.

［10］Gunn, CA. Tourism Planning. New York: Taylor and Francis, 1988.

［11］Jeffrey S. Harrison and Cathy A. E. Hospitality Strategic Management: Concepts and Cases. Hoboken: Wiley, 2005,161－162.

[12] Lant, T. K., and Baum, J. A. C. (1995). Cognitive sources of socially constructed competitive groups. Examples from the Manhattan hotel industry. In W. R. Scott, and S. Christensen (Eds.), The institutional construction of organizations (pp. 15-38). Beverley Hills, CA: Sage Publications.

[13] Penrose E. The Theory of Growth of The Firm[M]. London: Oxford Basil Blackwell Publisher, 1959.

[14] Rumelt R. Toward a Strategic Theory of the Firm[M]. Foss (ed.), Resource, firms, and Strategies. London: Oxford University Press, 1997.

[15] Williamson O. Markets and Hierarchies: Analysis and Implications [M]. New York: Freepress, 1975.

[16] Anttonen N. Tuunanen M, Alon I. The International business environments of franchising in Russia[J]. Academy of Marketing Science Review. 2005(5):1 – 21.

[17] Auld T, McArthur S. (2003) Does event-driven tourism provide economic benefits? A case study from the Manawatu region of New Zealand. Tourism Economics, 9(2): 191 – 201.

[18] Bao Shuming, Chang Geme, Hsin Chang, Heffrey Dl Sachs, Wing Thye Woo. Geographic factors and China's regional development under market reforms, 1978 – 1998[J]. China Economic Review, 2002(13):89 – 111.

[19] Barney J, Hansen M. Trust worthiness as a source of competitive advantage [J]. Strategic Management Journal, 1994, (15): 175 – 190.

[20] Barney J. Firm resource and sustained competitive advantage [J]. Journal of Management, 1991, (17):99 – 120.

[21] Barney J. Organizational culture: can it be a source of sustained competitive advantage[J]. Academy of Management Review, 1986, (11): 656 – 665.

[22] Barney J. Strategic factor markets: expectations, luck, and business strategy[J]. Management Science, 1986, (10): 1231 – 1241.

[23] Bayraktaroglu S, R Kutanis. Transforming hotels into learning or-

ganizations a new strategy forgoing global[J]. Tourism Management, 2003, (24): 149 - 154.

[24] Berle A, C Means. The Modern Corporation and Private Property [M]. New York: Macmillan, 1932.

[25] Chekitan S., Erramilli M. K., and Agarwal S.. Brands across Borders: Determining Factors in Choosing Franchising or Management Contracts for Entering International Markets [J]. Cornell Hotel and Restaurent Administration Quarterly, 2002, (12): 91 - 104.

[26] Chen, J. J. and Dimou, I. Expansion Strategy of International Hotel Firms. Journal of Business Research, 2005, (58): 1730 - 1740.

[27] Chen, C. H. Regional Determinants of Foreign Direct Investment In Mainland China[J]. Journal of Economic Studies, 1996, 23: 18 - 30.

[28] Cheng, L. X. (2002) The impact of Guangzhou's new exhibition center on hotels. Tourism Tribune, 17(2): 49 - 51.

[29] Collis J. Resource-based analysis of global competition: the case of the bearings industry[J]. Strategic Management Journal, 1991, (12): 49 - 68.

[30] Contractor J F and Kundu K S. Franchising versus company - run operations: modal choice in the global hotel sector[J]. Journal of International Market 1998, 6(2): 28 - 53.

[31] Contractor J F, Kundu K S. Modal choice in the world of alliances: analyzing organizational forms in the International Hotel sector. J Int Bus Stud 1998, 29(2): 325 - 58.

[32] Cooper C P, Lockwood A. Progress in Tourism Recreation and Hospitality Management. John Willey & Sons, New York. Volume (6), 1994, pp. 283 - 295.

[33] Curt R. Lessons of a life time: the development of Hilton International[J]. The Cornell H. R. A. Quarterly, 1996, July, 83 - 95.

[34] Derek T. The trouble with chain marketing[J]. Hospitality Management, 1998, (17): 3 - 9.

[35] Diego Puga. The rise and fall of regional inequalities[J]. Europe-

an Economic Review,1999(43):303 -334.

[36] Dierickx I, Cool K. Assets tock accumulation and austainability of competitive advantage[J]. Management Science, 1989, (35): 1504 -1511.

[37] Dunning J, McQween M. Multinational corporations in the International Hotel industry. Ann Tour Res 1982,(9):69 - 90.

[38] Dunning, J. H. (1998). Location and the Multinational Enterprise: A Neglected Factor? [J]. Journal of International Business Studies, (29):461 -491.

[39] Dwyer, L., R. Mellor, N. Mistilis, and T. Mules. (2000) A framework for assessing "tangible" and "intangible" impacts of events and conventions. Event Management, 6(2): 175 - 189.

[40] Edgar, D. A., Littlejohn, D. L. and Allardyce, M. L. Strategic clusters and strategic space: The case of the hort break market[J]. International Journal of Contemporary Hospitality Management, 1994, 6 (5):20 - 26.

[41] Erramilli MK, Rao CP. Service firms' international entry - mode choice: a modified transaction cost approach. J Mark,1993,(57):19 - 38.

[42] Fama E, Jensen M. Separation of ownership and control[J]. Journal of Law and Economic,1983, June, 301 -325.

[43] Foss N J. Capabilities and the theory of firm[J]. Revued. Economie Industrielle,1996,(6c): 7 -28.

[44] Garcl'a, F. J., Oreja, J. R., and Armas, Y. M.. El factor medioambiental en la posicio' n competitiva de los establecimientos hoteleros. Estudios Turl'sticos,2002, (154):57 - 75.

[45] Getz, D. Special events: defining the product. Tourism Management,1989, 10(2): 125 -137.

[46] Hiller, H. H. (1998) Assessing the impact of mega - events: a linkage model. Current Issues in Tourism, 1(1): 47 -57.

[47] Hodur, N. M., D. A. Bangsund, F. L. Leistritz, et al. (2006) Estimating the contribution of a multi - purpose event facility to the area economy. Tourism Economics, 12(2): 303 -316.

[48] Horsburgh S.. Resources in the International Hotel Industry: A Framework for Analysis[J]. International Journal of Contemporary Hospitality Management,1991, 3(4):30 -36.

[49] Hu, P. and J. Yang. (2006) A positive research on the pulling effect of convention economy: case study on the New International Exhibition Center, Shanghai. Tourism Tribune, 21(11): 81 -85.

[50] Jago, L. and Shaw, R. (1998) Special events: a conceptual and definitional framework. Festival Management and Event Tourism, 5(1/2): 21 -32.

[51] Jeong, G. H. and B. Faulkner. (1996) Resident perceptions of mega - event impacts: the Taejon International Exposition case. Festival Management & Event Tourism, 4(1): 3 - 11.

[52] Jian Chen Jian, Belton M. Fleisher. Regional Income Inequality and Economic Growth in China[J]. Journal of Comparative Economics,1996 (22):141 -164.

[53] Kim, S. S., K. Chon, and K. Y. Chung. (2003) Convention industry in South Korea: an economic impact analysis. Tourism Management, 24(5): 533 -541.

[54] Kundu S. K. and Contractor J. C.. Country Location Choices of Service Multinationals: An Empirical Study of the International Hotel Sector[J]. Journal of International Management, 1999, 5(4): 299 -317.

[55] Lafferty G. and Fossen V. A.. Intergrating the tourism industry: problems and strtegies [J]. Tourism Management, 2001, 22(1):11 -19.

[56] Levent A, Mehme tA. The influence of organizational structure on entrepreneurial orientation and expansion performance [J]. International Journal of Contemporary Hospitality Management,2004, (16): 334 -346.

[57] Liu, D. K. (2006) The impact of conventions and exhibitions on hotel industry. Hotel Modernization,(11): 28 -30.

[58] Luo, Q. J. and X. L. Li. (2005) The distribution relationship between exhibition and hotel: case study on China Export Fair (Canton Fair). Tourism Sciences, 19(2): 66 -72.

[59] Margaret E. Commitment to excellence at the forte hotel group [J]. International Journal of Contemporary Hospitality Management, 2001, (13): 347 - 351.

[60] Modigliani F. and Miller M.. The Cost of Capital, Corporation Finance, and the Theory of Investment[J]. American Economical Review, 1958, 48, 261 - 297.

[61] Montgomery C, Wernerfelt B. Diversification, ricardian rents, and tobin's Q[J]. R and Journal Economics, 1988, (19): 623 - 632.

[62] Moscardo, G. (2007) Analyzing the role of festivals and events in regional development. Event Management, 11(1): 23 - 32.

[63] Neale B. Milsom T. Hills C. and Sharples J.. The hostile takeover process: a case study of Granada versus Forte[J]. European Management Journal, 1998, 16, 2(2): 230 - 241.

[64] Nirai Dawan, Tony Frost, "Competing with Giants" Harward Business Review, 1999.

[65] Norton WS. An empirical look at franchising as an organizational form. J Bus Venturing, 1988, 61(2): 197-218.

[66] Perlmutter, H. V., 1969. The tortuous evolution of the multinational corporation Columbia Journal of World Business, 4 (1): 9 - 18.

[67] Peteraf M. The cornerstones of competitive advantage: a resource - based view[J]. Strategic Management Journal, 1993, (14): 179 - 191.

[68] Pettus M. The resource - based view as a developmental growth process: evidence from the deregulated trucking industry[J]. Academy of Management Journal, 2001, August, 878 - 896.

[69] Pine R. and Qi P.. Barriers to hotel chain development in China [J]. International Journal of Contemporary Hospitality Management, 2004, 16(1): 37 - 44.

[70] Pine R., Zhang Q. H. and Qi P.. The Challenges and Opportunities of Franchising in China's Hotel Industry [J]. International Journal of Contemporary Hospitality Management, 2000, 12(5): 300 - 307.

[71] Pine, R.. Technology transfer in the hotel industry [J]. International Journal of Hospitality Management, 1992, 11 (1), 3 - 21.

[72] Porter M.. The Structure within Industries and Companies' Performance[J]. Review of Economics and Statistics, 1979, (16):218 - 225.

[73] Porter M.. The Structure within Industries and Companies' Performance[J]. Review of Economics and Statistics, 1979, (16):218 - 225.

[74] Prahalad C, Hamel G. The core competence of the corporation [J]. Harvard Business Review, 1990, May - June, 79 - 91.

[75] Ravi Kanbur. Which Regional Inequality? The Evolution of Rural - Urban and Inland - Coastal Inequality in China from 1983 to 1995[J]. Journal of Comparative Economics, 1999(27):686 - 701.

[76] Roberts J.. The Internationalization of Business Service Firms: A Stages Approach. The Service Industries Journal[J]. 1999 (4): 68 - 88.

[77] Romer, P. Growth based on Increasing returns due to specialization. Amercian Economic Review, May, 1987.

[78] Roper A. Maureen B. and Anne H.. Investigating the Centric of International Hotel Groups: A Pilot Case Study. Journal of Retailing and Consumer Services, 1999, (6): 163 - 172.

[79] Saunders H. A. and Renaghan L. M.. Southeast Asia: A New Model for Hotel Development [J]. The Cornell Hotel & Restaurant Administration Quarterly. 1992, 10(10):16 - 23.

[80] Schwartz Eli. Theory of the Capital Structure of the Firm[J]. The Journal of Finance, 1959, 14(1):18 - 39.

[81] Scott Jr AF. Franchising vs company ownership as a decision variable of the firm. Rev Ind Organ, 1995, 10:69-81.

[82] Shane AS. Hybrid organizational arrangements and their implications for firm growth and survival: a study of new franchisers. Acad Manage J, 1996, 39(1):216-34.

[83] Steven S.. Collaborative alliances, new interorganizational forms in tourism. Journal of Ttravel and Tourism Marketing, 1993, 2(2), 217 - 227.

[84] Teece D, Pisano G, Shuen A. Dynamic capabilities and strategic

management[J]. Strategic Management Journal, 1997, (14): 61 -74.

[85] Teece D. Profiting from technological innovation[J]. Research Policy, 1986, (15): 285 -305.

[86] Tisdell C. and Wen J.. Foreign Tourism as An Element in PR China's Economic Development Strategy [J]. Tourism Management, 1991, (3):55 -67.

[87] Tohmo, T. (2005) Economic impacts of cultural events on local economies: an input - output analysis of the Kaustinen Folk Music Festival. Tourism Economics, 11(3): 431 -451.

[88] Truls E, Peter W, Siren F. Evaluating intellectual capital in the hotel industry[J]. Journal of Intellectual Capital, 2003, (4): 287 -302.

[89] Tyrrell, T. J. and R. J. Johnston. (2001) A framework for assessing direct economic impacts of tourist events: distinguishing origins, destinations, and causes of expenditures. Journal of Travel Research, 40(1): 94 -100.

[90] Wernerfelt B. A resource - based view of firm[J]. Strategic Management Journal, 1984,(5): 171 -180.

[91] Wong K. K. F. and Kwan C.. An analysis of the competitive strategies of hotels and travel agents in Hong Kong and Singapore[J]. International Journal of Contemporary Hospitality Management,2001,13(6): 293 -304.

[92] Xiong, W. and B. H. Wu. (2008) Spatial analysis of large scale exhibitions' impact on hotel prices: case study on the 100th Canton Fair. Tourism Tribune, 23(2): 80 -86.

[93] 陈立平. 国际酒店集团在华发展的制约因素及趋势分析[J]. 北京工商大学学报(社会科学版),2005,(11):101 -104.

[94] 陈烈,彭永岸,吴唐生. 北部湾经济圈发展态势与雷州半岛的战略任务和对策[J]. 经济地理,1997,(3):82 -88.

[95] 陈烈,沈静. 加强区域合作,促进共同发展——以北部湾经济圈为例[J]. 经济地理,1999,(3):58 -63.

[96] 陈秋萍,郑向敏. 论我国饭店集团的发展. 中国旅游信息网.

2002－12－12.

[97] 陈炜. 我国旅游饭店业集团化问题的产业结构视角分析[J]. 新疆财经,2005,(1):79－80.

[98] 陈小悦,徐小东. 股权结构、企业绩效与投资者保护[J]. 经济研究,2001,(11):3－11.

[99] 陈雪均,马勇. “锦江国际”酒店集团品牌资产经营的经验与启示[J]. 桂林旅游高等专科学校学报,2007,(4):248－251.

[100] 程大中. 中国服务业增长的特点、原因及影响——鲍莫尔—富克斯假说及其经验研究[J]. 中国社会科学,2004,(2):18－32.

[101] 崔冬冬,潘进. 浅析中国经济型酒店的发展现状及战略选择[J]. 中南财经政法大学研究生学报,2007 ,(06).

[102] 戴斌. 国有饭店产业重组的价值取向与典型模式[J]. 北京第二外国语学院学报,2006,(1):67－74.

[103] 戴斌. 论中国饭店产业结构优化的宏观目标与路径选择[J]. 旅游学刊,2004(4):69－73.

[104] 董建英,于良实. 施差异化策略增强旅游企业竞争力[J]. 山西大学学报(哲学社会科学版),2004,(02).

[105] 冯冬明. 经济型酒店:发展 · 问题 · 策略[J]. 旅游学刊,2006,(07).

[106] 付检新. 中国饭店集团化研究述评[J]. 湖南经济管理干部学院学报,2006,(6):51－53.

[107] 高天明. 中国酒店集团的发展模酒店 · 高峰论坛,2006. 10.20.

[108] 龚建,聂小荣. 我国饭店集团化发展及其动因[J]. 江西社会科学,2004,(3):248－250.

[109] 谷慧敏. 中国酒店企业集团成长的思考[J]. 中外酒店,2001,(6).

[110] 顾朝林等. 大都市伸展区:全球化时代中国大都市地区发展新特征[J]. 规划师,2002,(2):16－20.

[111] 郭朝阳. 策略群组与企业盈利水平的差异[J]. 中国工业经济,2002,(6):86－87.

［112］郭华. 我国旅游企业集团多元化经营战略探讨. 商讯商业经济文荟,2005,(05).

［113］何建民. 论我国本土旅游饭店集团与跨国旅游饭店集团竞争战略的选择模型及其具体选择——兼论锦江国际集团竞争战略类型的选择［J］. 旅游科学,2004,(4):17－21.

［114］胡春林. 我国旅游企业并购混合路径偏好的实证研究［J］. 旅游学刊, 2005,(3):20.

［115］黄桐城,杨健. 高科技上市公司盈利能力影响因素的定量分析［J］. 中国管理科学,2002,(4):13－17.

［116］李宝仁,王振蓉. 我国上市公司盈利能力与资本结构的实证分析［J］. 数量经济技术经济研究,2003,(4):150－153.

［117］李江帆,曾国军. 中国第三产业内部结构升级趋势分析［J］. 中国工业经济,2003,(3):34－39.

［118］李敏, 曾国军. 跨国公司在华投资策略及中国企业的应对措施研究进展［J］. 管理世界, 2004,(8): 128－130.

［119］刘进. 有关大珠三角都市群协调发展模式的探索［J］. 经济与社会发展,2005,(9):115－117.

［120］刘星,张国林,王晓龙. 我国上市公司盈利信息的因子分析［J］. 财经理论与实践,2001,(11):62－66.

［121］鲁明泓. 外国直接投资区域分布与中国投资环境评估［J］. 经济研究,1997,(12):7－44.

［122］鲁明泓. 制度因素与国际直接投资区位分布:一项实证研究［J］. 经济研究,1999,(7):57－66.

［123］毛蕴诗,蒋敦福,程艳萍. 中国上市公司的亏损问题与重构研究［J］. 管理世界. 2001,(5):145－151.

［124］毛蕴诗,蓝定. 技术进步与行业边界模糊:企业战略反应与政府相关政策［J］. 中山大学学报(社会科学版),2006,(4):109－113.

［125］毛蕴诗,梁永宽. 以产业融合为动力促进文化产业发展［J］. 经济与管理研究,2006,(7):9－13.

［126］美国高尔夫球场对环境影响（一）［N］. 中国花卉报,2002. 11. 14.

[127] 孟芳. 中外饭店集团发展状况对比[J]. 北京第二外国语学院学报,2000,(5).

[128] 宁泽群. 旅游饭店业的企业集团化发展与体制障碍[J]. 旅游学刊,2002,(1):22-25.

[129] 牛志文. 中外饭店集团发展态势对比研究[J]. 旅游科学,2002,(2).

[130] 潘琰,程小可. 上市公司经营业绩的主成分评价方法[J]. 会计研究,2000,(1):31-35.

[131] 秦宇. 对饭店组织发展、演进的经济学分析[J]. 旅游学刊,2003,(3):29-34.

[132] 秦宇. 论我国饭店集团发展过程中的几个误区—暨中国饭店集团演进的一个理论框架[J]. 旅游学刊,2004,(2):55-58.

[133] 饶会林. 试论城市空间结构的经济意义[J]. 中国社会科学,1985,(2).

[134] 饶勇. 我国旅游饭店业向成熟转化时期的竞争特征和战略对策[J]. 经济评论,2004,(3).

[135] 宋献中,高志文. 资产质量反映盈利能力的实证分析[J]. 中国工业经济,2001,(4):78-81.

[136] 孙睦优. 我国旅游企业集团化发展战略选择[J]. 旅游学刊,2002,(6):23-25.

[137] 汤青. 中国上市公司盈利能力影响因素的实证分析[J]. 山东财政学院学报,2005,(2):56-59.

[138] 唐玉娥,汪恒. 中国饭店集团化:现状、出路及相关问题[J]. 北京第二外国语学院学报,2004,(1):12-17.

[139] 王大悟. 确立中国饭店集团的品牌优势[J]. 旅游科学,2003,(2).

[140] 王虹云. 中国饭店业扩大世界市场份额探析[J]. 技术与市场,2005,(6).

[141] 王建优. 产业内企业盈利绩效决定因素的理论回顾及启示[J]. 南京大学学报(哲学·人文科学·社会科学),2002,(5):45-57.

[142] 王捷二. 国际酒店管理集团在我国发展策略研究[J]. 旅游

学刊,2006,(12):70－76.

[143] 魏卫. 中外饭店区域集团化特征对比研究[J]. 世界地理研究,2003,(03).

[144] 翁钢民. 我国饭店企业集团化发展战略比较研究[J]. 技术经济,2001,(2):47－50.

[145] 吴三忙,和文征. 对区域性旅游集团公司组建的质疑[J]. 石家庄经济学院学报,2005,(2):197－201.

[146] 肖政,维克特·盖斯特勒格. 影响外商直接投资的因素:兼论中国沿海与西部地区差别[J]. 世界经济,2001,(3):9－15.

[147] 小玉. 全球经济危机冲击日本旅游业[N]. 时代金融,2009,(3).

[148] 徐虹,张超. 中国旅游业直面 WTO [N]. 国际经贸消息,2002.1.29.

[149] 徐栖玲,刘俊伟. 从锦江新亚重组看我国旅游饭店集团的战略构想[J]. 商业经济文荟,2004,(5).

[150] 许京生. 中国饭店集团化发展特征[J]. 中外饭店,2003(7):19.

[151] 许秋红,李新春. 基于资源基础理论的酒店集团成长原因分析[J]. 旅游学刊,2006,(3):50－55.

[152] 许秋红,李新春. 我国旅游企业战略联盟初探[J]. 学术研究,2003,(8):40－43.

[153] 杨向阳,徐翔. 中国服务业全要素生产率增长的实证分析[J]. 经济学家,2006,(3):68－76.

[154] 杨云. 国际饭店集团扩张与我国饭店集团化发展战略[J]. 湖北大学学报(哲学社会科学版),2002,(1):32－34.

[155] 姚勇,董利. 中国商业银行盈利分析[J]. 南开经济研究,2005,(2):72－79.

[156] 叶全良. 现代饭店集团及管理模式研究[J]. 财贸经济,2003,(2).

[157] 应瑛. 我国饭店业集团化新探:基于核心能力的集团化[J]. 中国地质大学学报(社会科学版),2001,(6):26－30.

[158] 俞迎新. 浅析酒店集团的多品牌战略[J]. 中国科技信息, 2007,(11).

[159] 曾国军, 李庆. 中国酒店集团化扩展障碍因素的实证研究[J]. 学术论坛, 2008,(2): 147-150.

[160] 曾国军,刘博. 全球化背景下中国服务产业发展的七个特征[J]. 现代管理科学,2007,(6):54-56.

[161] 曾国军、李军、彭青. 中国旅游上市公司盈利能力的影响因素研究[J]. 旅游论坛, 2008, 1, (2):236-241.

[162] 曾国军、李庆. 酒店集团扩展战略及路径选择的实证研究:基于中国酒店集团的问卷调查[J]. 旅游科学, 2008, (2): 56-62.

[163] 曾国军. 服务企业国际化战略选择的文献研究[J]. 现代管理科学,2006,(12):58-60.

[164] 曾国军. 广东第三产业发展状况的实证研究[J]. 南方经济,2003,(3):73-75.

[165] 曾国军. 跨国公司在华子公司战略角色演变:以业务范围和竞争能力为框架[J]. 南开管理评论,2005,(4):67-72.

[166] 曾国军. 跨国公司在华子公司战略角色演变—以当地化和一体化程度为框架[J]. 管理评论, 2006,(2): 25-30.

[167] 曾国军. 外商直接投资在华区位选择的影响因素研究[J]. 学术研究,2005,(11):38-42.

[168] 张俊瑞,贾宗武,孙玉梅. 上市公司盈利能力的因子分析[J]. 当代经济科学,2004,(6):53-60.

[169] 张润刚. 中国酒店企业发展的战略分析[J]. 改革与战略, 2000,(2):71-73.

[170] 张向前. 西方企业战略管理学派评析[J]. 商业时代,2007,(05):53-56.

[171] 张晓明. 我国饭店集团的发展条件分析[J]. 西北大学学报(哲学社会科学版),1999,(2).

[172] 赵焕焱. 中国酒店业市场全盘预测[J]. 中外酒店,2005,(1):8-10.

[173] 赵建强,郭伟. 我国经济型酒店发展 SWOT 分析[J]. 商业

研究,2006,(02).

[174] 郑岩. 女性旅游消费行为特点与营销对策研究[J]. 学理论,2009,(10):117-118.

[175] 邹统钎. 优化存量结构、专业化经营与集团化扩张:当前中国饭店业发展战略选择[J]. 北京第二外国语学院学报,2000,(5):41-49.

[176] 邹统钎. 中国饭店企业集团化战略:发展模式与政策导向[J]. 旅游学刊,1999,(3):13-17.

[177] 邹益民,戴维奇. 论我国饭店集团品牌结构的战略选择[J]. 北京第二外国语学院学报,2000,(4).

[178] 陈月英. 中国大陆东部滨海地带区域经济分异研究[D]. 东北师范大学未出版博士学位论文,2006.

[179] 李建伟. 我国酒店集团发展战略研究[D]. 南京理工大学硕士学位论文,2003.1.

[180] 李庆. 中国大型酒店集团发展的影响因素与模式研究[D]. 中山大学博士论文,2008.

[181] 秦浩. 我国酒店业集团化道路的探索[D]. 暨南大学硕士学位论文,2006.

[182] 于春玲. 国内外酒店管理模式比较分析[D]. 吉林大学硕士学位论文,2005.

[183] 埃文斯(著). 马桂顺(译). 旅游企业战略管理[M]. 沈阳:辽宁科技出版社,2005.

[184] 贝赞可等. 公司战略经济学[M]. 北京:北京大学出版社,1996.

[185] 陈继祥,王家宝. 旅游企业战略管理[M]. 北京:旅游教育出版社,2006.

[186] 陈烈等. 雷州半岛经济社会与资源环境协调发展研究[M]. 北京:科学出版社,1997.

[187] 陈雪钧,吴敏. 中外饭店集团核心竞争力比较及启示[J]. 中国旅游报,2005-07-22.

[188] 戴斌,杜江. 旅行社管理[M]. 北京:高等教育出版社,2002.

[189] 戴斌. 国有饭店产业重组与集团化管理[M]. 南开大学出版

社.2005.

[190] 戴斌,束菊萍,阎霞. 中国度假饭店市场环境与产业成长战略[M]. 北京:旅游教育出版社,2008.

[191] 谷慧敏. 世界著名饭店集团管理精要[M]. 沈阳:辽宁科学技术出版社,2001.1.

[192] 郭鸿懋,江曼琦等编著.城市空间经济学[M].经济科学出版社,2002.

[193] 国家旅游局. 中国旅游业发展“十五”计划和2015~2020年远景纲要[Z].2000.

[194] 揭筱纹,张黎明. 创业战略管理[M]. 北京:清华大学出版社,2006.

[195] 杰弗里·S. 哈里森,卡西·A. 恩兹编著. 秦宇等译.旅游接待业战略管理:概念与案例[M]. 北京:旅游教育出版社,2007

[196] 科特勒(著); 梅汝和,梅清豪,周安柱(译); 梅清豪校. 营销管理[M]. 北京:中国人民大学出版社,2001.

[197] 林璧属. 世界知名饭店集团发展模式[M]. 北京:旅游教育出版社,2009.

[198] 刘庆元,刘宝宏. 战略管理:分析、制定与实施[M]. 大连:东北财经大学出版社,2001.

[199] 罗静. 区域空间结构与经济发展[D].华中科技大学未出版博士学位论文,2005.

[200] 迈克尔·波特. 竞争优势[M]. 北京:华夏出版社,1987.

[201] 迈克尔·希特(编著). 吕巍等(译). 战略管理[M]. 北京:机械工业出版社,2005.

[202] 毛蕴诗, 蒋敦福, 曾国军. 跨国公司在华撤资:行为、过程、动因与案例[M]. 北京:中国财政经济出版社. 2005.

[203] 毛蕴诗,李新家,彭清华. 企业集团:扩展动因、模式与案例[M]. 广州:广东人民出版社,2000.

[204] 毛蕴诗. 公司经济学前沿专题[M]. 大连:东北财经大学出版社,2007.

[205] 毛蕴诗. 跨国公司战略竞争与国际直接投资(第二版)[M].

广州:中山大学出版社,2001.

[206] 梅森. 战略管理动态观点[M]. 北京:机械工业出版社,2009.

[207] 帕拉哈拉德,伊夫·多茨编著. 王文彬译. 跨国公司使命[M]. 北京:华夏出版社,2001.

[208] 王文君. 国际化旅游发展战略研究[M]. 天津:天津人民出版社,2008.

[209] 魏小安. 中国旅游饭店业的竞争与发展[M]. 广州:广东旅游出版社,1999.

[210] 奚晏平. 世界著名酒店集团比较研究[M]. 北京:中国旅游出版社,2004.

[211] 奚晏平. 中国酒店业集团化进程综述. http://www.global-hotel.com.cn. 2007-09-23.

[212] 小艾尔弗雷德·D.钱德勒. 看得见的手[M]. 北京:商务印书馆,1987 年.

[213] 小艾尔弗雷德·D.钱德勒. 企业规模经济与范围经济[M]. 北京:中国社会科学出版社,1999 年.

[214] 小艾尔弗雷德·D·钱德勒. 战略与结构[M]. 北京:云南人民出版社,2002 年.

[215] 徐虹. 饭店企业核心竞争力研究[M]. 北京:旅游教育出版社,2004.

[216] 杨东龙. 最新组织战略精要词典[M]. 北京:中国经济出版社,2003.

[217] 曾国军. 跨国公司在华子公司战略角色及其演变[M]. 北京:中国财政经济出版社, 2007.

[218] 张辉,杜长辉. 对转型时期中国饭店业集团化的深层次思考[J]. 中国旅游报,2004.11.24.

[219] 张骏斓. 如家酒店 3.4 亿元收购七斗星 100% 股权[N]. 每日经济新闻,2007-10-23.

[220] 中国旅游饭店业协会. 中国饭店集团化发展蓝皮书[M]. 中国旅游出版社,2003.6.

[221] 邹统钎等.饭店战略管理:理论前沿与中国的实践[M].广州:广东旅游出版社,2002.

[222] 邹益民,戴维新. 酒店整体管理原理与实务[M]. 北京:清华大学出版社,2006.

[223] 邹益民,周亚庆,高天明. 旅游企业战略管理[M]. 北京:中国人民大学出版社,2009.

[224] 邹昭晞. 旅游企业战略分析[M]. 北京:经济管理出版社,2001.

策划编辑：孙延旭
责任编辑：张　毅

图书在版编目(CIP)数据

旅游企业战略管理/曾国军主编. －北京：旅游教育出版社，2010.12
全国旅游管理专业应用型本科规划教材
ISBN 978－7－5637－1997－6

Ⅰ.①旅…　Ⅱ.①曾…　Ⅲ.①旅游业－企业管理－高等学校－教材
Ⅳ.①F590.6

中国版本图书馆 CIP 数据核字(2010)第 099465 号

全国旅游管理专业应用型本科规划教材

旅游企业战略管理

曾国军　主编

出版单位	旅游教育出版社
地　　址	北京市朝阳区定福庄南里 1 号
邮　　编	100024
发行电话	(010)65778403 65728372 65767462(传真)
本社网址	www.tepcb.com
E－mail	tepfx@163.com
印刷单位	北京中科印刷有限公司
装订单位	河北省三河市金星装订厂
经销单位	新华书店
开　　本	880×1230　1/32
印　　张	9.5
字　　数	252 千字
版　　次	2010 年 12 月第 1 版
印　　次	2010 年 12 月第 1 次印刷
印　　数	1－5000 册
定　　价	19.00 元

(图书如有装订差错请与发行部联系)